合格

トレーニング

よくわかる **簿記**シリーズ

TRAINING

日商簿記2級
工業簿記

JN248168

はしがき

日本商工会議所主催の簿記検定試験は，2021年4月より新しい出題区分で実施されますが，本書は，この出題区分に対応した検定試験の受験対策用問題集です。「合格力をつける」ことを本書の最大の目的とし，ＴＡＣ簿記検定講座で培ってきた長年のノウハウをここに集約しました。

本書は，特に次のような特徴をもっています。

1．合格テキストに準拠

本書は，テキストで学習した論点のアウトプット用トレーニング教材として最適です。本書は，姉妹書『合格テキスト』の各テーマに準拠した問題集ですので，ぜひ『合格テキスト』とあわせてご使用ください。

2．各問題に重要度を明示

各問題には，出題頻度にもとづいて重要度を★マークで表示しました。学習計画に応じて重要度の高い問題を選びながら学習を進めていくことができます。

★★★ … 必ず解いてほしい重要問題
★★☆ … 重要問題を解いた後に可能な限り解いてほしい問題
★☆☆ … 時間に余裕があれば解いてほしい問題

3．詳しい解説つき

計算根拠や間違えやすい問題については，解答だけでなく「解答への道」として解説を付してあります。さらに『合格テキスト』と併用することで，より理解が深まります。

4．複合問題を収載

テーマの枠を超えたもの，資料の読みにくいものなどを複合問題として収載しました。より実践的な問題演習としてご利用ください。

5．解答用紙ダウンロードサービスつき

繰り返し演習し，知識の定着をはかるために，解答用紙のダウンロードサービスをご利用いただけます。TAC出版書籍販売サイト・サイバーブックストア（URL https://bookstore.tac-school.co.jp/）にアクセスしてください。

本書はこうした特徴をもっていますので，読者の皆さんが検定試験に合格できるだけの実力を必ず身につけられるものと確信しています。

現在，日本の企業は国際競争の真っ只中にあり，いずれの企業でも実力のある人材，とりわけ簿記会計の知識を身につけた有用な人材を求めています。読者の皆さんが本書を活用することで，検定試験に合格し，将来の日本をになう人材として成長されることを心から願っています。

2021年2月

ＴＡＣ簿記検定講座

Ver.9.0への改訂について

本書は，『合格トレーニング日商簿記2級工業簿記』Ver.8.0 について，最新の試験傾向に対応するため，改訂を行ったものです。

CONTENTS

問題編

合格トレーニング

日商簿記 2 級 工業簿記

Theme 01 工業簿記の基礎

理解度チェック

問題1-1 ★★★

下記の項目について，製造原価となる項目には1を，販売費となる項目には2を，一般管理費となる項目には3を〔　　〕の中に記入しなさい。

▼ 解答欄

① 〔　　〕 工場の工員に対する賃金

② 〔　　〕 工場で使用した電話料金

③ 〔　　〕 本社の電気代，ガス代，水道代

④ 〔　　〕 工場建物の減価償却費

⑤ 〔　　〕 製品の原料消費額

⑥ 〔　　〕 営業所の電気代，ガス代，水道代

⑦ 〔　　〕 本社の従業員の給料

⑧ 〔　　〕 新製品発表会の費用

⑨ 〔　　〕 本社の企画部費

⑩ 〔　　〕 製品の素材消費額

⑪ 〔　　〕 本社建物の減価償却費

⑫ 〔　　〕 営業所の従業員の給料

⑬ 〔　　〕 工場長の給料

⑭ 〔　　〕 工場の電気代，ガス代，水道代

⑮ 〔　　〕 営業所建物の減価償却費

解答〈3〉ページ

02 工業簿記の勘定連絡

問題2-1 ★★★

次の取引について仕訳し，与えられた勘定に転記しなさい。なお，勘定は締め切らなくてよい。

〈指定勘定科目〉現金，当座預金，売掛金，買掛金，材料，賃金，経費，製造間接費，仕掛品，
製品，売上，売上原価，月次損益

(1) 材料57,000円を掛けで購入した。

(2) 材料を次のとおり消費した。
直接材料費 40,000円　　間接材料費 17,000円

(3) 当月の賃金70,000円を現金で支払った。

(4) 賃金を次のとおり消費した。
直接労務費 50,000円　　間接労務費 20,000円

(5) 当月の経費23,000円を小切手を振り出して支払った。

(6) 経費を次のとおり消費した。
直 接 経 費 5,000円　　間 接 経 費 18,000円

(7) 製造間接費をすべて仕掛品勘定に振り替えた。

(8) 当月の製品完成高は126,000円であった。

(9) 上記製品を210,000円で掛け売りした。

(10) 売上高および売上原価を月次損益勘定に振り替えた。

▼ 解答欄

	借 方 科 目	金 額	貸 方 科 目	金 額
(1)				
(2)				
(3)				
(4)				
(5)				

(6)			
(7)			
(8)			
(9)			
(10)			

材　　料	

賃　　金	

経　　費	

製　　品	

月　次　損　益	

仕　掛　品	

製　造　間　接　費	

売　上　原　価	

売　　上	

解答〈4〉ページ

5

問題2-2 ★★★

次の取引について仕訳し，与えられた勘定に転記しなさい。また，締め切りのできる勘定は締め切りなさい。

〈指定勘定科目〉現金，当座預金，売掛金，買掛金，材料，賃金給料，経費，製造間接費，仕掛品，製品，売上，売上原価，月次損益

(1) 材料の仕入高（現金払い）　　　　　　　120,000円
(2) 材料の消費高：直接材料費　80,000円　　　間接材料費　30,000円
(3) 賃金給料の支払高（現金払い）　　　　　180,000円
(4) 賃金給料の消費高：直接労務費　140,000円　　　間接労務費　35,000円
(5) 経費の支払高（小切手振出払い）　　　　160,000円
(6) 経費の消費高：直接経費　50,000円　　　間接経費　100,000円
(7) 製造間接費の配賦高　　　　　　　　　165,000円
(8) 完成品の製造原価　　　　　　　　　　400,000円
(9) 製品売上高（掛け）　　　　　　　　　600,000円
　　売上製品の製造原価　　　　　　　　360,000円
(10) 売上高，売上原価を月次損益勘定に振り替えた。

▼ 解答欄

	借　方　科　目	金　　額	貸　方　科　目	金　　額
(1)				
(2)				
(3)				
(4)				
(5)				
(6)				
(7)				
(8)				

(9)			
(10)			

材　　　　料

前月繰越　20,000	

仕　掛　品

前月繰越　35,000	

賃　金　給　料

	前月繰越　10,000

製　造　間　接　費

経　　　　費

前月繰越　18,000	

売　　　　上

製　　　　品

前月繰越　30,000	

月　次　損　益

売　上　原　価

解答〈6〉ページ

問題2-3 ★★★

下記の勘定連絡図の（　）内に入る適切な語句を語群より選択し，記号で答えなさい。

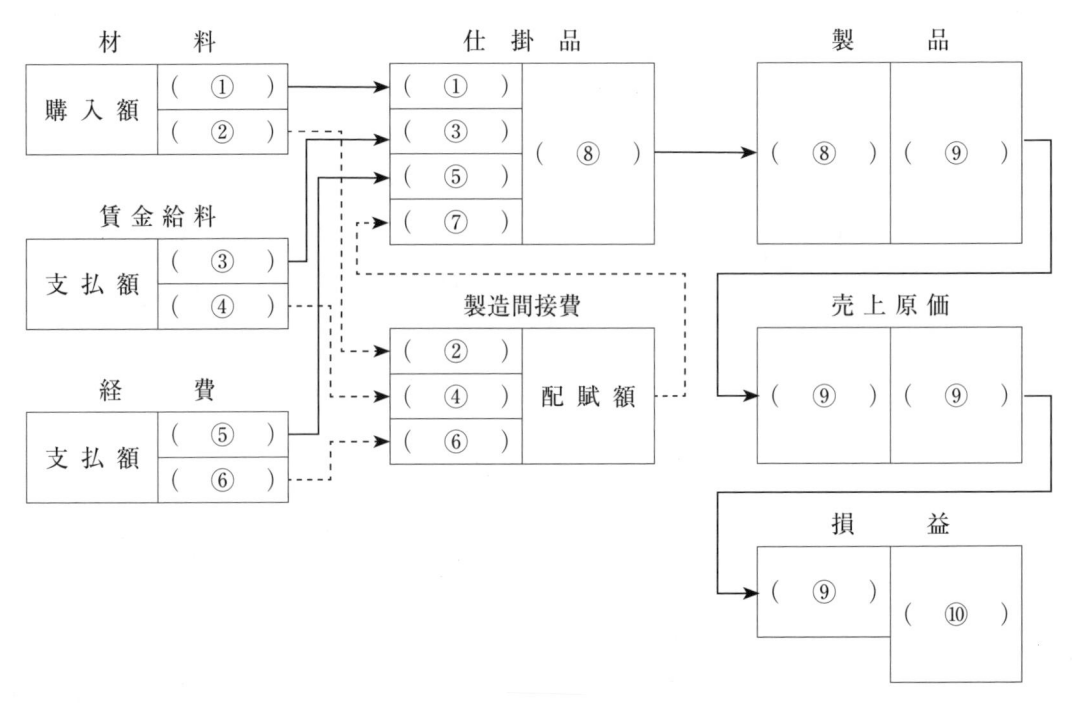

〈語　群〉

a　直接労務費　　b　完成品原価　　c　売上原価　　d　製造間接費
e　間接経費　　　f　直接材料費　　g　間接労務費　　h　直接経費
i　間接材料費　　j　売上高

▼ 解答欄

①		②		③		④		⑤	
⑥		⑦		⑧		⑨		⑩	

解答〈8〉ページ

理解度チェック

問題3-1 ★★★

次の項目を直接材料費と間接材料費に分類し，その頭につけた番号で答えなさい。

① 工場消耗品費 ② 買入部品費 ③ 消耗工具器具備品費
④ 素　材　費 ⑤ 補助材料費 ⑥ 原　料　費

▼ 解答欄

直接材料費

間接材料費

解答〈9〉ページ

理解度チェック

問題3-2 ★★★

下記の材料費について，直接材料費となる項目には1を，間接材料費となる項目には2を〔　　〕の中に記入しなさい。

▼ 解答欄

① 〔　　〕製品にそのまま取り付ける部品の消費額
② 〔　　〕工場で使用するドライバーや測定器具などの作業工具・器具
③ 〔　　〕製造用の切削油，機械油などの消費額
④ 〔　　〕製品の本体を構成する素材の消費額
⑤ 〔　　〕工場で利用する黒板，机，椅子
⑥ 〔　　〕工場で使用する燃料の消費額
⑦ 〔　　〕工場で使用する電球や蛍光灯
⑧ 〔　　〕補修用鋼材の消費額
⑨ 〔　　〕工員が製造用に使用する作業服や軍手
⑩ 〔　　〕製品を製造するための原料の消費額

解答〈9〉ページ

問題3-3 ★★★

次の5月中の取引について仕訳を行うとともに，材料勘定に転記しなさい。なお，勘定を締め切る必要はない。

〈指定勘定科目〉現金，材料，買掛金

5/ 2	A材料2,500kg（@300円）を掛けで購入した。
5/11	B材料500個（@900円）を掛けで購入した。なお，引取運賃4,000円は現金で支払った。
5/19	C材料1,200kg（@150円）を掛けで購入した。
5/28	C材料のうち200kgは品違いのため返品した。

▼ 解答欄

	借 方 科 目	金 額	貸 方 科 目	金 額
5/ 2				
5/11				
5/19				
5/28				

```
                        材          料
     5/ 1  前 月 繰 越    246,000  |
    ---------------------------------|---------------------------------
    ---------------------------------|---------------------------------
    ---------------------------------|---------------------------------
    ---------------------------------|---------------------------------
```

解答〈9〉ページ

Theme 04 材料費（Ⅱ）

理解度チェック

問題4-1 ★★★

次の資料にもとづいて，直接材料費および間接材料費を計算しなさい。

前月繰越高	200個	@350円	70,000円
当月購入高	2,800個	@350円	980,000円
当月消費高	1,200個	（甲製品の製造のために消費）	
	900個	（乙製品の製造のために消費）	
	500個	（各製品の製造のために共通に消費）	

▼ 解答欄

直接材料費 ［　　　　　　　　　］円

間接材料費 ［　　　　　　　　　］円

解答〈10〉ページ

理解度チェック

問題4-2 ★★★

次の資料にもとづいて，主要材料Aの月間消費額および帳簿棚卸高を計算し，材料勘定の記入を完成させなさい。なお，主要材料Aは継続記録法によって消費数量を計算している。

月初在庫高	100kg	@200円	20,000円
月間買入高	900kg	@200円	180,000円
月間払出高	850kg	（すべて直接材料として消費した。）	

▼ 解答欄

月間消費額 ［　　　　　　　　　］円　　　　帳簿棚卸高 ［　　　　　　　　　］円

	材		料		
前 月 繰 越	（　　　　　）		仕 掛 品	（　　　　　）	
当 月 購 入	（　　　　　）		次 月 繰 越	（　　　　　）	
	（　　　　　）			（　　　　　）	

解答〈10〉ページ

問題4-3 ★☆☆

　次の資料にもとづいて，補助材料Bの月間消費額を計算し，材料勘定の記入を完成させなさい。なお，補助材料Bは，すべて間接材料として消費され，棚卸計算法により計算している。

月初在庫高	50kg	@150円	7,500円
月間買入高	400kg	@150円	60,000円
月末実地棚卸量	70kg		

▼解答欄

月間消費額 [　　　　　　　　　] 円

材　　料

前月繰越	（　　　）	製造間接費	（　　　）
当月購入	（　　　）	次月繰越	（　　　）
	（　　　）		（　　　）

解答〈10〉ページ

問題4-4 ★★★

　次の資料にもとづいて，(1)先入先出法，(2)平均法によって材料の当月消費額を計算しなさい。
　材料の月初在庫高は500kg@520円，当月の購入高は1,500kg@560円，当月の払出数量は1,400kgであった。なお，減耗は発生していない。

▼解答欄

(1) 先入先出法 [　　　　　　　　　] 円

(2) 平均法 [　　　　　　　　　] 円

解答〈10〉ページ

問題4-5 ★☆☆

次のA原料に関する取引にもとづいて，先入先出法によって材料元帳を記入し，当月消費高および帳簿棚卸高を答えなさい。

10月1日	前月繰越	200kg	@50円
9日	消費高	150kg	
16日	掛仕入高	800kg	@52円
26日	消費高	700kg	

▼ 解答欄

材料元帳

先入先出法　　　　　　　　　A　原　料　　　　　　　　（単位：kgまたは円）

日付		摘要	受　入			払　出			残　高		
			数量	単価	金額	数量	単価	金額	数量	単価	金額
10	1	前月繰越	200	50	10,000						
	31	次月繰越									

当月消費高 ［　　　　　　　　　　　］円　　　　　帳簿棚卸高 ［　　　　　　　　　　　］円

解答〈11〉ページ

問題4-6 ★★★

次の資料により，直接材料費，間接材料費および材料消費価格差異を計算し，材料および材料消費価格差異勘定の記入を完成させなさい。ただし，材料の予定消費価格は@450円であり，実際消費額の計算は先入先出法によっている。なお，棚卸減耗は発生していない。

前月繰越高	100個	@440円	44,000円
当月購入高	700個	@480円	336,000円
当月消費高	650個	（そのうち，500個は直接材料である）	

▼ 解答欄

直 接 材 料 費 ［   ］円

間 接 材 料 費 ［   ］円

材料消費価格差異 （　　）［   ］円

（注）（　　）内には借方差異ならば「借」，貸方差異ならば「貸」を記入すること。

材　　　料

前 月 繰 越	44,000	仕 掛 品	（	）
当 月 購 入	336,000	製 造 間 接 費	（	）
		原 価 差 異	（	）
		次 月 繰 越	（	）
	380,000		（	）

材料消費価格差異

原 価 差 異	（　　　　　　）	

解答〈11〉ページ

問題4-7 ★★★

次の取引について仕訳し，与えられた勘定に転記しなさい。なお，仕訳なしのときは「仕訳なし」と記入すること。

〈指定勘定科目〉材料，製造間接費，仕掛品，材料消費価格差異

(1) 材料を次のように消費した。なお，予定消費価格は@65円であった。
    直接材料分　　　2,200kg　　　間接材料分　　　　400kg

(2) 当月の材料の実際消費額を平均法で計算した。前月からの繰越分は600kg@62円，当月購入分は2,400kg@67円であった。

(3) 予定消費額と実際消費額との差額を材料消費価格差異勘定へ振り替えた。

▼ 解答欄

	借　方　科　目	金　　額	貸　方　科　目	金　　額
(1)				
(2)				
(3)				

材　　料		
前 月 繰 越　37,200		
買 掛 金　160,800		

仕　掛　品	

材料消費価格差異	

製 造 間 接 費	

解答〈11〉ページ

15

問題4-8 ★☆☆

次の資料にもとづいて，材料Cの月間消費額および棚卸減耗費を計算しなさい。

月 初 在 庫 高	200kg	@400円	80,000円
月 間 買 入 高	1,200kg	@400円	480,000円
月 間 払 出 数 量	1,000kg		
月 末 実 地 棚 卸 量	350kg		

▼ 解答欄

月 間 消 費 額 ☐ 円

棚 卸 減 耗 費 ☐ 円

解答〈12〉ページ

問題4-9 ★★★

次の資料にもとづいて、(1)材料払出と(2)減耗処理の仕訳を示しなさい。

〈指定勘定科目〉材料，製造間接費，仕掛品

1．当月の主要材料Zの払出量は140トンである。この材料の月初有高は40トン@200千円，月間の買入高は160トン@250千円，月末の有高は56トンであった。材料費の計算は平均法による。材料の減耗量は正常な数量である（解答は単位千円で答えること）。

2．直接材料の月初在庫は80トン@160円，月間の買入高は1,560トン@180円，月間の直接材料の払出高は1,600トン，月末在庫は39トンであった。棚卸減耗量は正常な数量である。払出材料の評価は先入先出法による（解答は単位円で答えること）。

▼ 解答欄

		借 方 科 目	金 額	貸 方 科 目	金 額
1	(1)				
	(2)				
2	(1)				
	(2)				

解答〈12〉ページ

問題4-10 ★★☆

次の取引について仕訳しなさい。

〈指定勘定科目〉材料，仕掛品，製造間接費，材料消費価格差異，当座預金，買掛金

(1) 主要材料Aを2,500kg@184円，補助材料Bを1,850kg@65円で掛けにて購入し，買入手数料3,400円および引取運賃1,600円を小切手で支払った。なお，これらの引取費用はすべて主要材料Aにかかるものである。

(2) 補助材料Bのうち50kgを品質不良のため仕入先に返品した。

(3) 主要材料Aの消費額を予定価格を用いて計上した。予定価格は@190円，実際消費量は2,600kgであった。

(4) 実際消費額は，主要材料Aが平均法，補助材料Bが先入先出法によって計算している。なお，補助材料Bは棚卸計算法によって実際消費量を計算しており，月末実地棚卸数量は150kgであった。また，各材料の月初棚卸高は次のとおりである。

主要材料A	500kg	@180円	90,000円
補助材料B	200kg	@ 60円	12,000円

(5) 主要材料Aの予定消費額と実際消費額との差額を，材料消費価格差異勘定に振り替えた。

▼ 解答欄

	借　方　科　目	金　　額	貸　方　科　目	金　　額
(1)				
(2)				
(3)				
(4)				
(5)				

解答〈12〉ページ

問題4-11 ★☆☆

　当社では，材料購入の際にそのつど，引取費用を実際額で材料の購入代価に加算し，払出時までに発生する内部材料副費については，購入代価の3％を予定配賦することにより，購入原価としている。以下の取引を仕訳しなさい。

〈指定勘定科目〉材料，当座預金，買掛金，未払金，内部材料副費，仕掛品，製造間接費，
　　　　　　　　材料副費配賦差異

4/ 7　材料A1,000kg（@230円）を掛けで購入し，引取費用5,000円については小切手を振り出して支払った。

4/16　材料B200個（@110円）を小切手を振り出して購入し，引取費用800円については月末払いとした。

4/18　材料A800kgを直接材料として生産現場に払い出した。

4/23　材料B160個を間接材料として生産現場に払い出した。

4/30　当月分の内部材料副費の実際発生額は8,000円であることが判明したので（内部材料副費勘定に記入済み），予定配賦額との差額を材料副費配賦差異勘定に振り替えた。

▼ 解答欄

	借　方　科　目	金　　額	貸　方　科　目	金　　額
4/ 7				
4/16				
4/18				
4/23				
4/30				

解答〈12〉ページ

問題4-12 ★★☆

1. 買入部品Tに関する4月の記録は次のとおりである。

　4月1日　繰越　20,000円（10個）

　　　3日　掛け仕入　150個　購入代価@2,000円　引取費用15,000円は当社が負担した。

　　　5日　製造指図書No.3に対する出庫　100個

　　　8日　掛け仕入　300個　購入代価@2,100円　引取費用28,500円は当社が負担した。

　　11日　製造指図書No.4に対する出庫　120個

　　19日　製造指図書No.6に対する出庫　235個

　　26日　4月11日出庫分のうち5個が倉庫へ返還された。

　　30日　実地棚卸の結果，買入部品Tの数量は8個であった。

2. 購入原価は，部品購入のつど購入代価に，内部材料副費予定配賦額（購入代価の5％）と引取費用を加えて計算している。なお，引取費用はいずれも小切手を振り出して支払った。

3. 買入部品Tの消費価格の算定は先入先出法による。

〔問1〕以上の資料にもとづいて，解答欄の取引を仕訳しなさい。

　〈指定勘定科目〉現金，当座預金，買掛金，材料，製造間接費，内部材料副費，仕掛品，製品，
　　　　　　　　　売上原価

〔問2〕解答欄の材料勘定の（　　　）内に適切な金額を記入しなさい。

▼ 解答欄

〔問1〕

	取　　　　　引	借 方 科 目	金　　額	貸 方 科 目	金　　額
1	4月3日における仕入取引を記帳した。				
2	4月30日に判明した実際残高と帳簿残高との差額は正常な範囲内にあるため，これを原価に計上した。				

〔問2〕

材　　料　　　　　　　　（単位：円）

月 初 有 高	（　　　　　）	当 月 消 費 高	（　　　　　）
当 月 仕 入 高	（　　　　　）	棚 卸 減 耗 費	（　　　　　）
		月 末 有 高	（　　　　　）
	（　　　　　）		（　　　　　）

解答〈13〉ページ

05 労務費（Ⅰ）

問題5-1 ★★★

次の項目を直接労務費と間接労務費に分類し，その頭につけた番号で答えなさい。

① 間接工賃金　　　　　　② 給 料　　　　　　③ 退職給付費用
④ 法定福利費　　　　　　⑤ 直接工の間接作業賃金　⑥ 雑 給
⑦ 直接工の直接作業賃金　⑧ 従業員賞与手当　　　　⑨ 直接工の手待賃金

▼ 解答欄

直 接 労 務 費

間 接 労 務 費

解答〈14〉ページ

問題5-2 ★★★

下記の労務費について，直接労務費となる項目には1を，間接労務費となる項目には2を〔　　〕の中に記入しなさい。

▼ 解答欄

① 〔　　〕工員の社会保険料の会社負担分

② 〔　　〕製造関係の事務職員給料

③ 〔　　〕工場の修理工賃金

④ 〔　　〕直接工が行う直接作業時間分の賃金

⑤ 〔　　〕工場倉庫係の賃金

⑥ 〔　　〕直接工が行う間接作業時間分の賃金

⑦ 〔　　〕工員の退職給付費用

⑧ 〔　　〕工場従業員の通勤手当などの諸手当

⑨ 〔　　〕直接工の手待時間分の賃金

⑩ 〔　　〕工場長の給料

解答〈14〉ページ

問題5-3 ★★★

次の取引を仕訳しなさい。

〈指定勘定科目〉現金，賃金給料，預り金

当月の賃金給料1,200,000円を，所得税の源泉徴収分120,000円と社会保険料48,000円を差し引き，現金で支払った。

▼ 解答欄

借 方 科 目	金 額	貸 方 科 目	金 額

解答〈14〉ページ

06 労務費（Ⅱ）

問題6-1　★★★

次の資料にもとづいて，賃金給料の当月消費額（要支払額）を計算しなさい。

前月賃金給料未払額	280,000円
当月賃金給料支給総額	1,500,000円
控除額：源泉所得税	52,000円
社会保険料	42,000円
当月賃金給料未払額	330,000円

▼ 解答欄

当月賃金給料消費額（要支払額）　　　　　　　　　　　　　　円

解答〈15〉ページ

問題6-2 ★☆☆

次の取引について仕訳を行い，与えられた勘定に転記し，締め切りなさい。

〈指定勘定科目〉現金，預り金，未払賃金，賃金，製造間接費，仕掛品

(1) 前月賃金未払額　　　　　　370,000円
(2) 当月賃金正味支払額　　　　1,202,000円（現金払い）
　　控除額（預り金で処理のこと）
　　源泉所得税　　　　　　　　45,000円
　　健康保険料　　　　　　　　53,000円
(3) 当月賃金消費額
　　直接労務費　　　　　　　　1,125,000円
　　間接労務費　　　　　　　　225,000円
(4) 当月賃金未払額　　　　　　420,000円

▼ 解答欄

	借 方 科 目	金 額	貸 方 科 目	金 額
(1)				
(2)				
(3)				
(4)				

賃　　　金		未　払　賃　金	
			前月繰越　370,000

解答〈15〉ページ

問題6-3 ★★★

次の資料により，直接労務費，間接労務費および賃率差異を計算しなさい。なお，賃金の予定賃率は1時間あたり600円である。

就 業 時 間	2,500時間	
作業時間の内訳	直接作業時間	1,700時間（指図書No.10：900時間，指図書No.20：800時間）
	間接作業時間	600時間
	手 待 時 間	200時間
前月賃金未払額	185,000円	
当月賃金支払額	1,480,000円	
当月賃金未払額	230,000円	

▼ 解答欄

直 接 労 務 費 [   ] 円　　　間 接 労 務 費 [   ] 円

賃 率 差 異 [（ ）   ] 円

（注）（ ）内には借方差異ならば「借」，貸方差異ならば「貸」と記入すること。

解答〈15〉ページ

問題6-4 ★★★

次の取引について仕訳しなさい。

〈指定勘定科目〉賃金給料，未払賃金，仕掛品，製造間接費，賃率差異

(1) 当月の実際作業時間は2,500時間で，そのうち直接作業時間は2,100時間，間接作業時間は400時間であった。なお，当社は予定賃率を用いて賃金の消費額を計算しており，予定賃率は1時間あたり1,400円である。

(2) 当月の実際賃金支給額は3,423,000円，前月末の未払賃金は72,000円，当月末の未払賃金は109,000円であり，賃率差異を計上した。

▼ 解答欄

	借 方 科 目	金 額	貸 方 科 目	金 額
(1)				
(2)				

解答〈16〉ページ

問題6-5 ★☆☆

次の取引にもとづき必要な仕訳を行い，与えられた勘定に転記し，締め切りなさい。なお，仕訳が不要な場合には，「仕訳なし」と解答すること。

〈指定勘定科目〉当座預金，預り金，未払賃金，賃金，賃率差異，製造間接費，仕掛品

(1) 前月賃金未払額 280,000円
(2) 当月賃金支払額（小切手振出払い） 935,000円
　　ただし，控除額（預り金勘定で処理）が165,000円ある。
(3) 予定賃率による当月の賃金消費額
　　直　接　分 820,000円
　　間　接　分 190,000円
(4) 実際賃率による当月の賃金消費額 1,030,000円
(5) 予定消費賃金と実際消費賃金との差額を賃率差異勘定に計上した。
(6) 当月未払賃金額 ？ 円

▼ 解答欄

	借　方　科　目	金　額	貸　方　科　目	金　額
(1)				
(2)				
(3)				
(4)				
(5)				
(6)				

賃　　　　金	

未　払　賃　金	
	前月繰越　　280,000

賃　率　差　異	

問題6-6 ★★★

当工場では，直接工の労務費の計算に予定賃率を用いている。次の賃金に関する仕訳を行い，賃金給料および賃率差異勘定の記入を完成させなさい。

〈指定勘定科目〉当座預金，賃金給料，仕掛品，製造間接費，製品，賃率差異，預り金，
　　　　　　　　従業員賞与手当，退職給付引当金

(1) 当年度の予定賃率は作業1時間あたり1.2千円で，10月中の直接工の実際直接作業時間は330時間，間接作業時間は20時間であった。

(2) 10月中の直接工への給与は預り金15千円を差し引き400千円で，小切手を振り出して支給した。

(3) 10月分の給与の賃率差異を当該勘定に振り替える。なお，月初の未払賃金は22千円で月末の未払賃金は25千円であった。ともに賃金給料勘定で繰り越すものとする。

▼ 解答欄

(単位：千円)

借　方　科　目	金　　額	貸　方　科　目	金　　額
(1)			
(2)			
(3)			

賃　金　給　料 （単位：千円）

当　月　支　払	（　　　　）	前　月　繰　越	（　　　　）
原　価　差　異	（　　　　）	仕　掛　品	（　　　　）
次　月　繰　越	（　　　　）	製　造　間　接　費	（　　　　）
	（　　　　）		（　　　　）

賃　率　差　異

		原　価　差　異	（　　　　）

解答〈16〉ページ

Theme 07 経　費

問題7-1 ★★★

次の項目を直接経費と間接経費に分類し，その頭につけた番号で答えなさい。

① 減価償却費　　　　　　② 福利施設負担額　　　③ 保険料
④ 外注加工賃　　　　　　⑤ 材料の棚卸減耗費　　⑥ 租税公課
⑦ 電気代，ガス代，水道代　⑧ 特許権使用料　　　⑨ 賃借料

▼解答欄

直接経費	
間接経費	

解答〈17〉ページ

問題7-2 ★★★

　下記の経費について，直接経費となる項目には1を，間接経費となる項目には2を〔　〕の中に記入しなさい。

▼解答欄

① 〔　〕材料の棚卸減耗費
② 〔　〕製品Tの生産に対する特許権使用料
③ 〔　〕工場の電気代，ガス代，水道代
④ 〔　〕工場設備の減価償却費
⑤ 〔　〕工場付設の社員食堂の会社負担額
⑥ 〔　〕工場建物の損害保険料
⑦ 〔　〕製品Yのメッキ加工を外注して支払う外注加工賃
⑧ 〔　〕工場の運動会費
⑨ 〔　〕工員用社宅，託児所の会社負担額
⑩ 〔　〕工場の固定資産税
⑪ 〔　〕工場従業員のための茶道，華道講師料
⑫ 〔　〕工員募集費
⑬ 〔　〕工員が利用する福利厚生施設に対する会社負担額
⑭ 〔　〕工場の電話料金などの通信費
⑮ 〔　〕工場機械の修繕費

解答〈17〉ページ

問題7-3 ★★★

次の支払経費に関する資料にもとづいて，各経費の当月消費額を計算しなさい。

(1) 外注加工賃：前月未払額 90,000円　当月支払額 560,000円　当月未払額 60,000円
(2) 旅費交通費：前月前払額 10,600円　当月支払額 100,000円　当月前払額 12,600円
(3) 保　管　料：前月前払額 15,400円　当月支払額 108,000円　当月前払額 12,300円

▼ 解答欄

(1) 外 注 加 工 賃 　　　　　　　　　　円

(2) 旅 費 交 通 費 　　　　　　　　　　円

(3) 保　　管　　料 　　　　　　　　　　円

解答〈17〉ページ

問題7-4 ★★☆

次の月割経費に関する資料にもとづいて，各経費の当月消費額を計算しなさい。

(1) 減価償却費：年間見積額 1,680,000円
(2) 保　険　料：年額 90,000円

▼ 解答欄

(1) 減 価 償 却 費 　　　　　　　　　　円

(2) 保　　険　　料 　　　　　　　　　　円

解答〈17〉ページ

問題7-5 ★★☆

次の測定経費に関する資料にもとづいて，各経費の当月消費額を計算しなさい。

(1) 電力料：当月支払額 210,000円　当月測定額 198,000円
(2) ガス代：基本料金 20,000円　当月使用量 4,800㎥　単価 15円
(3) 水道料：基本料金 32,000円　前月検針 2,100㎥　当月検針 8,600㎥　単価 12円

▼ 解答欄

(1) 電 力 料 [　　　　　　　　] 円　　　(2) ガ ス 代 [　　　　　　　　] 円

(3) 水 道 料 [　　　　　　　　] 円

解答〈17〉ページ

問題7-6 ★★☆

6月中の経費に関する次の資料にもとづいて，解答欄に示す経費仕訳帳の（　　）内に適当な金額を記入しなさい。

費　目	内　　　　　　容		
修 繕 費	前月未払額 1,000円	当月支払額 5,000円	当月未払額 1,500円
外注加工賃	前月前払額 2,000円	当月支払額 4,000円	当月前払額　500円
保 険 料	年額 60,000円		
電 力 料	当月支払額 7,000円	当月測定額 6,800円	
減価償却費	年間予定総額 48,000円		

▼ 解答欄

経 費 仕 訳 帳

×2年		摘　　要	科　　目	総　　額	仕 掛 品	製造間接費
6	30	支 払 経 費	修 繕 費	(　　　　)		(　　　　)
	〃	〃	外注加工賃	(　　　　)	(　　　　)	
	〃	月 割 経 費	保 険 料	(　　　　)		(　　　　)
	〃	〃	減価償却費	(　　　　)		(　　　　)
	〃	測 定 経 費	電 力 料	(　　　　)		(　　　　)
				(　　　　)	(　　　　)	(　　　　)

解答〈17〉ページ

問題7-7　★★★

月末における次の諸取引の仕訳を行いなさい。

〈指定勘定科目〉当座預金，仕掛品，減価償却累計額，未払金，修繕引当金，製造間接費

(1) 工場の建物・機械・器具の減価償却費の年間発生見積額が1,800,000円であるので，その月割額を間接費として計上する。

(2) 製造指図書＃49の製品の外注加工賃は80,000円であった。請求書を受け取り，小切手を振り出して支払った。

(3) 当月中に賃借したクレーン車の賃借料は120,000円で，請求書を受け取り，間接費として計上した。

(4) 当年度の機械等修繕費が420,000円と予想されるので，この12分の１を当月分経費として修繕引当金に計上する。

▼ 解答欄

	借　方　科　目	金　　額	貸　方　科　目	金　　額
(1)				
(2)				
(3)				
(4)				

解答〈18〉ページ

問題7-8 ★★★

次の取引を仕訳しなさい。

〈指定勘定科目〉仕掛品，製造間接費，買掛金，機械減価償却累計額，材料，未払電力料

(1) 製造指図書#101の製品を製造するため，材料S 20,000円を出庫し，外注先の工場に加工を依頼した。なお，当工場では材料を外注のため無償支給しており，材料を外注先に引き渡すときに通常の出庫票にて出庫の記録を行っている。

(2) 上記(1)の外注先から加工品を受け入れた。請求書によると，外注加工賃は2,000円であった。

(3) 材料倉庫の棚卸しを行い，材料の減耗1,000円が発見されたので，棚卸減耗費を計上した。

(4) 当月の機械減価償却費を計上した。機械減価償却費の年間見積額は60,000円である。

(5) 月末に，当月分の電力消費量の測定結果にもとづいて，電力料3,000円を計上した。

▼ 解答欄

	借 方 科 目	金 額	貸 方 科 目	金 額
(1)				
(2)				
(3)				
(4)				
(5)				

解答〈18〉ページ

08 個別原価計算（Ⅰ）

問題8-1　★★★

次の資料にもとづいて，原価計算表を完成しなさい。なお，製造間接費は各製品の機械運転時間を配賦基準として，各指図書に配賦している。

(1) 材料の当月消費額……………No.1：54,200円，No.2：66,800円，番号不明：41,000円
(2) 賃金の当月消費額……………No.1：74,600円，No.2：85,800円，番号不明：75,600円
(3) 経費の当月消費額……………No.1：15,600円，番号不明：9,400円
(4) 各製品の機械運転時間………No.1：360時間，No.2：240時間

▼ 解答欄

原 価 計 算 表　　　　　（単位：円）

	No.1	No.2	合　計
直 接 材 料 費			
直 接 労 務 費			
直 接 経 費			
製 造 間 接 費			
合　　　計			

解答〈19〉ページ

問題8-2 ★★★

次の資料にもとづいて，(1)直接作業時間基準，(2)直接労務費基準によりそれぞれの製造間接費の実際配賦率を計算し，原価計算表を完成させなさい。

（資　料）

直 接 材 料 費：　800,000円（#101：200,000円，#102：350,000円，#103：250,000円）

直 接 労 務 費：1,200,000円（#101：350,000円，#102：550,000円，#103：300,000円）

製 造 間 接 費：1,500,000円

直 接 作 業 時 間：1,000時間（#101：290時間，#102：460時間，#103：250時間）

▼ 解答欄

(1)　直接作業時間基準

実際配賦率 | _____ 円/時

原 価 計 算 表　　　　　　　（単位：円）

	#101	#102	#103	合　計
直 接 材 料 費				
直 接 労 務 費				
製 造 間 接 費				
合　　計				

(2)　直接労務費基準

実際配賦率 | _____ %

原 価 計 算 表　　　　　　　（単位：円）

	#101	#102	#103	合　計
直 接 材 料 費				
直 接 労 務 費				
製 造 間 接 費				
合　　計				

解答〈19〉ページ

問題8-3 ★★☆

次の資料にもとづいて，製造間接費の配賦率および指図書#101の製造原価を(1)直接材料費基準，(2)直接労務費基準，(3)直接費基準で計算しなさい。

(資 料)

	製造指図書		製造指図書
	#101	#102	番号のないもの
材 料 費	680,000円	520,000円	440,000円
労 務 費	920,000円	680,000円	460,000円
経 費	270,000円	130,000円	60,000円

▼ 解答欄

(1) 直接材料費基準

実 際 配 賦 率 [ ] %

指図書#101の製造原価 [ ] 円

(2) 直接労務費基準

実 際 配 賦 率 [ ] %

指図書#101の製造原価 [ ] 円

(3) 直接費基準

実 際 配 賦 率 [ ] %

指図書#101の製造原価 [ ] 円

解答〈19〉ページ

問題8-4　★★★

下記の取引の仕訳をしなさい。なお，指図書№1，№2は，ともに当月に製造着手したものである。

〈指定勘定科目〉材料，賃金，経費，製造間接費，仕掛品，製品，売上原価，売上，売掛金

(1) 当月における材料，賃金，経費の消費額は次のとおりであった。

材　料　175,000円（№1：84,000円，№2：63,000円，間接費：28,000円）

賃　金　221,000円（№1：90,000円，№2：70,000円，間接費：61,000円）

経　費　149,500円（№1：31,500円，№2：27,000円，間接費：91,000円）

(2) 直接労務費を配賦基準として，製造間接費を各製品に配賦した。

(3) 指図書№1が完成したので，製造原価を製品勘定に振り替えた。

(4) 完成した製品（№1）を350,000円で掛売りした。なお，これにともなう製品原価は売上原価勘定に振り替えること。

▼解答欄

	借　方　科　目	金　　額	貸　方　科　目	金　　額
(1)				
(2)				
(3)				
(4)				

解答〈20〉ページ

問題8-5 ★★★

当月の資料にもとづいて，(1)原価計算表を完成させ，(2)仕掛品勘定の記入を行いなさい。なお，当月に製造指図書＃1と＃2は完成したが，＃3は月末現在仕掛中である。また，＃1は前月に製造着手したもので，前月末までに消費された原価は112,500円であった。

（資　料）

(1) 直接材料費の当月消費額　＃1：37,500円，＃2：45,000円，＃3：22,500円
(2) 直接労務費の当月消費額　＃1：52,500円，＃2：60,000円，＃3：75,000円
(3) 直接経費の当月消費額　＃1：15,000円，＃2：18,000円，＃3：33,000円
(4) 製造間接費の当月配賦額　＃1：75,000円，＃2：90,000円，＃3：95,000円

▼ 解答欄

原　価　計　算　表　　　　　（単位：円）

	＃1	＃2	＃3	合　計
前 月 繰 越				
直 接 材 料 費				
直 接 労 務 費				
直 接 経 費				
製 造 間 接 費				
合　　計				
備　　考				

仕　掛　品　　　　　（単位：円）

前 月 繰 越	（　　　）	当 月 完 成 高	（　　　）
材　　料	（　　　）	次 月 繰 越	（　　　）
賃　　金	（　　　）		
経　　費	（　　　）		
製 造 間 接 費	（　　　）		
	（　　　）		（　　　）

解答〈21〉ページ

問題8-6 ★★★

名古屋工場は実際個別原価計算を行っている。次に示した同社の原価記録にもとづいて，仕掛品勘定と製品勘定の（　　）内に適当な金額を記入しなさい。なお，仕訳と元帳転記は月末にまとめて行っている。

	原価計算票	製造指図書　No.101
直接材料費	3/6	150,000円
直接労務費	3/6～3/28	300,000円
製造間接費	3/6～3/28	280,000円
合　　計		730,000円
製造着手　　3/6	完成・入庫　3/28	
注文主引渡　　4/4		

	原価計算票	製造指図書　No.102
直接材料費	3/13	300,000円
直接労務費	3/13～3/31	120,000円
	4/1～4/8	160,000円
製造間接費	3/13～3/31	400,000円
	4/1～4/8	350,000円
合　　計		1,330,000円
製造着手　　3/13	完成・入庫　4/8	
注文主引渡　　4/12		

	原価計算票	製造指図書　No.103
直接材料費	4/8	200,000円
直接労務費	4/8～4/29	240,000円
製造間接費	4/8～4/29	500,000円
合　　計		940,000円
製造着手　　4/8	完成・入庫　4/29	
注文主引渡　　＿＿＿	（4月末現在未引渡）	

	原価計算票	製造指図書　No.104
直接材料費	4/25	430,000円
直接労務費	4/25～4/30	100,000円
製造間接費	4/25～4/30	200,000円
合　　計		730,000円
製造着手　　4/25	完成・入庫　＿＿＿	
注文主引渡　　＿＿＿	（4月末現在仕掛中）	

▼ 解答欄

	仕　　掛　　品		（単位：円）
4/ 1　月 初 有 高　（　　　　）	4/30　当月完成品	（　　　　）	
4/30　直 接 材 料 費　（　　　　）	〃　　月 末 有 高	（　　　　）	
〃　　直 接 労 務 費　（　　　　）			
〃　　製 造 間 接 費　（　　　　）			
（　　　　）	（　　　　）		

	製　　　　品		（単位：円）
4/ 1　月 初 有 高　（　　　　）	4/30　売 上 原 価	（　　　　）	
4/30　当月完成品　（　　　　）	〃　　月 末 有 高	（　　　　）	
（　　　　）	（　　　　）		

解答〈21〉ページ

問題9-1 ★★☆

次の資料により，製造間接費の予定配賦率，予定配賦額および製造間接費配賦差異を求めなさい。

（資　料）

(1) 製造間接費年間予算額　　9,000,000円
(2) 年間予定直接作業時間　　18,000時間
(3) 当月製造間接費実際発生額　720,000円
(4) 当月実際直接作業時間　　1,530時間
(5) 製造間接費は直接作業時間を基準に予定配賦している。

▼ 解答欄

予 定 配 賦 率		円/時間
予 定 配 賦 額		円
製造間接費配賦差異	（　　）	円

（　）内は，貸方差異（有利差異）なら「＋」，借方差異（不利差異）なら「－」を記入しなさい。

解答〈23〉ページ

問題9-2 ★★★

次の取引について仕訳し，製造間接費および製造間接費配賦差異勘定の記入を完成させなさい。

〈指定勘定科目〉材料，賃金，経費，製造間接費，仕掛品，製造間接費配賦差異

(1) 製造間接費を機械運転時間を基準として各指図書に配賦した。

　　　年間の製造間接費予算：3,600,000円　　　年間の予定機械運転時間：40,000時間

　　　当月の実際機械運転時間：3,200時間（No.1：1,800時間，No.2：1,400時間）

(2) 当月の製造間接費実際発生額は次のとおりであった。

　　　材料　122,000円　　　賃金　99,000円　　　経費　71,000円

(3) 製造間接費の実際発生額と予定配賦額との差額を製造間接費配賦差異勘定に振り替えた。

▼ 解答欄

	借　方　科　目	金　額	貸　方　科　目	金　額
(1)				
(2)				
(3)				

製　造　間　接　費

材　　料	（　　　　　）	仕　掛　品	（　　　　　）
賃　　金	（　　　　　）	原　価　差　異	（　　　　　）
経　　費	（　　　　　）		
	（　　　　　）		（　　　　　）

製造間接費配賦差異

原　価　差　異	（　　　　　）	

解答〈23〉ページ

問題9-3 ★★☆

当工場では，直接作業時間を基準として製造間接費を予定配賦している。年間の予定直接作業時間は36,000時間であり，年間の製造間接費予算は28,440,000円である。よって，次の取引を仕訳しなさい。

〈指定勘定科目〉現金預金，売掛金，材料，賃金・給料，製造間接費，仕掛品，製品，売上原価，原価差異，減価償却累計額

(1) 補助材料の当月消費額を計上した（補助材料の月初有高 300,000円，当月仕入高 1,050,000円，月末有高 250,000円）。

(2) 間接工賃金の当月消費額を計上した（前月未払額 80,000円，当月支払額 830,000円，当月未払額110,000円）。

(3) 機械減価償却費当月分600,000円を計上した。

(4) 製造間接費を予定配賦した。当月実際直接作業時間は3,200時間であった。

(5) 月末に製造間接費配賦差異を計上した（なお，当月の実際製造間接費合計は上記の取引で明らかになるもののほかに，120,000円の間接経費がすでに計上されているものとする）。

▼ 解答欄

	借 方 科 目	金 額	貸 方 科 目	金 額
(1)				
(2)				
(3)				
(4)				
(5)				

解答〈23〉ページ

問題9-4 ★★★

当製作所では，直接作業時間を基準にして製造間接費を予定配賦している。年間の予定直接作業時間は18,000時間であり，年間の製造間接費予算は27,000,000円である。さて，5月は，製造指図書№1と№2の製造を行った（いずれも当月着手）。そこで，次の(1)から(5)の取引について仕訳しなさい。

〈指定勘定科目〉現金，材料，仕掛品，製品，賃金・給料，製造間接費，原価差異

(1) 5月1日から31日までの材料および賃金・給料の消費高は，次のとおりであった。

	製造指図書		製造指図書
	№1	№2	番号のないもの
材 料 費	560,000円	640,000円	498,000円
労 務 費	800,000円	1,200,000円	875,000円

(2) 製造指図書№1および№2について，メッキ加工のため，下請企業に無償で支給した部品が，加工後すべて納入されたので，その加工賃285,000円（№1：135,000円，№2：150,000円）を現金で支払った。なお，納入品は，検査後，ただちに製造現場へ引き渡された。

(3) 予定配賦率を用いて，製造間接費を各製造指図書に配賦した。なお，5月の直接作業時間は，次のとおりであった。

	製造指図書№1	製造指図書№2
直接作業時間	700時間	800時間

(4) 製造指図書№1が完成した。

(5) 製造間接費差異を計上した。ただし，5月中の実際製造間接費発生額は，上述したものを含めて，総額で2,373,000円であった。

▼ 解答欄

	借 方 科 目	金 額	貸 方 科 目	金 額
(1)				
(2)				
(3)				
(4)				
(5)				

解答〈24〉ページ

問題9-5 ★★☆

仙台工場では，実際原価計算を行っている。下記の当月資料にもとづき，製造間接費勘定と仕掛品勘定の（　　）内に適当な金額を記入しなさい。ただし，素材消費額はすべて直接材料費，直接工賃金消費額はすべて直接労務費である。また，製造間接費は直接作業時間基準を用いて予定配賦している。年間予定直接作業時間は40,000時間，年間製造間接費予算は280,000千円である。

(資　料)

(1)　素　　　　材：月初有高 650千円，当月仕入高 16,000千円，月末有高 400千円

(2)　仕　掛　品：月初有高 3,200千円，月末有高 2,700千円

(3)　直接工賃金：月初未払高 3,600千円，当月支払高 11,600千円，月末未払高 2,400千円

(4)　実際直接作業時間　　　　3,500時間

(5)　製造間接費配賦差異　　　550千円（借方差異）

▼ 解答欄

製　造　間　接　費　　　　　（単位：千円）

実 際 発 生 額	（　　　　　）	予 定 配 賦 額	（　　　　　）
		配 賦 差 異	（　　　　　）
	（　　　　　）		（　　　　　）

仕　掛　品　　　　　（単位：千円）

月 初 有 高	（　　　　　）	当 月 完 成 高	（　　　　　）
直 接 材 料 費	（　　　　　）	月 末 有 高	（　　　　　）
直 接 労 務 費	（　　　　　）		
製 造 間 接 費	（　　　　　）		
	（　　　　　）		（　　　　　）

解答〈24〉ページ

問題9-6　★★☆

　次の諸勘定の①～⑥に入る勘定科目または金額を求めなさい。なお，製造間接費は直接労務費を基準に予定配賦しており，予定配賦率は120％である。

賃　　　　金				仕　　掛　　品			
当座預金	31,500	前月繰越	3,000	前月繰越	5,000	製　　品	(②)
次月繰越	1,500	諸　　口	( )	材　　料	30,000	次月繰越	12,000
	33,000		33,000	賃　　金	(①)		
				製造間接費	( )		
					( )		( )

製　造　間　接　費				製造間接費配賦差異			
材　　料	9,000	(③)	(④)	(⑤)	(⑥)		
賃　　金	5,000	製造間接費配賦差異	( )				
経　　費	18,000						
	32,000		32,000				

▼ 解答欄

①		②		③	
④		⑤		⑥	

解答〈25〉ページ

問題9-7 ★★★

次の資料にもとづき，当月の仕掛品勘定および製造間接費勘定の記入を完成しなさい。なお，月初仕掛品は指図書#201で，48,000千円であった。指図書#201，202は当月完成した。

（資　料）

(1) 直接材料……月初棚卸高 2,400千円，買入高 48,000千円，払出高（#201…8,400千円，#202…19,200千円，#203…16,800千円），月末棚卸高 4,800千円，減耗 1,200千円（通常発生する程度）

(2) 間接材料……月初棚卸高 3,600千円，買入高 13,800千円，月末在庫 3,000千円

(3) 直接賃金……月初未払高 12,000千円，当月消費高（#201…18,000千円，#202…33,000千円，#203…24,000千円），当月支払高 69,000千円，月末未払高 18,000千円

(4) 間接賃金給料……月初未払高 7,200千円，当月支払高 39,600千円，月末未払高 6,000千円

(5) 外注加工賃……月初未払高 1,800千円，当月支払高 36,000千円，月末未払高 2,400千円，当月消費高（#201…6,000千円，#202…16,200千円，#203…14,400千円）

(6) 修繕引当金……当月繰入額 3,600千円

(7) 製造間接費は各指図書にその直接労務費の150%を負担させる。

▼ 解答欄

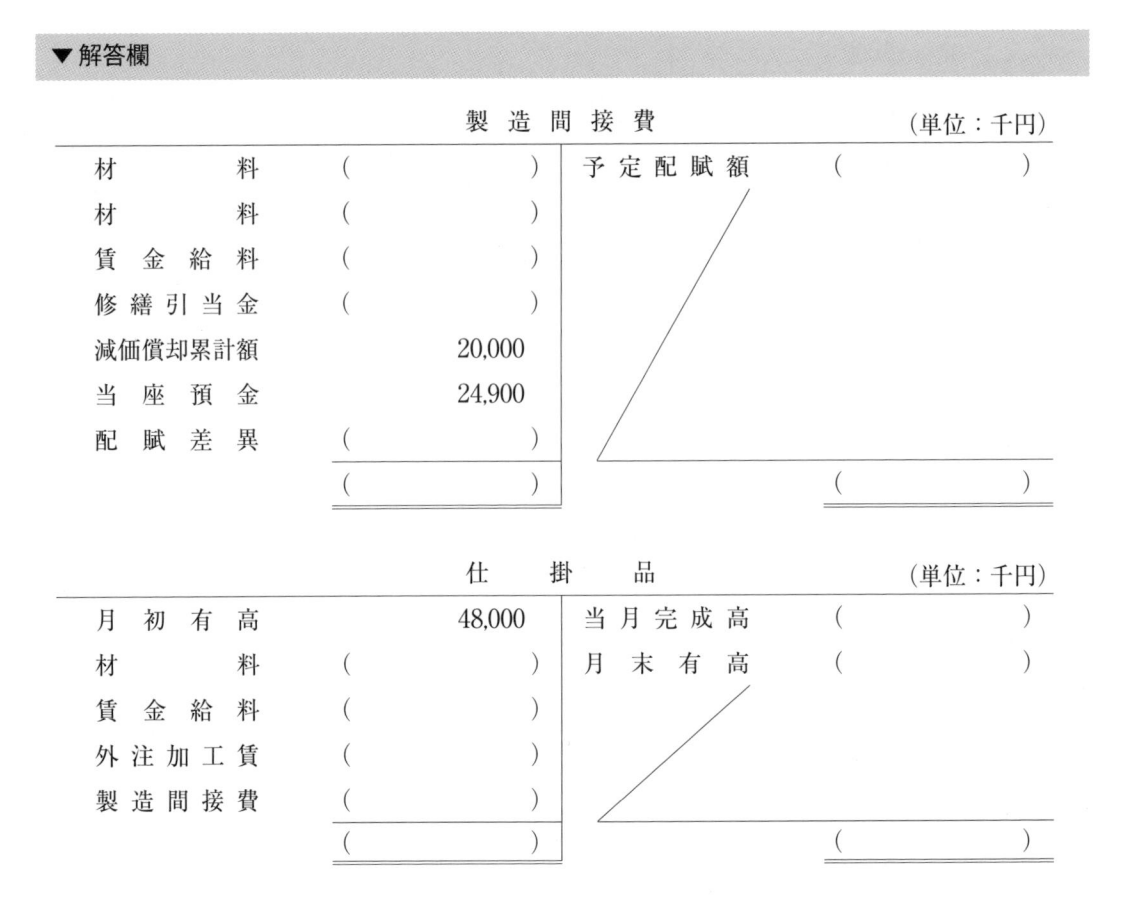

製　造　間　接　費　　　　　　　　　　（単位：千円）

			予定配賦額	(	)
材　　料	(	)			
材　　料	(	)			
賃 金 給 料	(	)			
修 繕 引 当 金	(	)			
減価償却累計額	20,000				
当 座 預 金	24,900				
配 賦 差 異	(	)			
	(	)		(	)

仕　　掛　　品　　　　　　　　　　（単位：千円）

			当 月 完 成 高	(	)
月 初 有 高	48,000		月 末 有 高	(	)
材　　料	(	)			
賃 金 給 料	(	)			
外 注 加 工 賃	(	)			
製 造 間 接 費	(	)			
	(	)		(	)

解答〈25〉ページ

問題9-8 ★★★

神戸工場では，実際個別原価計算を行っている。次に示した同工場の資料にもとづき，仕掛品勘定と製品勘定の（　　　）内に適当な金額を記入しなさい。なお，当月は10月である。

(資　料)

1．各製造指図書に関するデータは，次のとおりであった。

製造指図書	直接材料費	直接労務費	直接作業時間	備　　　　考
No.101	54,000円	40,000円	80時間	9月着手・完成，10月引渡
No.102				9月着手，10月完成・引渡
9月中	48,000円	20,000円	40時間	
10月中	── 円	10,000円	20時間	
No.103	42,000円	25,000円	50時間	10月着手・完成，10月末未引渡
No.104	24,000円	15,000円	30時間	10月着手，10月末未完成

2．製造間接費は予定配賦している。予定配賦率は，直接作業時間あたり350円である。

▼ 解答欄

仕　　掛　　品　　　　　　　　　　（単位：円）

月 初 有 高	（　　　　　）	当 月 完 成 高	（　　　　　）
当月製造費用：		月 末 有 高	（　　　　　）
直 接 材 料 費	（　　　　　）		
直 接 労 務 費	（　　　　　）		
製 造 間 接 費	（　　　　　）		
	（　　　　　）		（　　　　　）

製　　　　品　　　　　　　　　　（単位：円）

月 初 有 高	（　　　　　）	売 上 原 価	（　　　　　）
当 月 完 成 高	（　　　　　）	月 末 有 高	（　　　　　）
	（　　　　　）		（　　　　　）

解答〈27〉ページ

問題9-9 ★★☆

福岡製作所では，実際個別原価計算を行っている。次に示した同社の資料にもとづき，仕掛品勘定および製品勘定の（　　）内に適当な金額を記入しなさい。

(資　料)

1．各製造指図書に関するデータは，次のとおりである。

製造指図書	直接材料費	直接労務費	直接作業時間	備　　考
No.501	240,000円	144,000円	120時間	4月着手・完成，5月引渡
No.502				4月着手，5月完成・引渡
4月中	218,000円	126,000円	105時間	
5月中	121,500円	30,000円	25時間	
No.503	444,000円	180,000円	150時間	5月着手・完成，5月末未引渡
No.504	？	132,000円	110時間	5月着手，5月末未完成

2．製造間接費は，直接作業時間当り2,500円の配賦率で，各指図書に予定配賦している。

3．当月（5月）における直接材料の在庫増減は，次のとおりであった。

月初在庫量　　　　　1,000 個（@280円）
当月購入量　　　　　4,000　　（@305円）
　計　　　　　　　　5,000 個
当月消費量　　　　　4,250
月末在庫量　　　　　　750 個

4．直接材料の消費価格は，平均法を用いて計算している。

▼ 解答欄

仕　掛　品	（単位：円）

月　初　有　高	（　　　）	当　月　完　成　高	（　　　）
当月製造費用：		月　末　有　高	（　　　）
直　接　材　料　費	（　　　）		
直　接　労　務　費	（　　　）		
製　造　間　接　費	（　　　）		
計	（　　　）		
	（　　　）		（　　　）

製　　　品	（単位：円）

月　初　有　高	（　　　）	売　上　原　価	（　　　）
当　月　完　成　高	（　　　）	月　末　有　高	（　　　）
	（　　　）		（　　　）

解答〈27〉ページ

問題9-10 ★★★

次の資料にもとづいて，製造間接費の予定配賦額および製造間接費配賦差異を計算し，製造間接費配賦差異は，予算差異と操業度差異に分析しなさい。

（資　料）

(1) 年間予算データ

① 年間基準操業度　　　　　　15,000機械稼働時間

② 公式法変動予算による年間の製造間接費予算

年間固定費　　　4,500,000円　　　　　　変動費率　　　200円／時間

(2) 当月実際データ

① 実際機械稼働時間　　　　　　1,160時間

② 製造間接費実際発生額　　　　619,000円

▼ 解答欄

製造間接費の予定配賦額		円

製造間接費配賦差異	（　　）	円

予　算　差　異	（　　）	円

操　業　度　差　異	（　　）	円

（　　）内は，貸方差異（有利差異）ならば「＋」，借方差異（不利差異）ならば「−」を記入しなさい。

解答〈28〉ページ

問題9-11 ★★★

当工場は，直接作業時間を配賦基準として，製造間接費を予定配賦している。次の資料により，製造間接費の予定配賦率を求め，当月の各製造指図書への予定配賦額および製造間接費配賦差異を計算し，さらに予算差異と操業度差異とに分析しなさい。

(資　料)

(1) 製造間接費予算（年間）

　　　変動費　300円/時間　　　固定費　1,200,000円

(2) 基準操業度（年間）　6,000時間

(3) 当月の実際直接作業時間

製造指図書	No. 1	No. 2	合計
	240時間	160時間	400時間

(4) 当月の製造間接費実際発生額　240,000円

▼ 解答欄

予定配賦率 | 　　　　　　　　　円/時 |

予定配賦額 | No. 1 　　　　　　円 |

| No. 2 　　　　　　円 |

製造間接費配賦差異 | （　　　）　　　　　円 |

予 算 差 異 | （　　　）　　　円 |

操 業 度 差 異 | （　　　）　　　円 |

（　　　）内は，借方差異ならば「－」，貸方差異ならば「＋」を記入すること。

解答〈28〉ページ

問題9-12 ★★☆

姫路工業（株）は，個別受注生産を行っている。当月において，製造指図書＃101の製造中に仕損が生じたので補修を行った。その際，補修指図書＃101-1を発行したが，当該指図書に集計された原価は，直接材料費25,000円，直接労務費38,000円，製造間接費42,000円であった。そこで，原価計算表を完成しなさい。なお，仕損費は直接経費として処理している。また，＃101は当月中に完成している。

▼解答欄

	＃101	＃101-1
直 接 材 料 費	150,000	
直 接 労 務 費	220,000	
製 造 間 接 費	240,000	
小 計	610,000	
仕 損 費		
合 計		
備 考	完 成	＃101へ直課

解答〈29〉ページ

問題9-13 ★☆☆

次の取引について仕訳しなさい。

〈指定勘定科目〉材料，賃金，製造間接費，仕掛品，仕損費

(1) 製造指図書＃101の製造中に仕損が発生し，補修を行った。その際，補修指図書＃101-1を発行したが，当該指図書に集計された直接材料費は36,000円，直接労務費28,000円，製造間接費は56,000円であった。

(2) 上記の補修費用を仕損費として計上した。

(3) 上記の仕損費を製造指図書＃101に賦課した。

▼解答欄

	借 方 科 目	金 額	貸 方 科 目	金 額
(1)				
(2)				
(3)				

解答〈29〉ページ

10 部門別個別原価計算（Ⅰ）

問題10-1 ★★☆

次の資料にもとづいて，(1)部門費配賦表を完成させ，(2)各原価部門への振替仕訳を行いなさい。

（資　料）

(1)　部門個別費

	甲 部 門	乙 部 門	動力部門	修繕部門	工場事務部門
間接材料費	450,000円	800,000円	800,000円	280,000円	――
間接労務費	312,000円	554,000円	70,000円	90,000円	182,000円

(2)　部門共通費

間接労務費　600,300円　　減価償却費　435,600円　　電力料　273,700円

(3)　配賦基準

配賦基準	甲 部 門	乙 部 門	動力部門	修繕部門	工場事務部門
従 業 員 数	28人	30人	16人	9人	4人
床 面 積	55㎡	25㎡	15㎡	15㎡	11㎡
電力消費量	60kwh	45kwh	30kwh	18kwh	8kwh

▼ 解答欄

(1)　　　　　　　　　　　　　　部 門 費 配 賦 表　　　　　　　　　（単位：円）

費　　　目	配賦基準	合　　　計	製 造 部 門 甲 部 門	乙 部 門	補 助 部 門 動力部門	修繕部門	工場事務部門
部門個別費							
間接材料費							――
間接労務費							
部門共通費							
間接労務費	従 業 員 数						
減価償却費	床 面 積						
電 力 料	電力消費量						
部 門 費							

(2)〈指定勘定科目〉製造間接費，甲部門費，乙部門費，動力部門費，修繕部門費，工場事務部門費

借　方　科　目	金　　額	貸　方　科　目	金　　額

解答〈30〉ページ

問題10-2 ★★★

次の資料にもとづいて，(1)直接配賦法による部門費配賦表を完成させ，(2)製造部門への振替仕訳を行いなさい。

（資　料）

補助部門費の配賦基準

配賦基準	合　　計	切削部門	組立部門	動力部門	修繕部門	事務部門
従 業 員 数	100人	45人	35人	7人	5人	8人
修 繕 時 間	185時間	80時間	60時間	10時間	20時間	15時間
電 力 消 費 量	150kwh	60kwh	50kwh	20kwh	15kwh	5kwh

▼ 解答欄

(1) 　　　　　　　部 門 費 配 賦 表　　　　　　　（単位：円）

費　　　目	配賦基準	合　　計	製 造 部 門		補 助 部 門		
			切削部門	組立部門	動力部門	修繕部門	事務部門
部門個別費	——	948,400	327,000	467,000	85,900	42,900	25,600
部門共通費	従 業 員 数	360,000					
部　門　費							
事務部門費	従 業 員 数						
修繕部門費	修 繕 時 間						
動力部門費	電 力 消 費 量						
製造部門費							

(2)〈指定勘定科目〉製造間接費，切削部門費，組立部門費，動力部門費，修繕部門費，事務部門費

借　方　科　目	金　　額	貸　方　科　目	金　　額

解答〈31〉ページ

問題10-3 ★★☆

次の資料にもとづいて，部門費配賦表を完成させ，各勘定に記入しなさい。ただし，補助部門の製造部門への配賦は，直接配賦法によること。

(資　料)

補助部門費の配賦基準

配賦基準	合　　計	切 削 部	組 立 部	動 力 部	修 繕 部	事 務 部
修繕作業時間	200時間	95時間	65時間	20時間	20時間	——
従 業 員 数	55人	18人	24人	5人	5人	3人
機械運転時間	2,700時間	1,300時間	800時間	400時間	200時間	——

部 門 費 配 賦 表　　　　　　　　（単位：円）

費　　目	配賦基準	合　計	製 造 部 門		補 助 部 門		
			切 削 部	組 立 部	動 力 部	修 繕 部	事 務 部
部　門　費		2,019,600	847,000	748,000	189,000	160,000	75,600
事 務 部 費	従 業 員 数						
修 繕 部 費	修繕作業時間						
動 力 部 費	機械運転時間						
製造部門費							

切　削　部　費

製 造 間 接 費	（	）	仕　掛　品	（	）
事 務 部 費	（	）			
修 繕 部 費	（	）			
動 力 部 費	（	）			
	（	）		（	）

組　立　部　費

製 造 間 接 費	（	）	仕　掛　品	（	）
事 務 部 費	（	）			
修 繕 部 費	（	）			
動 力 部 費	（	）			
	（	）		（	）

動　力　部　費

製 造 間 接 費	（	）	諸　　　口	（	）

修　繕　部　費

製 造 間 接 費	（	）	諸　　　口	（	）

事　務　部　費

製 造 間 接 費	（	）	諸　　　口	（	）

解答〈32〉ページ

問題10-4 ★★☆

次の資料にもとづいて，(1)相互配賦法による部門費配賦表を完成させ，(2)補助部門費の製造部門への振替仕訳を行いなさい。ただし，ここに相互配賦法とは，簡便法としての相互配賦法であり，第1次配賦は純粋の相互配賦法によって行うが，第2次配賦は直接配賦法によって行う。

(資 料)

	合 計	機械部門	組立部門	材料部門	保全部門	事務部門
部門費	6,200,000円	2,558,000円	2,234,500円	607,500円	560,000円	240,000円
補助部門配賦基準：						
材料出庫量	5,500kg	2,500kg	1,500kg	1,000kg	300kg	200kg
保 全 時 間	800時間	400時間	200時間	100時間	100時間	——
従 業 員 数	45人	10人	20人	6人	4人	5人

▼ 解答欄

(1)

部門費配賦表

(単位：円)

費 目	合 計	製造部門		補助部門		
		機械部門	組立部門	材料部門	保全部門	事務部門
部 門 費	6,200,000	2,558,000	2,234,500	607,500	560,000	240,000
第1次配賦						
事務部門費						——
保全部門費					——	
材料部門費				——		
第2次配賦						
事務部門費						
保全部門費						
材料部門費						
製造部門費						

(2)〈指定勘定科目〉製造間接費，機械部門費，組立部門費，材料部門費，保全部門費，事務部門費

借 方 科 目	金 額	貸 方 科 目	金 額

解答〈33〉ページ

問題10-5 ★★★

受注生産経営を行う前橋工場では，製造間接費の製品別配賦を部門別配賦率を用いて行っている。そこで，次の配賦基準資料にもとづき，製造間接費部門別配賦表を完成させなさい。なお，補助部門費の配賦は相互配賦法による。すなわち，第1次配賦では製造部門のみならず他の補助部門にも配賦を行い，第2次配賦では製造部門のみに配賦を行う。

（配賦基準資料：部門共通費）

	配賦基準	合　　　計	第1製造部	第2製造部	保　全　部	材料倉庫部	工場事務部
福利施設負担額	従業員数	60人	15人	25人	6人	4人	10人
建物減価償却費	占有面積	5,000㎡	2,000㎡	2,000㎡	250㎡	250㎡	500㎡

（配賦基準資料：補助部門費）

	配賦基準	合　　　計	第1製造部	第2製造部	保　全　部	材料倉庫部	工場事務部
工場事務部費	従業員数	60人	15人	25人	6人	4人	10人
材料倉庫部費	材料出庫額	900万円	400万円	200万円	200万円	100万円	――
保　全　部　費	保全作業時間	800時間	300時間	300時間	100時間	60時間	40時間

▼ 解答欄

製造間接費部門別配賦表

（単位：円）

費　　目	合　　　計	製造部門		補助部門		
		第1製造部	第2製造部	保　全　部	材料倉庫部	工場事務部
部門個別費	4,900,000	1,992,000	1,628,000	475,000	655,000	150,000
福利施設負担額	600,000					
建物減価償却費	500,000					
部　門　費	6,000,000					
第1次配賦						
工場事務部費						
材料倉庫部費						
保　全　部　費						
第2次配賦						
工場事務部費						
材料倉庫部費						
保　全　部　費						
製造部門費						

解答〈34〉ページ

11 部門別個別原価計算（Ⅱ）

問題11-1 ★★★

　名古屋工場では，製造間接費を部門ごとに集計し，製造部門費を製品へ実際配賦している。次の資料により，(1)各製造部門の実際配賦率および各製品に対する製造間接費配賦額を計算しなさい。また，(2)各製造部門から各製品への配賦の仕訳を行いなさい。なお，切削部門では機械稼働時間，組立部門では直接作業時間をそれぞれ配賦基準としている。

（資　料）

(1) 当月の補助部門費配賦後の各製造部門費
　　切削部門費：792,000円，組立部門費：896,000円

(2) 各製品の製造に要した時間

		製品No.1	製品No.2
切削部門	直接作業時間	100時間	120時間
	機械稼働時間	200時間	250時間
組立部門	直接作業時間	290時間	350時間
	機械稼働時間	140時間	140時間

▼解答欄

(1) 切削部門

　　実 際 配 賦 率 [　　　　　　　　] 円/時

　　No.1への配賦額 [　　　　　　　] 円　　No.2への配賦額 [　　　　　　　] 円

　　組立部門

　　実 際 配 賦 率 [　　　　　　　　] 円/時

　　No.1への配賦額 [　　　　　　　] 円　　No.2への配賦額 [　　　　　　　] 円

(2) 各製造部門から各製品への配賦の仕訳
　　〈指定勘定科目〉仕掛品，切削部門費，組立部門費

借　方　科　目	金　　額	貸　方　科　目	金　　額

解答〈35〉ページ

問題11-2 ★★☆

次の資料により，仕訳を行うとともに与えられた勘定の記入を完成させなさい。

〈指定勘定科目〉製造間接費，甲製造部門費，乙製造部門費，動力部門費，修繕部門費，
工場事務部門費，仕掛品

（資　料）

(1) 製造間接費300,000円を次のとおり各部門に集計した。

甲製造部門　150,000円　　　乙製造部門　70,000円

動 力 部 門　40,000円　　　修 繕 部 門　10,000円　　　工場事務部門　30,000円

(2) 上記の補助部門費を，次の割合で各製造部門に配賦した。

	甲製造部門	乙製造部門
動 力 部 門 費	40%	60%
修 繕 部 門 費	30%	70%
工 場 事 務 部 門 費	50%	50%

(3) 両製造部門費の各金額を各製造指図書に配賦した。

▼ 解答欄

	借　方　科　目	金　　額	貸　方　科　目	金　　額
(1)				
(2)				
(3)				

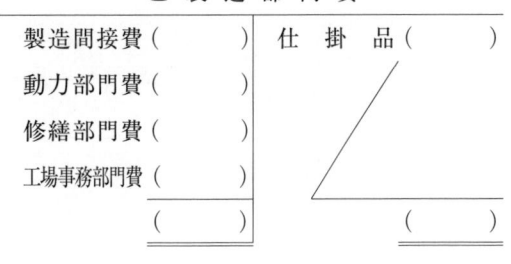

```
          甲 製 造 部 門 費                           乙 製 造 部 門 費
製造間接費（   ）｜仕 掛 品（   ）      製造間接費（   ）｜仕 掛 品（   ）
動力部門費（   ）｜                     動力部門費（   ）｜
修繕部門費（   ）｜                     修繕部門費（   ）｜
工場事務部門費（   ）｜                  工場事務部門費（   ）｜
       （   ）｜    （   ）                （   ）｜    （   ）
```

解答〈35〉ページ

問題11-3 ★☆☆

個別原価計算を採用している当社の次の取引を，指定された勘定科目を用いて仕訳し，与えられた勘定の記入を完成させなさい。なお，当社は製造間接費については部門別計算を行い，各製造指図書には予定配賦を行っている。

〈指定勘定科目〉製造間接費，甲製造部門費，乙製造部門費，動力部門費，修繕部門費，仕掛品，
製造部門費配賦差異

(1) 甲・乙製造部門費を，直接作業時間を基準として各製造指図書に予定配賦した。

	予定配賦率	直接作業時間
甲製造部門費	@130円	5,200時間
乙製造部門費	@110円	4,300時間

(2) 製造間接費の実際発生額は1,150,000円であり，次のとおり各部門に配賦した。

甲製造部門	550,000円	乙製造部門	380,000円
動 力 部 門	130,000円	修 繕 部 門	90,000円

(3) 上記補助部門費を次の配賦率により，甲・乙製造部門へ配賦した。

	甲製造部門	乙製造部門
動 力 部 門 費	60%	40%
修 繕 部 門 費	45%	55%

(4) 甲・乙製造部門で把握された差異を，製造部門費配賦差異勘定へ振り替えた。

▼ 解答欄

	借 方 科 目	金 額	貸 方 科 目	金 額
(1)				
(2)				
(3)				
(4)				

甲 製 造 部 門 費

製 造 間 接 費	(	)	仕 掛 品	(	)
動 力 部 門 費	(	)			
修 繕 部 門 費	(	)			
原 価 差 異	(	)			
	(	)		(	)

乙 製 造 部 門 費

製 造 間 接 費	(	)	仕 掛 品	(	)
動 力 部 門 費	(	)	原 価 差 異	(	)
修 繕 部 門 費	(	)			
	(	)		(	)

製造部門費配賦差異

原 価 差 異	(	)	原 価 差 異	(	)

解答〈36〉ページ

問題11-4 ★★★

梅田工場では，部門別予定配賦率を用いて，製造間接費の製品別配賦を行っている。配賦基準は機械作業時間である。次の資料にもとづいて，製造部門別の予定配賦率，製造指図書別の予定配賦額および製造部門費配賦差異を求めなさい。

(1) 各製造部門の年間製造部門費予算
　　　　第1製造部門　3,000,000円　　　　第2製造部門　1,600,000円

(2) 各製造部門の年間基準操業度
　　　　第1製造部門　2,500時間　　　　第2製造部門　2,000時間

(3) 各製造部門の製造指図書別実際機械作業時間

	No.401	No.402	No.403	合　計
第1製造部門	750時間	840時間	510時間	2,100時間
第2製造部門	620時間	720時間	460時間	1,800時間

(4) 各製造部門の実際発生額
　　　　第1製造部門　2,500,000円　　　　第2製造部門　1,500,000円

▼解答欄

製造部門別予定配賦率

第1製造部門 [　　　　　　　] 円/時　　　　第2製造部門 [　　　　　　　] 円/時

製造指図書別予定配賦額

No.401 [　　　　　　] 円　　　　No.402 [　　　　　　] 円

No.403 [　　　　　　] 円

製造部門費配賦差異

第1製造部門 [（　　）　　　　] 円　　　　第2製造部門 [（　　）　　　　] 円

（　　）内は，借方差異ならば「－」，貸方差異ならば「＋」を記入すること。

解答〈37〉ページ

問題11-5 ★★★

なんば工場では，製造間接費について部門別計算を行っており，切削部門は機械稼働時間，組立部門は直接作業時間をそれぞれ配賦基準としている。下記の資料にもとづいて，製造部門費の予定配賦と配賦差異計上の仕訳を行いなさい。

〈指定勘定科目〉製造間接費，切削部門費，組立部門費，製造部門費配賦差異，仕掛品

(資　料)

(1) 年間の予定数値

	切削部門	組立部門
部門費合計	37,800,000円	34,200,000円
機械稼働時間	8,400時間	3,600時間
直接作業時間	4,500時間	9,500時間

(2) 当月の機械稼働時間と直接作業時間

① 機械稼働時間

	No.101	No.102	合　計
切削部門	450時間	270時間	720時間
組立部門	160時間	120時間	280時間

② 直接作業時間

	No.101	No.102	合　計
切削部門	210時間	150時間	360時間
組立部門	420時間	380時間	800時間

(3) 当月の製造部門費実際発生額

切削部門：3,320,000円　　　組立部門：2,740,000円

▼ 解答欄

製造部門費の予定配賦の仕訳

借　方　科　目	金　　額	貸　方　科　目	金　　額

配賦差異計上の仕訳

借　方　科　目	金　　額	貸　方　科　目	金　　額

解答〈38〉ページ

問題11-6 ★★☆

当社の広島工場における5月中の製造間接費等に関する数値は下掲のとおりである。これらの数値を用いて必要な計算を行い，解答欄の製造間接費部門別配賦表を完成させ，諸勘定の（　　）内に正しい金額または相手勘定科目を記入しなさい。

この工場では，月間に発生した製造間接費はこれをいったん製造間接費勘定に集計し，

① 第1次集計：部門個別費・共通費は製造間接費勘定から各部門勘定に直課または配賦する（ただし，本問ではすでに処理済み）。

② 第2次集計：補助部門費を補助部門の各勘定から製造部門の各勘定に直接配賦法により配賦する。

③ 製造部門費を製造部門の勘定から仕掛品勘定に予定配賦する。予定配賦額は切削部門が2,200,000円（予定配賦率2,200円/時間×機械稼働時間1,000時間）で，仕上部門が1,760,000円（予定配賦率2,200円/時間×機械稼働時間800時間）である。

④ 製造部門費配賦差異を計上する。

〈本年5月中の実際数値〉

配　賦　基　準

	合　　　計	切削部門	仕上部門	動力部門	修繕部門	工場事務部門
従 業 員 数	40人	20人	10人	4人	4人	2人
修 繕 時 間	200時間	90時間	80時間	20時間	10時間	——
電力消費量	1,800kw	800kw	400kw	300kw	200kw	100kw

製造間接費部門別配賦表 （単位：円）

費　　　目	配賦基準	合　　計	製　造　部　門		補　助　部　門		
			切削部門	仕上部門	動力部門	修繕部門	工場事務部門
部 門 個 別 費	──	3,460,000	1,356,000	1,202,000	510,000	212,000	180,000
部 門 共 通 費	電力消費量	540,000	240,000	120,000	90,000	60,000	30,000
部　　門　　費		4,000,000	1,596,000	1,322,000	600,000	272,000	210,000
工場事務部門費	従業員数						
修 繕 部 門 費	修繕時間						
動 力 部 門 費	電力消費量						
製 造 部 門 費							

製　造　間　接　費

諸　　口	4,000,000	諸　　　口	4,000,000

切　削　部　門　費

製造間接費	1,596,000	仕　掛　品	（　　　）
工場事務部門費	（　　　）	製造部門費配賦差異	（　　　）
修繕部門費	（　　　）		
動力部門費	（　　　）		
（　　　）		（　　　）	

工 場 事 務 部 門 費

製造間接費	210,000	切削部門費	（　　　）
		仕上部門費	（　　　）

仕　上　部　門　費

製造間接費	1,322,000	仕　掛　品	（　　　）
工場事務部門費	（　　　）		
修繕部門費	（　　　）		
動力部門費	（　　　）		
製造部門費配賦差異	（　　　）		
（　　　）		（　　　）	

修　繕　部　門　費

製造間接費	272,000	切削部門費	（　　　）
		仕上部門費	（　　　）

動　力　部　門　費

製造間接費	600,000	切削部門費	（　　　）
		仕上部門費	（　　　）

仕　　　掛　　　品

切削部門費	（　　　）	
仕上部門費	（　　　）	

製造部門費配賦差異

（　　　）	（　　　）	（　　　）	（　　　）

解答〈39〉ページ

問題11-7 ★★☆

受注生産経営を行う富山工業株式会社（決算日は３月31日，年１回）では，従来より切削部門および組立部門の２つの製造部門を設けている。当社では，前期まで工場１本の配賦率（総括配賦率）を用いて製造間接費の製品別配賦を行ってきたが，より合理的な製品原価の計算と原価管理のため，当期より両製造部門それぞれ個別の配賦率（部門別配賦率）を用いて製造間接費の予定配賦を行っている。

下記の資料にもとづいて，次の(1)から(5)の金額を計算し，その金額を解答欄に記入しなさい。

(1) 前期における製造間接費の予定配賦率
(2) 前期３月における製造指図書№10に対する製造間接費予定配賦額
(3) 当期における切削部門の予定配賦率
(4) 当期における組立部門の予定配賦率
(5) 当期４月における製造指図書№20に対する製造間接費予定配賦額

（資　料）

(A) 前期の年間予定数値

	合　計	切削部門	組立部門
製造間接費	13,500万円	6,600万円	6,900万円
直接作業時間	18万時間	6万時間	12万時間
機械運転時間	15万時間	10万時間	5万時間

(B) 当期の年間予定数値

	合　計	切削部門	組立部門
製造間接費	16,320万円	7,920万円	8,400万円
直接作業時間	20万時間	6万時間	14万時間
機械運転時間	16万時間	11万時間	5万時間

(C) 前期における製造間接費の配賦は，直接作業時間を基準に予定配賦している。

(D) 当期の製造間接費の配賦は，切削部門は機械運転時間を，組立部門は直接作業時間を基準に予定配賦している。

(E) 前期３月における製造指図書№10の製造に要した作業時間は，直接作業時間が切削部門で1,040時間，組立部門で2,160時間，機械運転時間が切削部門で1,660時間，組立部門で840時間であった。

(F) 当期４月における製造指図書№20の製造に要した作業時間は，直接作業時間が切削部門で1,030時間，組立部門で2,300時間，機械運転時間が切削部門で1,840時間，組立部門で850時間であった。

▼ 解答欄

(1) [　　　　　　　　　　] 円/時間

(4) [　　　　　　　　　　] 円/時間

(2) [　　　　　　　　　　] 円

(5) [　　　　　　　　　　] 円

(3) [　　　　　　　　　　] 円/時間

解答〈40〉ページ

問題11-8 ★★☆

受注生産を行う当工場の製造間接費に関する資料は以下に示すとおりである。解答欄に示す数値を答えなさい。なお，補助部門費の製造部門への配賦は直接配賦法，製造部門費の製品への配賦基準は直接作業時間による。

（資　料）

（A）　当工場の予算データ（年間）　　　　　　　　　　　　　　　　　　　　　　　　（単位：円）

	合　　計	甲製造部門	乙製造部門	修繕部門	管理部門
部 門 個 別 費	29,738,000	6,213,000	20,330,000	2,418,000	777,000
部 門 共 通 費					
工場減価償却費	5,760,000				
福利施設負担額	1,800,000				
直 接 作 業 時 間	74,000時間	24,000時間	50,000時間	――	――

（B）　部門共通費および補助部門費の配賦資料（年間）

配 賦 基 準	合　　計	甲製造部門	乙製造部門	修繕部門	管理部門
従 業 員 数	120人	30人	60人	20人	10人
床 　面　 積	800㎡	400㎡	300㎡	60㎡	40㎡
修 繕 時 間	1,600時間	1,000時間	500時間	80時間	20時間

（注）共通費および補助部門費の配賦にあたっては，もっとも適当な基準を各自選択すること。

（C）　各指図書の当月実際直接作業時間

	合　　計	甲製造部門	乙製造部門
指図書№11	2,200時間	1,200時間	1,000時間
指図書№12	3,800時間	800時間	3,000時間

▼ 解答欄

（1）　補助部門費配賦前の甲製造部門費予算額 ……　[　　　　　　　　　　　　円]

（2）　補助部門費配賦後の乙製造部門費予算額 ……　[　　　　　　　　　　　　円]

（3）　甲製造部門の予定製造間接費配賦率 ……　[　　　　　　　　　円/時間]

（4）　乙製造部門の予定製造間接費配賦率 ……　[　　　　　　　　　円/時間]

（5）　№ 12 に対する予定製造間接費配賦額 ……　[　　　　　　　　　　　　円]

解答〈40〉ページ

12 総合原価計算（Ⅰ）

問題12-1 ★★☆

次の資料にもとづき，月末仕掛品原価，完成品原価，完成品単位原価を求めなさい。

（資　料）

1．生産データ

月初仕掛品	0	個
当月投入	2,500	
合　計	2,500	個
月末仕掛品	500	(0.4)
完成品	2,000	個

2．原価データ

	直接材料費	加工費
月初仕掛品	0円	0円
当月投入	750,000円	836,000円

なお，材料はすべて工程の始点で投入している。また，（　　）内の数値は加工進捗度である。

▼ 解答欄

月末仕掛品原価 ☐ 円

完 成 品 原 価 ☐ 円

完成品単位原価 @ ☐ 円

解答〈42〉ページ

13 総合原価計算（Ⅱ）

問題13-1 ★★★

次の資料にもとづき，(1)平均法，(2)先入先出法により，それぞれ月末仕掛品原価，完成品原価，完成品単位原価を求めなさい。ただし，完成品単位原価は円位未満第3位を四捨五入すること。

（資　料）

1．生産データ

月初仕掛品	2,500 個	(0.2)
当 月 投 入	8,500	
合　　計	11,000 個	
月末仕掛品	2,000	(0.5)
完 成 品	9,000 個	

2．原価データ

	直接材料費	加 工 費
月 初 仕 掛 品	885,000円	580,000円
当 月 投 入	2,635,000円	3,420,000円

なお，材料はすべて工程の始点で投入している。また，（　　）内の数値は加工進捗度である。

▼ 解答欄

(1) 平　均　法

月末仕掛品原価 [　　　　　　　　] 円

完 成 品 原 価 [　　　　　　　　] 円　　完成品単位原価 @ [　　　　　　　　] 円

(2) 先入先出法

月末仕掛品原価 [　　　　　　　　] 円

完 成 品 原 価 [　　　　　　　　] 円　　完成品単位原価 @ [　　　　　　　　] 円

解答〈43〉ページ

問題13-2 ★★★

次の資料から，先入先出法によって，(1)総合原価計算表を作成し，(2)完成品原価の振替仕訳を行いなさい。

〈製品の生産データ〉

月 初 仕 掛 品	200 kg（0.5）
当 月 投 入	6,300
投 入 量 合 計	6,500 kg
完 成 品	6,000 kg
月 末 仕 掛 品	500 （0.2）
産 出 量 合 計	6,500 kg

なお，材料はすべて工程の始点で投入している。仕掛品の（　　）内は，加工費の進捗度である。

▼ 解答欄

(1)

総 合 原 価 計 算 表　　　　　　　　（単位：円）

摘　　　　要	直接材料費	加 工 費	合　　　計
月 初 仕 掛 品	19,200	25,200	44,400
当 月 製 造 費 用	793,800	792,000	1,585,800
合　　　計	813,000	817,200	1,630,200
月 末 仕 掛 品			
完 成 品 原 価			

(2)〈指定勘定科目〉材料，加工費，仕掛品，製品，売上原価

借 方 科 目	金　　　額	貸 方 科 目	金　　　額

解答〈44〉ページ

問題13-3 ★★★

次の資料にもとづき，平均法によって仕掛品勘定を完成しなさい。

〈当月の生産データ〉

月初仕掛品	400	台（25％）
当月投入	9,000	
合　計	9,400	台
月末仕掛品	900	（50％）
完成品	8,500	台

（注）仕掛品の（　）内は加工進捗度を示し，原料は工程の始点ですべて投入されている。

▼ 解答欄

仕　掛　品　　　　　　　　　（単位：円）

月初有高：		当月完成高：	
原料費	135,000	原料費	（　　　　　）
加工費	31,000	加工費	（　　　　　）
小計	166,000	小計	（　　　　　）
当月製造費用：		月末有高：	
原料費	1,980,000	原料費	（　　　　　）
加工費	2,654,000	加工費	（　　　　　）
小計	4,634,000	小計	（　　　　　）
	4,800,000		（　　　　　）

解答〈44〉ページ

問題13-4 ★★☆

次の資料にもとづき，(1)平均法，(2)先入先出法により，それぞれ月末仕掛品原価，完成品原価，完成品単位原価を計算しなさい。ただし，完成品単位原価は円位未満第3位を四捨五入すること。

(資 料)

1．生産データ

月初仕掛品	2,000 個	(0.6)
当月投入	4,100	
計	6,100 個	
月末仕掛品	1,000	(0.9)
完成品	5,100 個	

2．原価データ

	原料費	加工費
月初仕掛品	1,440,000円	2,160,000円
当月投入	3,360,000円	5,040,000円

（注1）原料は加工に応じて投入される。

（注2）（　）内の数値は加工進捗度とする。

▼解答欄

(1) 平 均 法

月末仕掛品原価 [　　　　　　　　　] 円

完成品原価 [　　　　　　　　　] 円　　完成品単位原価 @ [　　　　　　　　　] 円

(2) 先入先出法

月末仕掛品原価 [　　　　　　　　　] 円

完成品原価 [　　　　　　　　　] 円　　完成品単位原価 @ [　　　　　　　　　] 円

解答〈45〉ページ

問題13-5 ★★☆

次の資料から, ①月末仕掛品原価, ②完成品原価, ③完成品単位原価を求めなさい。

（資 料）

1. 生産データ

月 初 仕 掛 品	400 kg (0.5)	
当 月 投 入	8,600	
投 入 量 合 計	9,000 kg	
完 成 品	8,500 kg	
月 末 仕 掛 品	500 (0.6)	
産 出 量 合 計	9,000 kg	

（注）上記仕掛品の（ ）内は, 加工費の進捗度である。

2. 原価データ（単位：円）

	A原料費	B原料費	C原料費	加工費
月初仕掛品原価	74,600	18,200	——	18,900
当 月 製 造 費 用	1,410,400	404,200	263,500	1,001,900
合　　計	1,485,000	422,400	263,500	1,020,800

3. その他のデータ

(1) A原料は工程の始点で, B原料は工程加工中平均的に, C原料は工程の終点で投入される。

(2) 月末仕掛品の評価は平均法による。

▼ 解答欄

① 月末仕掛品原価 [　　　　　　　　] 円

② 完 成 品 原 価 [　　　　　　　　] 円

③ 完成品単位原価 @ [　　　　　　　] 円

解答〈46〉ページ

問題13-6 ★★★

沖縄工場では，実際原価計算を行っている。次に示す条件にもとづき，以下の問に答えなさい。

〈条　件〉

1．原　　　料：月初有高300千円，当月仕入高1,500千円，月末有高500千円
2．加工費（原料費以外の製造費用）は，直接作業時間を配賦基準として予定配賦している。
3．年間予定直接作業時間　　　　　36,000時間
4．年間加工費予算額　　　　　　　54,000千円
5．当月実際直接作業時間　　　　　1,100時間
6．賃金・給料：前月未払高200千円，当月支払高800千円，当月未払高250千円
7．当月貯蔵品消費額　　　　　　　150千円
8．当月電力消費額　　　　　　　　200千円
9．当月減価償却費　　　　　　　　500千円

問1　以下の取引を仕訳しなさい。

〈指定勘定科目〉原料，加工費，仕掛品，製品，加工費配賦差異

(1)　原料の消費
(2)　加工費の予定配賦
(3)　完成品原価の振替え
(4)　加工費配賦差異の振替え

問2　加工費勘定と仕掛品勘定の記入を完成させなさい。

▶ 解答欄

問1

(単位：千円)

	借 方 科 目	金 額	貸 方 科 目	金 額
(1)				
(2)				
(3)				
(4)				

問2

(単位：千円)

加 工 費

賃金・給料消費費額	（ ）	予 定 配 賦 額	（ ）
間 接 材 料 費	（ ）	配 賦 差 異	（ ）
間 接 経 費	（ ）		
	（ ）		（ ）

(単位：千円)

仕 掛 品

月 初 有 高	400	当 月 完 成 高	（ ）
原 料 費	（ ）	月 末 有 高	450
加 工 費	（ ）		
	（ ）		（ ）

解答〈47〉ページ

14 総合原価計算(Ⅲ)

問題14-1 ★★★

次の資料により,平均法で月末仕掛品原価,完成品原価,完成品単位原価を計算しなさい。なお完成品単位原価は,小数第1位まで算出すること。

(資　料)

1．生産データ

月 初 仕 掛 品	300	個(1/2)
当 月 投 入	1,450	
合　　計	1,750	個
正 常 仕 損	50	(1)
月 末 仕 掛 品	200	(3/4)
完 成 品	1,500	個

（注1）材料は始点投入される。

（注2）（　）の数値は加工進捗度または仕損の発生点を示す。また,仕損品の評価額はゼロである。

2．原価データ

	材 料 費	加 工 費
月 初 仕 掛 品	84,000円	155,000円
当 月 投 入	353,500円	363,500円

▼解答欄

月末仕掛品原価		円

完 成 品 原 価		円

完成品単位原価	@	円

解答〈48〉ページ

問題14-2 ★★★

当社では，単一製品を単一工程で量産し販売している。よって，以下の資料にもとづいて設問に答えなさい。なお，完成品単位原価については円未満小数第3位を四捨五入する。

(資　料)

1．生産に関する資料

月 初 仕 掛 品	600	個(1/2)
当 月 投 入	4,000	
合　　計	4,600	個
月 末 仕 掛 品	500	(3/5)
差　　引	4,100	個
正 常 仕 損	100	
完 成 品	4,000	個

（注1）原料は始点投入である。

（注2）（　　）内の数値は加工進捗度である。

2．原価に関する資料

	原 料 費	加 工 費
月 初 仕 掛 品	157,800円	94,480円
当 月 投 入	546,000円	738,000円

3．正常仕損は工程の始点で生じた。また，仕損品の処分価額はゼロである。

〔設　問〕

次に示す各ケースについて，完成品原価，完成品単位原価，月末仕掛品原価を計算しなさい。

(1) **ケース1**（先入先出法によった場合）

(2) **ケース2**（平均法によった場合）

▼ 解答欄

(1) **ケース1**（先入先出法）

完 成 品 原 価 [　　　　　　　] 円　　完成品単位原価 @ [　　　　　　　] 円

月末仕掛品原価 [　　　　　　　] 円

(2) **ケース2**（平均法）

完 成 品 原 価 [　　　　　　　] 円　　完成品単位原価 @ [　　　　　　　] 円

月末仕掛品原価 [　　　　　　　] 円

解答〈48〉ページ

Theme 14 総合原価計算（Ⅲ）

問題14-3 ★★★

次の資料にもとづいて設問に答えなさい。

(資 料)

１．生産データ

月初仕掛品	600	個(1/3)
当月投入	2,400	
計	3,000	個
正常仕損	200	
月末仕掛品	800	(1/4)
完成品	2,000	個

（注１）材料は始点投入される。

（注２）（　　）内の数値は加工進捗度を示す。

（注３）月末仕掛品の評価は平均法による。

２．原価データ

	直接材料費	加 工 費
月初仕掛品	168,000円	72,800円
当月投入	672,000円	433,200円

〔設 問〕

次に示す各ケースについて，完成品原価，完成品単位原価および月末仕掛品原価を計算しなさい。ただし，仕損の負担関係については進捗度により決定すること。また，仕損品の処分価額はゼロである。

ケース１　仕損の発生点が1/2のとき

ケース２　仕損の発生点が1/5のとき

▼ 解答欄

（ケース１）

完成品原価 [　　　　　　　　] 円　　　完成品単位原価　@ [　　　　　　　] 円

月末仕掛品原価 [　　　　　　] 円

（ケース２）

完成品原価 [　　　　　　　　] 円　　　完成品単位原価　@ [　　　　　　　] 円

月末仕掛品原価 [　　　　　　] 円

解答〈49〉ページ

問題14-4 ★★☆

次の資料にもとづき，⑴平均法，⑵先入先出法によって総合原価計算表を完成しなさい。

(資　料)

月 初 仕 掛 品	200 個(1/2)
当 月 投 入	1,800
合　　計	2,000 個
完 成 品	1,500 個
月 末 仕 掛 品	400　(1/2)
仕　　損	100
合　　計	2,000 個

(注1) 原料はすべて工程の始点で投入される。

(注2) （　　）内の数値は，仕掛品の加工進捗度を示している。

(注3) 仕損は，すべて正常なものであり，工程の終点で発生している。仕損の評価額は150円/個であり，原料費から控除する。

▼解答欄

1．平均法

総 合 原 価 計 算 表　　　　（単位：円）

	原 料 費	加 工 費	合　　計
月初仕掛品原価	84,000	32,400	116,400
当 月 製 造 費 用	720,000	612,000	1,332,000
合　　計	804,000	644,400	1,448,400
月末仕掛品原価			
仕 損 品 評 価 額			
完成品総合原価			

2．先入先出法

総 合 原 価 計 算 表　　　　（単位：円）

	原 料 費	加 工 費	合　　計
月初仕掛品原価	84,000	32,400	116,400
当 月 製 造 費 用	720,000	612,000	1,332,000
合　　計	804,000	644,400	1,448,400
月末仕掛品原価			
仕 損 品 評 価 額			
完成品総合原価			

解答〈50〉ページ

77

問題14-5　★★★

次の資料にもとづいて設問に答えなさい。

(資　料)

1．生産データ

月 初 仕 掛 品	600	kg(1/3)
当 月 投 入	2,400	
計	3,000	kg
正 常 減 損	200	
月 末 仕 掛 品	800	(1/4)
完 成 品	2,000	kg

（注1）材料は始点投入される。

（注2）（　　）内の数値は加工進捗度を示す。

（注3）月末仕掛品の評価は平均法による。

2．原価データ

	直接材料費	加 工 費
月 初 仕 掛 品	163,000円	73,000円
当 月 投 入	677,000円	433,000円

〔設　問〕

次に示す各ケースについて，完成品原価，完成品単位原価および月末仕掛品原価を計算しなさい。ただし，減損の負担関係については進捗度により決定すること。

ケース1　減損の発生点が1/2のとき

ケース2　減損の発生点が1/5のとき

▼ 解答欄

（ケース1）

完 成 品 原 価	◻ 円	完成品単位原価	@ ◻ 円

月末仕掛品原価	◻ 円

（ケース2）

完 成 品 原 価	◻ 円	完成品単位原価	@ ◻ 円

月末仕掛品原価	◻ 円

解答〈51〉ページ

問題14-6 ★★☆

当社では，単一製品を単一工程で製造しているが，その際，工程の終点で副産物が分離される。よって以下の資料にもとづいて，解答欄に適当な金額を記入しなさい。

(資　料)

1．生産に関する資料

月 初 仕 掛 品	500	kg(1/5)
当 月 投 入	4,000	
合　　計	4,500	kg
月 末 仕 掛 品	300	(2/3)
差　　引	4,200	kg
副 産 物	200	(1)
完 成 品	4,000	kg

2．原価に関する資料

	原 料 費	加 工 費
月 初 仕 掛 品	20,000円	3,200円
当 月 投 入	160,000円	120,000円

3．その他の資料

(1)　原料は始点で投入される。

(2)　カッコ内の数値は加工進捗度を示す。

(3)　月末仕掛品の評価は平均法による。

(4)　副産物の評価額は，1kgあたり20円であり，全額原料費から控除する。

▼ 解答欄

	原 料 費	加 工 費
月末仕掛品原価	円	円
完 成 品 原 価	円	円

解答〈53〉ページ

15 総合原価計算（Ⅳ）

問題15-1 ★★★

第1および第2の工程を経てA品を連続生産している高松工場の次の資料により，工程別の総合原価計算を行ない，解答欄に示された項目の金額を答えなさい。なお，直接材料はすべて第1工程の始点で投入される。また製品原価の計算は累加法により，月末仕掛品の評価は両工程とも先入先出法による。
（　　　）内は作業の進捗率を示す。

（資　料）

第1工程	数　　量	直接材料費	加　工　費
月初仕掛品	30kg（1/3）	1,260千円	560千円
当 月 投 入	90	3,600	5,200
月末仕掛品	20　（1/2）		
完 了 品	100		

第2工程	数　　量	前 工 程 費	加　工　費
月初仕掛品	20kg（4/5）	1,900千円	1,920千円
当 月 投 入	100	？	7,400
月末仕掛品	40　（1/4）		
完 成 品	80		

▼ 解答欄

第1工程完了品	直 接 材 料 費	千円
	加 工 費	千円
第2工程完成品	前 工 程 費	千円
	加 工 費	千円

解答〈54〉ページ

問題15-2 ★★★

当工場では，累加法による工程別総合原価計算を行っている。×1年10月の生産実績は次のとおりであったとして，(1)下記の工程別総合原価計算表を完成させ，(2)①第1工程完了品原価の振替仕訳，および②第2工程完成品原価の振替仕訳を示しなさい。ただし，第1工程では平均法，第2工程では先入先出法を用いること。

〔10月の生産データ〕

	第1工程		第2工程	
月初仕掛品量	3,000kg	(0.2)	2,000kg	(0.7)
当月投入量	27,000		25,000	
合計	30,000kg		27,000kg	
差引：月末仕掛品量	5,000	(0.6)	7,000	(0.2)
完成品量	25,000kg		20,000kg	

なお，原料はすべて第1工程の始点で投入される。上記（　）内の数値は，仕掛品の加工費の進捗度を示している。

▼ 解答欄

(1)

工程別総合原価計算表
×1年10月
(単位：円)

	第 1 工 程			第 2 工 程		
	原料費	加工費	合計	前工程費	加工費	合計
月初仕掛品原価	720,000	510,000	1,230,000	1,425,000	234,200	1,659,200
当月製造費用	7,020,000	4,110,000	11,130,000		5,960,000	
合計						
差引：月末仕掛品原価						
完成品総合原価						
完成品単位原価						

(2)〈指定勘定科目〉原料，加工費，第1工程仕掛品，第2工程仕掛品，製品，売上原価

	借 方 科 目	金 額	貸 方 科 目	金 額
①				
②				

解答〈55〉ページ

問題15-3 ★★★

標準製品Yを製造する福山工場では，累加法による工程別総合原価計算を行っている。×2年5月における製品Yの生産実績は次のとおりであったとして，工程別総合原価計算表を完成させなさい。ただし，原価投入額合計を完成品総合原価と月末仕掛品原価とに配分する方法は，第1工程および第2工程ともに平均法を用いること。

なお，完成品単位原価の計算において端数が生じる場合は，小数点以下第2位で四捨五入しなさい。

〔5月の生産データ〕

	第1工程		第2工程	
月初仕掛品	2,000個	(1/2)	2,000個	(1/4)
当月投入	18,000		18,000	
合計	20,000個		20,000個	
月末仕掛品	2,000個	(1/2)	4,000個	(3/4)
仕損	—		1,000	
完成品	18,000		15,000	
合計	20,000個		20,000個	

（注1）原料はすべて第1工程の始点で投入される。

（注2）仕損はすべて第2工程の終点で発生している。それは，通常発生する程度のものであり，正常仕損である。なお，仕損品の処分価格はゼロである。

（注3）（　）内の数値は加工進捗度を示している。

▼ 解答欄

工程別総合原価計算表
×2年5月
(単位：円)

	第1工程			第2工程		
	原料費	加工費	合計	前工程費	加工費	合計
月初仕掛品原価	108,000	78,000	186,000	280,000	49,500	329,500
当月製造費用	1,092,000	1,442,000	2,534,000		1,831,500	
合計	1,200,000	1,520,000	2,720,000		1,881,000	
差引：月末仕掛品原価						
完成品総合原価						
完成品単位原価						

解答〈56〉ページ

問題15-4　★★★

松本工場は2つの工程を経て製品Cを連続生産しており、累加法による工程別総合原価計算を行っている。製品Cの当月の生産実績は次のとおりであったとして、工程別の仕掛品勘定の（　　）内に適当な金額を記入しなさい。ただし、原価投入額合計を完成品総合原価と月末仕掛品原価とに配分する方法は、第1工程では平均法、第2工程では先入先出法を用いること。

〔当月の生産データ〕

	第1工程		第2工程	
月初仕掛品	300個	(1/3)	400個	(1/2)
当月投入	900		1,000	
合計	1,200個		1,400個	
月末仕掛品	200個	(1/4)	400個	(1/2)
仕損	—		100	
完成品	1,000		900	
合計	1,200個		1,400個	

（注1）原料はすべて第1工程の始点で投入される。

（注2）第2工程の終点で仕損が発生している。それは通常発生する程度のもの（正常仕損）であるので、仕損費はすべて完成品に負担させる。なお、仕損品に処分価値はない。

（注3）（　　）内の数値は加工費進捗度を示している。

▼ 解答欄

仕掛品－第1工程　　　　（単位：円）

月初有高:		次工程振替高:	
原料費	295,760	原料費	(　　　　)
加工費	36,920	加工費	(　　　　)
小計	332,680	小計	(　　　　)
当月製造費用:		月末有高:	
原料費	888,880	原料費	(　　　　)
加工費	222,220	加工費	(　　　　)
小計	1,111,100	小計	(　　　　)
(　　　　　　)		(　　　　)	

仕掛品－第2工程　　　　（単位：円）

月初有高:		当月完成高:	
前工程費	496,000	前工程費	(　　　　)
加工費	244,400	加工費	(　　　　)
小計	740,400	小計	(　　　　)
当月製造費用:		月末有高:	
前工程費	(　　　　　)	前工程費	(　　　　)
加工費	1,110,600	加工費	(　　　　)
小計	(　　　　　)	小計	(　　　　)
(　　　　　)		(　　　　)	

解答〈57〉ページ

問題15-5　★★★

　盛岡工場では，2つの工程を経て製品Tを連続生産しており，累加法による工程別総合原価計算を行っている。下記の資料にもとづいて，工程別総合原価計算表を作成しなさい。ただし，原価投入額を完成品総合原価と月末仕掛品原価とに配分する方法は，第1工程では平均法，第2工程では先入先出法を用いること。

（資　料）

1．当月の生産実績

	第1工程		第2工程	
月初仕掛品	400kg	(1/2)	500kg	(1/5)
当月投入	2,400		2,500	
合　　計	2,800kg		3,000kg	
完成品	2,500kg		2,400kg	
月末仕掛品	300	(1/3)	450	(2/3)
減　損	—		150	
合　　計	2,800kg		3,000kg	

2．原料はすべて第1工程の始点で投入されている。

3．（　　）内の数値は，加工進捗度を示している。

4．第2工程の途中で減損が発生している。減損は正常減損であり，いわゆる正常減損度外視法により，減損費はすべて良品に負担させる。なお，減損は工程の途中で発生している。

▼ 解答欄

工程別総合原価計算表　　　　　　　　（単位：円）

	第　1　工　程			第　2　工　程		
	原 料 費	加 工 費	合　　計	前工程費	加 工 費	合　　計
月 初 仕 掛 品 原 価	40,800	18,400	59,200	100,000	11,000	111,000
当 月 製 造 費 用	194,400	252,000	446,400		208,000	
合　　　計	235,200	270,400	505,600		219,000	
月 末 仕 掛 品 原 価						
完 成 品 総 合 原 価						

解答〈58〉ページ

問題15-6 ★★☆

当工場では，2つの工程を経て製品Sを連続生産しており，累加法による工程別総合原価計算を行っている。下記の資料にもとづいて，解答欄の工程別総合原価計算表を完成しなさい。なお，当工場では，2つの工程（第1工程および第2工程）とも，平均法を用いて原価投入額を完成品総合原価と月末仕掛品原価とに配分している。

（資　料）

1．当月の生産実績

	第1工程		第2工程	
月初仕掛品	0個		310個	(1/5)
当月投入	1,000		890	
合　　計	1,000個		1,200個	
完成品	890個		1,000個	
月末仕掛品	100	(1/2)	200	(3/4)
仕損	10		—	
合　　計	1,000個		1,200個	

2．（　）内の数値は，加工進捗度を示している。

3．原料Aは第1工程の始点で投入される。原料Bは第2工程の加工進捗度50％の時点で投入される。

4．第1工程の終点で仕損が発生している。それは通常発生する程度のもの（正常仕損）である。なお，仕損品の処分価額はゼロである。

▼ 解答欄

工程別総合原価計算表　　　　　（単位：円）

	第 1 工 程			第 2 工 程			
	原 料 費	加 工 費	合　　　計	前工程費	原 料 費	加 工 費	合　　　計
月初仕掛品原価	0	0	0	54,000		5,000	
当月製造費用	100,000	76,000	176,000			64,000	
合　　計	100,000	76,000	176,000		2,400	69,000	
月末仕掛品原価							
完成品総合原価							

解答〈59〉ページ

問題15-7 ★★☆

岡山工業株式会社の横浜工場では2つの工程を経て製品Yを連続生産している。以下の資料にもとづき、解答欄に適当な金額を記入しなさい。

(資 料)

第1工程

	数 量	直接材料費	加 工 費
月 初 仕 掛 品	3,000個	125,000円	100,000円
当 月 投 入	29,500	1,500,000円	2,105,000円
合 計	32,500個		
月 末 仕 掛 品	2,000		
正 常 減 損	500		
差引：完了品	30,000個		

第2工程

	数 量	前 工 程 費	加 工 費
月 初 仕 掛 品	2,000個	340,000円	50,000円
当 月 投 入	30,000	?	1,840,000円
合 計	32,000個		
月 末 仕 掛 品	1,000		
正 常 仕 損	3,000		
差引：完成品	28,000個		

（注1）材料は第1工程の始点ですべて投入される。

（注2）両工程とも仕掛品の加工進捗度は50%であり、月末仕掛品原価の計算は平均法による。

（注3）正常減損は第1工程の終点で発生したものである。

（注4）正常仕損は第2工程の終点で発生したものであり、仕損品の見積売却価額は1個あたり45円である。

▼ 解答欄

第1工程月末仕掛品原価	円
第 1 工 程 完 了 品 原 価	円
第2工程月末仕掛品原価	円
仕 損 品 評 価 額	円
完 成 品 原 価	円

解答〈60〉ページ

問題15-8 ★★☆

徳島工業株式会社は，製品Aを連続大量生産しており，工程別総合原価計算を実施している。よって以下の資料により，解答欄に適当な金額を記入しなさい。

（資　料）

1．生産データ

	第1工程		第2工程	
月 初 仕 掛 品	300kg	(1/3)	200kg	(1/2)
当 月 投 入	1,800		1,400	
合　　　計	2,100kg		1,600kg	
月 末 仕 掛 品	500	(2/5)	400	(1/8)
完 成 品	1,600kg		1,200kg	

（注）（　）内は加工進捗度を示す。

2．第1工程完成品のうち，一部は半製品として外部に売却されており，ほかはすべて第1工程完成品として第2工程に投入されている。

3．原価のデータ

		第1工程	第2工程
月初仕掛品原価	材 料 費	180,000円	―
	前工程費	―	90,000円
	加 工 費	34,000円	25,000円
当月製造費用	材 料 費	828,000円	―
	前工程費	―	?
	加 工 費	884,000円	782,000円
		1,926,000円	?

4．原価配分法は，第1工程は平均法，第2工程は先入先出法による。また，材料はすべて第1工程始点で投入される。

▼ 解答欄

第 1 工 程	完 了 品 原 価	円
	月 末 仕 掛 品 原 価	円
第 2 工 程	月 末 仕 掛 品 前 工 程 費	円
	月 末 仕 掛 品 加 工 費	円
	完 成 品 原 価	円

解答〈61〉ページ

16 総合原価計算(V)

問題16-1 ★★★

次の資料により，A組製品とB組製品についての月末仕掛品原価，完成品原価，完成品単位原価を求めなさい。なお，組間接費の配賦は機械運転時間を基準に行い，月末仕掛品の評価は，A組製品は先入先出法，B組製品は平均法によって行う。

(資　料)

1．生産データ

	A組製品		B組製品	
月 初 仕 掛 品	300kg	(2/3)	200kg	(1/2)
当 月 投 入	2,400		1,800	
合　　計	2,700kg		2,000kg	
月 末 仕 掛 品	700	(1/2)	500	(4/5)
完 成 品	2,000kg		1,500kg	
機 械 運 転 時 間	2,500時間		1,800時間	

なお，直接材料は始点においてすべて投入されており，（　）内の数値は加工進捗度を示している。

2．原価データ

	A組製品	B組製品
月 初 仕 掛 品		
直 接 材 料 費	72,000円	38,500円
加 工 費	70,000円	32,000円
当 月 投 入		
直 接 材 料 費	528,000円	361,500円
加 工 費	399,000円	154,000円
組 間 接 費	645,000円	

▼解答欄

A組製品

月末仕掛品原価 [　　　　　　] 円

完 成 品 原 価 [　　　　　　] 円　　完成品単位原価　@ [　　　　　　] 円

B組製品

月末仕掛品原価 [　　　　　　] 円

完 成 品 原 価 [　　　　　　] 円　　完成品単位原価　@ [　　　　　　] 円

解答⟨62⟩ページ

問題16-2 ★★☆

次の資料により，製品Xおよび製品Yについて(1)組別総合原価計算表を完成し，(2)完成品原価の振替仕訳を行いなさい。なお，組間接費の配賦は直接労務費を基準として行うこと。また材料は工程の始点ですべて投入されており，生産データにおける（　）内の数値は加工進捗度を示している（月末仕掛品の評価方法は各自推定すること）。

（資　料）

1．生産データ

	製品X		製品Y	
月 初 仕 掛 品	420kg	（？）	240kg	（？）
当 月 投 入	2,260		3,710	
合　　　計	2,680kg		3,950kg	
月 末 仕 掛 品	480	（75％）	450	（80％）
差引：完成品	2,200kg		3,500kg	

2．原価データ

	製品X	製品Y	合　　計
月 初 仕 掛 品			
直 接 材 料 費	68,400円	27,600円	96,000円
加 　工 　費	100,000円	54,640円	154,640円
当 月 投 入			
直 接 材 料 費	414,000円	426,650円	840,650円
直 接 労 務 費	450,000円	675,000円	1,125,000円
組 間 接 費	（　？　）	（　？　）	225,000円

▼解答欄

(1)　　　　　　　　　　　　　組 別 総 合 原 価 計 算 表　　　　　　（単位：円）

摘　　　要	製 品 X	製 品 Y	合　　　計
月初仕掛品原価	（　　　　）	（　　　　）	（　　　　）
当 月 製 造 費 用			
直 接 材 料 費	414,000	426,650	840,650
直 接 労 務 費	450,000	675,000	1,125,000
組 間 接 費	（　　　　）	（　　　　）	225,000
合　　　計	（　　　　）	（　　　　）	（　　　　）
月末仕掛品原価	（　　　　）	（　　　　）	（　　　　）
完 成 品 原 価	（　　　　）	（　　　　）	（　　　　）
完 成 品 単 位 原 価	（　　　　）	（　　　　）	―

(2)〈指定勘定科目〉材料，加工費，X組仕掛品，Y組仕掛品，X組製品，Y組製品，売上原価

借 方 科 目	金　　額	貸 方 科 目	金　　額

問題16-3 ★★★

当社の熊本工場では，単一工程により等級製品を量産している。次の今月の資料を用いて，等級別の総合原価計算を行い，完成品総合原価と各等級品の単位原価を求めなさい。

（資　料）

1．生産データ

月 初 仕 掛 品	600個	(2/3)
当 月 投 入	5,000	
計	5,600個	
月 末 仕 掛 品	1,600	(1/2)
完 成 品	4,000個	

2．原価データ

	原 料 費	加 工 費
月初仕掛品原価	326,000円	200,000円
当月製造費用	3,050,000円	2,200,000円

3．完成品数量の内訳

　　A級品　1,500個，B級品　1,000個，C級品　1,500個

4．製品1個あたりの重量

　　A級品　120kg，B級品　100kg，C級品　80kg

5．その他

⑴　原料は工程の始点ですべて投入される。

⑵　生産データの（　）内の数値は加工進捗度である。

⑶　月末仕掛品の評価方法は先入先出法による。

⑷　等価係数は各等級品の1個あたりの重量を用いる。

▼解答欄

完 成 品 総 合 原 価		円
A 級 品 の 単 位 原 価	@	円
B 級 品 の 単 位 原 価	@	円
C 級 品 の 単 位 原 価	@	円

解答〈64〉ページ

問題16-4 ★★★

当社は等級製品である製品Xと製品Yを製造し，等級別総合原価計算を行っている。(1)月末仕掛品原価と等級製品別の完成品総合原価，完成品単位原価を計算し(2)完成品原価の振替仕訳を行いなさい。

（資　料）

1．生産データ

月 初 仕 掛 品	1,500個	(0.6)
当 月 投 入	4,500	
合 計	6,000個	
月 末 仕 掛 品	1,500	(0.5)
正 常 仕 損 品	500	(0.8)
完 成 品	4,000個	

直接材料はすべて工程の始点で投入している。生産データの（　）内の数値は加工費進捗度または正常仕損の発生点の進捗度を示す。

正常仕損費は仕損の発生点を通過した良品に対して負担させる。仕損品に処分価値はない。また，原価配分の方法は平均法を採用している。

2．原価データ

	直接材料費	加 工 費
月初仕掛品原価	56,250円	49,650円
当月製造費用	159,750円	249,050円

3．完成品量の内訳および等価係数のデータ

	製 品 X	製 品 Y
完成品量の内訳	2,000個	2,000個
等 価 係 数	1	0.75

▼ 解答欄

(1)

	製 品 X	製 品 Y
完成品総合原価	円	円
完成品単位原価	円/個	円/個
月末仕掛品原価	円	

(2)〈指定勘定科目〉材料，加工費，仕掛品，X製品，Y製品，売上原価

借 方 科 目	金 額	貸 方 科 目	金 額

解答〈64〉ページ

問題17-1 ★★★

次の横浜製作所の資料にもとづいて，当期総製造費用を(1)製品との関連における分類によって示す製造原価報告書と(2)形態別分類によって示す製造原価報告書を作成しなさい。

（資　料）

1．棚卸資産

	期首有高	当期仕入高	期末有高
素材	160万円	500万円	120万円
補助材料	40万円	180万円	40万円
仕掛品	520万円	―	540万円

2．賃　金

	期首未払額	当期支払額	期末未払額
直接工	90万円	340万円	70万円
間接工	20万円	90万円	30万円

3．直接材料費＝素材消費額，直接労務費＝直接工賃金消費額である。

4．製造間接費実際発生額（補助材料費および間接工賃金以外）

1）建物減価償却費	70万円	2）工場消耗品費	20万円
3）光熱費	50万円	4）工場職員給料	164万円
5）固定資産税	30万円	6）消耗工具器具備品費	26万円
7）工場従業員厚生費	40万円	8）機械減価償却費	120万円

5．製造間接費は実際配賦している。

(1)

製造原価報告書

（単位：万円）

Ⅰ　直接材料費 ………………………………………… （　　　　　　　）

Ⅱ　直接労務費 ………………………………………… （　　　　　　　）

Ⅲ　製造間接費

　　間接材料費 ……………… （　　　　　　　）

　　間接労務費 ……………… （　　　　　　　）

　　間 接 経 費 ……………… （　　　　　　　）　　（　　　　　　　）

　　当 期 総 製 造 費 用 ………………………………… （　　　　　　　）

　　期首仕掛品棚卸高 ………………………………… （　　　　　　　）

　　　合　　計 ………………………………………… （　　　　　　　）

　　期末仕掛品棚卸高 ………………………………… （　　　　　　　）

　　当 期 製 品 製 造 原 価 ………………………………… （　　　　　　　）

(2)

製造原価報告書

（単位：万円）

Ⅰ　材　料　費 ………………………………………… （　　　　　　　）

Ⅱ　労　務　費 ………………………………………… （　　　　　　　）

Ⅲ　経　　　費 ………………………………………… （　　　　　　　）

　　当 期 総 製 造 費 用 ………………………………… （　　　　　　　）

　　期首仕掛品棚卸高 ………………………………… （　　　　　　　）

　　　合　　計 ………………………………………… （　　　　　　　）

　　期末仕掛品棚卸高 ………………………………… （　　　　　　　）

　　当 期 製 品 製 造 原 価 ………………………………… （　　　　　　　）

解答〈66〉ページ

Theme
17
財
務
諸
表

93

問題17-2 ★★★

山形製作所の当月の資料にもとづき，解答欄の製造原価報告書および損益計算書を完成しなさい。なお，製造間接費は実際配賦している。

（資　料）

1．棚卸資産

	月初有高	当月仕入高	月末有高
素　材（消費額はすべて直接材料費）	420万円	3,020万円	500万円
補助材料	55万円	580万円	35万円
仕掛品	450万円	―	380万円
製　品	820万円	―	745万円

2．賃　金

	月初未払額	当月支払高	月末未払高
直接工（消費額はすべて直接労務費）	255万円	1,940万円	180万円
間接工	30万円	560万円	40万円

3．工場建物の減価償却費	870万円	4．工場の運動会費	22万円
5．工場消耗品費	350万円	6．工場建物の損害保険料	60万円
7．工場職員給料	490万円	8．本社企画部費	75万円
9．重役室費	46万円	10．工具用社宅など福利施設負担額	215万円
11．広告費	165万円	12．消耗工具器具備品費	314万円
13．工場従業員厚生費	300万円	14．本社役員給料	102万円
15．掛売集金費	24万円	16．販売員手数料	72万円
17．営業所職員給料	176万円	18．営業所建物の減価償却費	260万円
19．本社職員給料	190万円	20．工場機械の減価償却費	470万円
21．工場の光熱費	229万円	22．工場の固定資産税	42万円
23．工場の通信交通費	88万円	24．本社建物の減価償却費	210万円
25．その他の販売費	36万円	26．その他の一般管理費	44万円

<u>製 造 原 価 報 告 書</u>　　　　　（単位：万円）

Ⅰ　直接材料費

月初材料棚卸高　（　　　　　　）

当月材料仕入高　（　　　　　　）

合　　計　（　　　　　　）

月末材料棚卸高　（　　　　　　）（　　　　　　）

Ⅱ　直接労務費　　　　　　　　　　（　　　　　　）

Ⅲ　製造間接費

間接材料費　（　　　　　　）

間接労務費　（　　　　　　）

間 接 経 費　（　　　　　　）（　　　　　　）

当月総製造費用　　　　　　　　　（　　　　　　）

月初仕掛品原価　　　　　　　　　（　　　　　　）

合　　計　　　　　　　　　（　　　　　　）

月末仕掛品原価　　　　　　　　　（　　　　　　）

当月製品製造原価　　　　　　　　（　　　　　　）

<u>損 益 計 算 書</u>　　　　　（単位：万円）

Ⅰ　売　上　高　　　　　　　　　　　12,000

Ⅱ　売　上　原　価

1. 月初製品棚卸高　（　　　　　　）

2. 当月製品製造原価　（　　　　　　）

合　　計　（　　　　　　）

3. 月末製品棚卸高　（　　　　　　）（　　　　　　）

売上総利益　　　　　　　　　（　　　　　　）

Ⅲ　販売費及び一般管理費

1. 販　　売　　費　　　　　　733

2. 一 般 管 理 費　（　　　　　　）（　　　　　　）

営 業 利 益　　　　　　　　　（　　　　　　）

解答〈68〉ページ

問題17-3 ★★★

宇都宮工場の次の資料にもとづいて，以下の問に答えなさい。なお，宇都宮工場では，実際原価計算を採用し，製造間接費については直接労務費基準により配賦率125％で各指図書に予定配賦している。配賦差異は売上原価に賦課している。

（資　料）

1．棚卸資産有高

	期　首　有　高	期　末　有　高
主 要 材 料	240,000円	200,000円
補 助 材 料	90,000円	80,000円
仕 掛 品	450,000円	350,000円

2．賃金・給料未払額

	期首未払額	期末未払額
直 接 工 賃 金	160,000円	180,000円
間 接 工 賃 金	60,000円	85,000円
給 　 料	100,000円	120,000円

3．材料当期仕入高

　　　主 要 材 料 …………1,200,000円
　　　補 助 材 料 ………… 340,000円

4．賃金・給料当期支払額

　　　直 接 工 賃 金 ………… 940,000円
　　　間 接 工 賃 金 ………… 235,000円
　　　給 　 料 ………… 460,000円

5．当期経費

　　　電 　 力 　 料 ………… 36,000円
　　　保 　 険 　 料 ………… 52,000円
　　　減 価 償 却 費 ………… 92,000円

6．その他

　⑴　主要材料の消費額はすべて直接材料費，補助材料の消費額はすべて間接材料費とする。

　⑵　直接工賃金はすべて直接労務費，それ以外はすべて間接労務費とする。

問1　以下の取引を仕訳しなさい。

　〈指定勘定科目〉主要材料，補助材料，直接工賃金，間接工賃金，給料，仕掛品，製造間接費，
　　　　　　　　　製造間接費配賦差異，製品

　⑴　材料の消費
　⑵　賃金・給料の消費
　⑶　製造間接費の予定配賦
　⑷　完成品原価の振替え
　⑸　製造間接費配賦差異の振替え

問2　製造原価報告書を完成させなさい。

問1

	借 方 科 目	金 額	貸 方 科 目	金 額
(1)				
(2)				
(3)				
(4)				
(5)				

問2

製 造 原 価 報 告 書 （単位：円）

材　料　費
　主要材料費　　　（　　　　　　　）
　補助材料費　　　（　　　　　　　）　　　（　　　　　　　）
労　務　費
　直接工賃金　　　（　　　　　　　）
　間接工賃金　　　（　　　　　　　）
　給　　料　　　　（　　　　　　　）　　　（　　　　　　　）
経　　費
　電　力　料　　　（　　　　　　　）
　保　険　料　　　（　　　　　　　）
　減価償却費　　　（　　　　　　　）　　　（　　　　　　　）
　　合　　計　　　　　　　　　　　　　　　（　　　　　　　）
　製造間接費配賦差異　　　　　　〔　〕（　　　　　　　）
　当期総製造費用　　　　　　　　　　　（　　　　　　　）
　期首仕掛品原価　　　　　　　　　　　（　　　　　　　）
　　合　　計　　　　　　　　　　　　　（　　　　　　　）
　期末仕掛品原価　　　　　　　　　　　（　　　　　　　）
　当期製品製造原価　　　　　　　　　　（　　　　　　　）

（注）製造間接費配賦差異は，加算するなら「＋」，控除するなら「－」の符号を金額の前の〔　　〕内に記入すること。

解答〈70〉ページ

　当工場の次の資料（A），（B），（C），（D）により，6月1日から30日までの月次製造原価報告書および損益計算書を作成しなさい。

（資　料）

（A）棚 卸 高　　　　　　　　　　6月1日　　　　　　　　　　　6月30日

　　　原材料費 ……………………　28,000円 ……………………　30,000円

　　　仕 掛 品 ……………………　173,000円 ……………………　116,500円

　　　製　　品 ……………………　140,000円 ……………………　112,000円

（B）月中の取引

　　　原 材 料 購 入 高 ……………………………………………252,000円

　　　直 接 賃 金 ……………… 6月1日未払額 ………………　95,000円

　　　　　　　　　　　　　　　　6月中の支払額 ………………　420,000円

　　　　　　　　　　　　　　　　6月30日未払額 ………………　84,000円

　　　間接賃金・給料 ……………… 6月1日未払額 ………………　14,000円

　　　　　　　　　　　　　　　　6月中の支払額 ………………　112,000円

　　　　　　　　　　　　　　　　6月30日未払額 ………………　19,000円

　　　補助材料費 …………………… 12,000円

　　　水道光熱費（測定額）………… 7,000円

　　　減価償却費（月割額）………… 21,000円

（C）製造間接費は直接賃金を基準にしてその50％にあたる額を各指図書に予定配賦し，配賦差異は売上原価に振り替えている。製造間接費の当月発生額は，資料（B）から計算する。

（D）売上高 ……………………… 950,000円

　　　販売費及び一般管理費 …… 35,000円

製 造 原 価 報 告 書　　　　　（単位：円）

原 材 料 費

　月 初 棚 卸 高 ………（　　　　　　　　）

　当 月 購 入 高 ………（　　　　　　　　）

　　　　　計　　………（　　　　　　　　）

　月 末 棚 卸 高 ………（　　　　　　　　）　（　　　　　　　　）

直 接 賃 金 …………………………………………（　　　　　　　　）

製 造 間 接 費

　間 接 賃 金・給 料 ………（　　　　　　　　）

　補 助 材 料 費 ………（　　　　　　　　）

　水 道 光 熱 費 ………（　　　　　　　　）

　減 価 償 却 費 ………（　　　　　　　　）

　　小　　　計　………（　　　　　　　　）

　製造間接費配賦差異 ………（　　　　　　　　）

　製造間接費配賦額 …………………………（　　　　　　　　）

　当 月 製 造 費 用 …………………………（　　　　　　　　）

　月初仕掛品棚卸高 …………………………（　　　　　　　　）

　　　　　計　………………………………（　　　　　　　　）

　月末仕掛品棚卸高 …………………………（　　　　　　　　）

　当月製品製造原価 …………………………（　　　　　　　　）

損 益 計 算 書　　　　　（単位：円）

Ⅰ　売　　上　　高 …………………………………（　　　　　　　　）

Ⅱ　売　上　原　価

　1．月 初 製 品 棚 卸 高 ……………（　　　　　　　　）

　2．当 月 製 品 製 造 原 価 …………（　　　　　　　　）

　　　　　計　　……………（　　　　　　　　）

　3．月 末 製 品 棚 卸 高 ……………（　　　　　　　　）

　　　　差　　引　……………（　　　　　　　　）

　4．原　価　差　異 ……………（　　　　　　　　）　（　　　　　　　　）

　　売 上 総 利 益 …………………………………（　　　　　　　　）

Ⅲ　販売費及び一般管理費 ………………………………（　　　　　　　　）

　　営　業　利　益 …………………………………（　　　　　　　　）

解答〈71〉ページ

問題17-5 ★★★

次の資料にもとづき，京都工業㈱の製造原価報告書および損益計算書を作成しなさい。なお，配賦差異は売上原価に賦課している。

（資　料）

1．棚卸資産有高

	原　　料	補 助 材 料	仕 掛 品	製　　品
月 初 有 高	400万円	400万円	2,000万円	1,000万円
月 末 有 高	600万円	500万円	4,000万円	2,000万円

2．賃金給料未払額

	直接工賃金	間接工賃金	給　　料
月初未払額	400万円	500万円	300万円
月末未払額	500万円	600万円	200万円

3．経費前払・未払額

	外注加工賃
月初前払額	100万円
月末未払額	100万円

4．原料当月仕入高 ……………………………… 2,000万円

5．補助材料当月仕入高 ………………………… 1,500万円

6．直接工賃金当月支給総額 …………………… 1,500万円

7．間接工賃金当月支給総額 …………………… 3,000万円

8．給料当月支給総額 …………………………… 1,000万円

9．当月経費

　⑴　外注加工賃（支払額）……………………　　400万円

　⑵　電力料（測定額）…………………………　　100万円

　⑶　減価償却費（月割額）…………………… 1,000万円

10．製造間接費配賦差異 …………………………　　500万円（借方差異）

11．その他

　⑴　原料の消費額はすべて直接材料費，補助材料の消費額はすべて間接材料費とする。

　⑵　直接工労働力の消費額はすべて直接労務費，それ以外の労働力の消費額はすべて間接労務費とする。

月 次 製 造 原 価 報 告 書　　　　（単位：万円）

Ⅰ　直接材料費
　　1．月初原料棚卸高　（　　　　　　　）
　　2．当月原料仕入高　（　　　　　　　）
　　　　　合　　計　　　（　　　　　　　）
　　3．月末原料棚卸高　（　　　　　　　）　（　　　　　　　　　　）
Ⅱ　直接労務費
　　1．直接工賃金　　　　　　　　　　　　（　　　　　　　　　　）
Ⅲ　直接経費
　　1．外注加工賃　　　　　　　　　　　　（　　　　　　　　　　）
Ⅳ　製造間接費
　　1．補助材料費　　（　　　　　　　）
　　2．間接工賃金　　（　　　　　　　）
　　3．給　　　料　　（　　　　　　　）
　　4．電力料　　　　（　　　　　　　）
　　5．減価償却費　　（　　　　　　　）
　　　　　合　　計　　（　　　　　　　）
　　製造間接費配賦差異（　　　　　　　）　（　　　　　　　　　　）
　　当月総製造費用　　　　　　　　　　　（　　　　　　　　　　）
　　月初仕掛品棚卸高　　　　　　　　　　（　　　　　　　　　　）
　　　　　合　　計　　　　　　　　　　　（　　　　　　　　　　）
　　月末仕掛品棚卸高　　　　　　　　　　（　　　　　　　　　　）
　　（　　　　　　　　）　　　　　　　　（　　　　　　　　　　）

月 次 損 益 計 算 書　　　　（単位：万円）

Ⅰ　売　　上　　高　　　　　　　　　　　10,000
Ⅱ　売　上　原　価
　　1．月初製品棚卸高　（　　　　　　　）
　　2．当月製品製造原価（　　　　　　　）
　　　　　合　　計　　　（　　　　　　　）
　　3．月末製品棚卸高　（　　　　　　　）
　　　　　差　　引　　　（　　　　　　　）
　　4．原　価　差　異　（　　　　　　　）　（　　　　　　　　　　）
　　　売上総利益　　　　　　　　　　　　（　　　　　　　　　　）
Ⅲ　販売費及び一般管理費　　　　　　　　1,500
　　　営　業　利　益　　　　　　　　　　（　　　　　　　　　　）

解答〈72〉ページ

問題17-6　★★☆

　製品Qを量産するK工業株式会社における福岡工場では実際単純総合原価計算制度を採用している。当月の資料にもとづき，解答欄の総合原価計算表と月次損益計算書を完成しなさい。

（資　料）

1．生産データ

月 初 仕 掛 品	500kg	（50％）
当 月 投 入	12,000	
合　　計	12,500kg	
月 末 仕 掛 品	1,500	（75％）
完　成　品	11,000kg	

（注1）原料はすべて工程の始点で投入される。

（注2）（　　）内は加工進捗度を示す。

2．原価データ

	直接材料費	加 工 費
月 初 仕 掛 品	7,500千円	39,125千円
当 月 投 入	255,000	555,000
合　　計	262,500千円	594,125千円

3．完成品と月末仕掛品への原価配分は，平均法による。

4．月初の製品棚卸高は2,000kg，120,000千円で，月末の製品棚卸高は3,000kgであった。

5．当月の製品販売量は10,000kgであり，1kgあたり売価は90千円である。売上原価の計算は，先入先出法による。

総 合 原 価 計 算 表　　　　　　（単位：千円）

	数　　量	直接材料費	換　算　量	加　工　費	合　　計
月初仕掛品	500 kg（50%）	7,500	（　　　）kg	39,125	46,625
当 月 投 入	12,000	255,000	（　　　）	555,000	810,000
計	12,500 kg	262,500	（　　　）kg	594,125	856,625
月末仕掛品	1,500　（75%）	（　　　）	（　　　）	（　　　）	（　　　）
差引完成品	11,000 kg	（　　　）	（　　　）kg	（　　　）	（　　　）
完成品単位原価 ……………………	@（　　　）			@（　　　）	@（　　　）

月 次 損 益 計 算 書　　　　　　（単位：千円）

Ⅰ　売　　　上　　　高 ……………………………………（　　　　　　　）

Ⅱ　売　上　原　価

　　　月 初 製 品 棚 卸 高　　（　　　　　　　）

　　　当 月 製 品 製 造 原 価　　（　　　　　　　）

　　　　　　計　　（　　　　　　　）

　　　月 末 製 品 棚 卸 高　　（　　　　　　　）　（　　　　　　　）

　　　売　上　総　利　益 ……………………………………（　　　　　　　）

Ⅲ　販売費及び一般管理費　　　　　　　　　　85,000

　　　営　業　利　益 ……………………………………（　　　　　　　）

解答〈74〉ページ

問題17-7 ★★☆

製品TSを量産する前橋工場では実際単純総合原価計算制度を採用している。当月の資料にもとづき，解答欄の原価計算表と月次損益計算書を完成しなさい。

(資 料)

1. 製品TSの製造に使用されるT材料は工程の始点で投入され，S材料は包装材料なので，工程の終点で投入される。
2. 完成品と月末仕掛品への原価の配分は，平均法による。
3. 総合原価計算表の数量欄に付した（　　　）内の数値は，加工の進捗度を示す。
4. 月初の製品有高は200個，@4,920円である。
5. 当月の製品の1個あたり売価は6,250円，販売量は1,200個である。なお，売上原価の計算は先入先出法による。
6. 当月の販売費は516,000円，一般管理費は500,000円である。

▼ 解答欄

原　価　計　算　表　　　　　　　（単位：円）

	数　　量	T 材 料 費	S 材 料 費	加 工 費	合　　計
月 初 仕 掛 品	400個 (0.5)	820,000	—	430,000	1,250,000
当 月 投 入	1,200個	3,180,000	672,000	2,600,000	6,452,000
合　　　計	1,600個				
月 末 仕 掛 品	200個 (0.5)				
差引：完 成 品	1,400個				
完成品単位原価		@	@	@	@

月 次 損 益 計 算 書　　　　　　（単位：円）

I　売　　　　上　　　　高　　　　　　　　（　　　　　　　　）
II　売　　上　　原　　価
　　　　月 初 製 品 棚 卸 高　　（　　　　　　）
　　　　当月製品製造原価　　（　　　　　　）
　　　　　　　　計　　　　　　（　　　　　　）
　　　　月 末 製 品 棚 卸 高　　（　　　　　　）（　　　　　　　　）
　　　　　売 上 総 利 益　　　　　　　　　（　　　　　　　　）
III　販売費及び一般管理費
　　　　販　　売　　費　　　　（　　　　　　）
　　　　一 般 管 理 費　　　　（　　　　　　）（　　　　　　　　）
　　　　営 業 利 益　　　　　　　　　　　（　　　　　　　　）

解答〈75〉ページ

問題17-8 ★☆☆

次に示してあるのは宮崎製作所の当期末における総勘定元帳の記録である。この記録にもとづき，解答欄の損益計算書を作成しなさい。なお，製造間接費については直接労務費の150%を各指図書に正常配賦している。原価差異は当期の売上原価に賦課する。

材　料

期 首 有 高	112,500	当期消費高	?
当期仕入高	720,000	期 末 有 高	114,500
	832,500		832,500

賃　金

当期支払高	387,500	期首未払高	92,000
期末未払高	112,500	当期消費高	?
		賃 率 差 異	?
	500,000		500,000

製 造 間 接 費

間接材料費	143,000	正常配賦額	?
間接労務費	111,000	配 賦 差 異	?
間 接 経 費	191,000		
	445,000		445,000

仕　掛　品

期 首 有 高	125,000	当期完成高	?
直接材料費	?	期 末 有 高	130,000
直接労務費	?		
製造間接費	?		
	?		?

製　品

期 首 有 高	350,000	売 上 原 価	?
当期完成高	?	期 末 有 高	250,000
	?		?

損　益

売 上 原 価	?	売 上 高	2,400,000
販 売 費	246,000		
一般管理費	292,000		
?	?		
	2,400,000		2,400,000

売 上 原 価

製 品	1,400,000	損 益	?
原 価 差 異	?		
	?		?

▼ 解答欄

損 益 計 算 書　　　　　　　　　（単位：円）

```
Ⅰ  売        上        高                         (            )
Ⅱ  売    上    原    価
    1. 期 首 製 品 棚 卸 高      (            )
    2. (              )         (            )
            合        計         (            )
    3. 期 末 製 品 棚 卸 高      (            )
            差        引         (            )
    4. 原    価    差    異      (            )   (            )
            売上総利益                            (            )
Ⅲ  販売費及び一般管理費                           (            )
            営  業  利  益                         (            )
```

解答〈76〉ページ

問題17-9 ★☆☆

次に示すＡ社の期末における総勘定元帳の記入にもとづき，損益計算書および製造原価報告書を完成しなさい。

材　料

4/1 繰　越	1,100	諸　口	22,000
	買掛金	23,200	3/31 繰　越	2,300
	24,300		24,300

賃　金　給　料

諸　口	20,000	4/1 繰　越	4,500
3/31 繰　越	2,500		諸　口	17,500
		3/31 賃率差異	500
	22,500		22,500

外　注　加　工　賃

| 当　座 | 1,000 | 仕掛品 | 1,000 |

製　造　間　接　費

？	3,000	？	9,000
？	2,500	？	400
動力費	1,200		
減価償却費	1,500		
修繕費	400		
諸　口	800		
	9,400		9,400

賃　率　差　異

| 賃金給料 | 500 | 3/31 売上原価 | 500 |

製造間接費配賦差異

| 製造間接費 | 400 | 3/31 売上原価 | 400 |

仕　掛　品

4/1 繰　越	5,000	？	45,000
	？	19,000	3/31 繰　越	4,000
	？	15,000		
	？	1,000		
	？	9,000		
	49,000		49,000

製　品

4/1 繰　越	5,000	売上原価	47,000
	仕掛品	45,000	3/31 繰　越	3,000
	50,000		50,000

売　上　原　価

？	47,000	3/31 損　益	47,900
3/31 ？	500		
3/31 ？	400		
	47,900		47,900

売　上

| 3/31 損　益 | 70,000 | 売掛金 | 70,000 |

$$損 益 計 算 書 \qquad （単位：円）$$
$$自 \times 3 年 4 月 1 日 \quad 至 \times 4 年 3 月 31 日$$

Ⅰ	売 上 高		(	)
Ⅱ	売 上 原 価			
	1. 期 首 製 品 棚 卸 高	( )		
	2. ( )	( )		
	合 計	( )		
	3. 期 末 製 品 棚 卸 高	( )		
	差 引	( )		
	4. 原 価 差 異	(( ))	(	)
	売 上 総 利 益		(	)

（注）原価差異については，差引欄で算出した売上原価に対して加算するなら＋，売上原価から控除するなら－の符号を（　　）内に記入しなさい。

$$製 造 原 価 報 告 書 \qquad （単位：円）$$
$$自 \times 3 年 4 月 1 日 \quad 至 \times 4 年 3 月 31 日$$

Ⅰ	直 接 材 料 費			
	期 首 材 料 棚 卸 高	700		
	当 期 材 料 仕 入 高	20,300		
	合 計	21,000		
	期 末 材 料 棚 卸 高	2,000	(	)
Ⅱ	直 接 労 務 費		(	)
Ⅲ	直 接 経 費		(	)
Ⅳ	製 造 間 接 費			
	間 接 材 料 費	( )		
	間 接 労 務 費	( )		
	動 力 費	( )		
	減 価 償 却 費	( )		
	修 繕 費	( )		
	そ の 他	( )		
	合 計	( )		
	( )	( )		
	製 造 間 接 費 配 賦 額		(	)
	当 期 総 製 造 費 用		(	)
	( )		(	)
	合 計		(	)
	( )		(	)
	( )		(	)

解答〈78〉ページ

問題17-10 ★★★

次に示す当社の製造原価報告書にもとづいて，解答欄の総勘定元帳の（　）内に適切な金額を記入しなさい。なお，当社は実際原価計算を採用しているが，直接材料費および直接労務費に関しては予定価格および予定賃率を用い，製造間接費に関しては予定配賦をしているため，原価差異が発生している。

製造原価報告書

（単位：円）

Ⅰ	直接材料費	……………………………………………	2,100,000
Ⅱ	直接労務費	……………………………………………	800,000
Ⅲ	直接経費	……………………………………………	240,000
Ⅳ	製造間接費	……………………………………………	1,260,000
	当期製造費用	……………………………………………	4,400,000
	期首仕掛品棚卸高	……………………………………………	400,000
	合計	……………………………………………	4,800,000
	期末仕掛品棚卸高	……………………………………………	600,000
	当期製品製造原価	……………………………………………	4,200,000

▼ 解答欄

材　料

期首有高	600,000	消費高	（　　）
仕入高	1,820,000	期末有高	200,000
原価差異	（　　）		
	（　　）		（　　）

賃金給料

支払高	1,180,000	期首未払高	260,000
期末未払	300,000	消費高	（　　）
		原価差異	（　　）
	1,480,000		1,480,000

製造経費

各種支払高	320,000	消費高	（　　）
減価償却費	（　　）		
	（　　）		（　　）

製造間接費

間接材料費	220,000	予定配賦額	（　　）
間接労務費	400,000	原価差異	（　　）
間接経費	680,000		
	1,300,000		1,300,000

仕掛品

期首有高	（　　）	完成高	（　　）
直接材料費	（　　）	期末有高	（　　）
直接労務費	（　　）		
直接経費	（　　）		
製造間接費	（　　）		
	（　　）		（　　）

製品

期首有高	800,000	売上原価	（　　）
完成品原価	（　　）	期末有高	1,000,000
	（　　）		（　　）

解答〈80〉ページ

18 標準原価計算（Ⅰ）

問題18-1　★★☆

標準原価計算を採用している町田工場の，当月のデータにもとづいて，以下の問に答えなさい。

① A製品1個あたり原価標準

直接材料費	@100円	2 kg	200円
直接労務費	@100円	3 時間	300円
製造間接費	@150円	3 時間	450円
			950円

直接材料はすべて工程の始点で投入する。

② 製造に関するデータ：（　　）内は加工の進捗度を示す。

月初仕掛品	150個	（50％）
月間完成	750個	
月末仕掛品	200個	（50％）

③ 実際原価に関するデータ

直接材料投入額	162,500円
直接賃金消費額	241,500円
製造間接費実際発生額	360,550円

問1 完成品原価の振替仕訳を行いなさい。

〈指定勘定科目〉材料，賃金，製造間接費，仕掛品，原価差異，製品，売上原価

問2 パーシャル・プランによる仕掛品勘定の記入を完成しなさい。

▼ 解答欄

問1

借 方 科 目	金 額	貸 方 科 目	金 額

問2

仕 掛 品　　　　　　　　　　（単位：円）

前 月 繰 越	（　　　　）	製　　　　品	（　　　　）
材　　　　料	（　　　　）	次 月 繰 越	（　　　　）
賃　　　　金	（　　　　）	原 価 差 異	（　　　　）
製 造 間 接 費	（　　　　）		
	（　　　　）		（　　　　）

解答〈83〉ページ

問題18-2 ★★☆

標準原価計算制度を採用している立川工業のY製品に関する当月のデータにもとづいて，仕掛品勘定および製品勘定の記入を行いなさい。なお，勘定記入方法はパーシャル・プランによること。

〈当月のデータ〉

(1) Y製品1個あたりの標準原価

	（標準単価）	（標準消費量）	
直接材料費	@ 800円	20kg	16,000円
	（標準賃率）	（標準直接作業時間）	
直接労務費	@1,250円	8時間	10,000円
	（標準配賦率）	（標準直接作業時間）	
製造間接費	@3,500円	8時間	28,000円
Y製品1個あたり標準製造原価			54,000円

(2) 製造データ

月初仕掛品	10個（30％）
当月製造着手	150個
月末仕掛品	20個（60％）

直接材料はすべて工程の始点で投入される。（　　）内は加工進捗度を示す。

(3) 原価データ

直接材料費実際消費額	2,314,000円
直接労務費実際消費額	1,555,000円
製造間接費実際発生額	4,210,000円

(4) 販売データ

月初製品在庫量	15個
月末製品在庫量	35個

▼ 解答欄

仕　　掛　　品　　　　　　（単位：円）

前 月 繰 越	（　　　）	製　　　品	（　　　）
材　　料	（　　　）	次 月 繰 越	（　　　）
賃　　金	（　　　）	原 価 差 異	（　　　）
製 造 間 接 費	（　　　）		
	（　　　）		（　　　）

製　　　　品　　　　　　（単位：円）

前 月 繰 越	（　　　）	売 上 原 価	（　　　）
仕 掛 品	（　　　）	次 月 繰 越	（　　　）
	（　　　）		（　　　）

解答〈83〉ページ

問題18-3 ★★☆

当社は標準原価計算を採用している。次の資料にもとづいて，与えらえた諸勘定への記入を行い，締め切りなさい。なお，勘定記入方法はシングル・プランによること。

(1) 製品C1台あたりの標準原価

直接材料費	@250円	×	2トン	=	500円	
直接労務費	@100円	×	3時間	=	300円	
製造間接費	@200円	×	3時間	=	600円	
					1,400円	

(2) 直接材料はすべて工程の始点で投入する。

(3) 製造に関するデータ：（　　）内は加工進捗度を示す。

月初仕掛品	20台	（50％）
月間完成	500台	
月末仕掛品	40台	（50％）

▼解答欄

```
          材      料                          賃      金
買 掛 金  264,500 |                     現  金  151,500 |
                  |                                     |
..................|.............      ....................|..............
                  |                                     |
..................|.............      ....................|..............
                  |                                     |


        製 造 間 接 費                         仕    掛    品
諸   口  312,000 |                                     |
                 |                                     |
.................|.............      ....................|..............
                 |                                     |
.................|.............      ....................|..............
                 |                                     |
                 |                     ....................|..............
                 |                                     |


     直接材料費差異                           直接労務費差異
.................|.............      ....................|..............


     製造間接費差異
.................|.............
```

解答〈84〉ページ

19 標準原価計算(Ⅱ)

問題19-1 ★☆☆

標準原価計算を採用している津田沼工場の次の資料にもとづいて，各原価要素別の標準原価差異を求めなさい。

(資 料)

1．製品Ｔ1個あたりの標準原価

	(標準単価)	(標準消費量)	
直接材料費	@ 800円	20kg	16,000円
	(標準賃率)	(標準直接作業時間)	
直接労務費	@1,250円	8時間	10,000円
	(標準配賦率)	(標準直接作業時間)	
製造間接費	@3,500円	8時間	28,000円
	製品Ｔ1個あたり標準製造原価		54,000円

2．当月の生産実績

月初仕掛品	10個	（30%）
当月投入	150	
合　計	160個	
月末仕掛品	20	（60%）
完成品	140個	

直接材料はすべて工程の始点で投入される。（　　）内は加工進捗度を示す。

3．当月の実際原価

直接材料費実際消費額	2,314,000円
直接労務費実際消費額	1,555,000円
製造間接費実際発生額	4,210,000円

▼解答欄

直接材料費差異	（　　）	円

直接労務費差異	（　　）	円

製造間接費差異	（　　）	円

注（　　）内には借方差異（不利な差異）ならば「借」，貸方差異（有利な差異）ならば「貸」と記入すること。

解答〈86〉ページ

問題19-2 ★★★

大宮工場ではY製品を量産しており，前月に引き続き標準原価計算制度を採用している。当月の原価計算関係のデータ1.～3.にもとづき，仕掛品勘定の（　　）内に金額を記入しなさい。なお，仕掛品勘定への記入方法はパーシャル・プランによること。

1．原価標準（Y製品1個あたり）

直接材料費	＠　600円	×	5 kg	=	3,000円
直接労務費	＠　900円	×	3 時間	=	2,700円
製造間接費	＠1,200円	×	3 時間	=	3,600円
					9,300円

2．製造に関するデータ

（1）　月間完成品　120個

（2）　仕　掛　品

　　　月　　初　　　　24個（1/2）

　　　月　　末　　　　18個（1/2）

　　　（注）（　　）内は加工の仕上がり度を示す。

3．実際原価に関するデータ

（1）　直接材料：月初有高　64,000円　　当月買入高　396,900円

　　　　　　　　月末有高　72,100円（棚卸減耗はなかった）

　　　（注）直接材料はすべて始点で投入される。

（2）　直接賃金：前月未払賃金　40,600円　　当月賃金支払高　333,200円

　　　　　　　　当月未払賃金　32,000円

（3）　製造間接費実際発生額　412,100円

▼ 解答欄

仕　掛　品　　　　　　　　　　　（単位：円）

前　月　繰　越	（　　　　　）	製　　　　　品	（　　　　　）
材　　　　　料	（　　　　　）	次　月　繰　越	（　　　　　）
賃　　　　　金	（　　　　　）	材　料　費　差　異	（　　　　　）
製　造　間　接　費	（　　　　　）	労　務　費　差　異	（　　　　　）
間　接　費　差　異	（　　　　　）		
	（　　　　　）		（　　　　　）

解答〈87〉ページ

問題19-3 ★★☆

次の資料にもとづいて，直接材料費差異を計算し，さらに差異分析を行いなさい。なお，解答欄の（　　）内には，借方差異ならば「借」，貸方差異ならば「貸」を記入しなさい。

(資　料)

1．標準原価カード（一部）

　　直接材料費：@850円×2kg＝1,700円

2．生産データ

月初仕掛品	400個 (40%)
当月投入	2,600
合　計	3,000個
月末仕掛品	500 (60%)
完成品	2,500個

　　（注1）材料は始点投入される。

　　（注2）（　　）内は加工進捗度を示す。

3．実際原価データ

　　直接材料費実際消費額：4,446,750円（5,250kg）

▼解答欄

直接材料費差異　（　　）　　　　　　円

価格差異　（　　）　　　　　円　　　消費量差異　（　　）　　　　　円

解答〈88〉ページ

問題19-4 ★★☆

次の資料にもとづいて，直接労務費差異を計算し，さらに差異分析を行いなさい。なお，解答欄の（　　）内には，借方差異ならば「借」，貸方差異ならば「貸」を記入しなさい。

(資　料)

1．標準原価カード（一部）

直接労務費：@800円×5時間＝4,000円

2．生産データ

月初仕掛品	400個	（40%）
当月投入	2,600	
合　計	3,000個	
月末仕掛品	500	（60%）
完成品	2,500個	

（注）（　　）内は加工進捗度を示す。

3．実際原価データ

直接労務費実際消費額：10,544,400円（直接作業時間13,050時間）

▼解答欄

直接労務費差異　（　　）　　　　　円

賃率差異　（　　）　　　　　円　　作業時間差異　（　　）　　　　　円

解答〈88〉ページ

問題19-5 ★★☆

川崎製作所の第1製造部では部品Kを製造しているが,先日報告された10月中の原価実績は次のとおりであった。10月の実際生産量は2,700個であったので,部品K1個あたり実際原価は約336千円となる。

直 接 材 料 費	327,600千円	(＝6.3千円/kg×52,000kg)
直 接 労 務 費	165,200千円	(＝5.6千円/時×29,500時間)
製 造 間 接 費	415,200千円	
合　　　計	908,000千円	

また,部品Kの標準原価カードは次のとおりであり,部品K1個あたり標準原価は300千円である。

	(標 準 単 価)	(標 準 消 費 量)	
直接材料費	5千円/kg	20kg	100千円
	(標 準 賃 率)	(標準直接作業時間)	
直接労務費	5千円/時	10時間	50千円
	(標 準 配 賦 率)	(標準直接作業時間)	
製造間接費	15千円/時	10時間	150千円
部品K1個あたり標準製造原価			300千円

したがって,10月の実際原価は標準原価より約12%高かった。その説明を求められた第1製造部長は,次のように答えた。「10月は単価の高い資源を使ったということです。すなわち,直接材料は標準より26%,直接工の賃率も12%高かったのです。そのような状況で製造原価が標準を12%超過しただけで済んだのは,資源の消費能率が良かったからで,それは第1製造部の努力の結果です。」

さて,第1製造部長の説明は必ずしも適切ではない。それは,標準原価差異を計算し差異分析を行ってみれば明らかとなる。そこで,次の問いに答えなさい。なお,解答欄にある( )内には,借方差異(不利な差異)であれば「借」,貸方差異(有利な差異)であれば「貸」と記入すること。

(1) 直接材料費差異を計算し,それを価格差異と数量差異とに分析しなさい。

(2) 直接労務費差異を計算し,それを賃率差異と時間差異とに分析しなさい。

▼ 解答欄

(1)	総　差　異 =	千円 (	)
	材料価格差異 =	千円 (	)
	材料数量差異 =	千円 (	)
(2)	総　差　異 =	千円 (	)
	労働賃率差異 =	千円 (	)
	労働時間差異 =	千円 (	)

解答〈88〉ページ

問題19-6　★★★

　次の資料にもとづいて，製造間接費差異を計算し，三分法によって差異分析を行いなさい。ただし，能率差異は，実際直接作業時間と標準直接作業時間の差に標準配賦率を乗じて計算すること。なお，解答欄の（　）内には，借方差異ならば「－」，貸方差異ならば「＋」を記入しなさい。

（資　料）

１．標準原価カード（一部）

　　　製造間接費　＠1,000円×5時間＝5,000円

２．公式法変動予算データ

　　　変　動　費　率：600円/時間

　　　月間固定費予算額：2,800,000円

　　　月間基準操業度：7,000時間（直接作業時間）

３．生産データ

月初仕掛品	500個	(3/5)
当月投入	1,500	
合　計	2,000個	
月末仕掛品	600	(1/3)
完成品	1,400個	

　　（注）（　）内は加工進捗度を示す。

４．当月実際原価データ

　　　製造間接費実際発生額：6,720,000円（直接作業時間6,400時間）

▼ 解答欄

製造間接費差異	（　　）	円
予　算　差　異	（　　）	円
能　率　差　異	（　　）	円
操　業　度　差　異	（　　）	円

解答〈89〉ページ

問題19-7 ★★★

製品Cを生産している鹿児島工場の次の資料にもとづいて，下記の設問に答えなさい。

(資　料)

(1) 製品1個の製造に要する標準直接作業時間は0.5時間である。

(2) 月間の正常直接作業時間は2,000時間である。

(3) 月間の製造間接費変動予算は，固定費が240,000円，変動費率が@80円である。

(4) 当月の製造間接費実際発生額は395,500円であった。

(5) 当月の実際直接作業時間は1,820時間であった。

(6) 当月の生産実績は次のとおりであった。

月 初 仕 掛 品	600個	(20%)
当 月 投 入	3,100	
合　　　計	3,700個	
月 末 仕 掛 品	400	(80%)
完 成 品	3,300個	

(注)（　）内は加工進捗度を示す。

〔設問1〕製造間接費標準配賦率を求めなさい。

〔設問2〕製品C1個あたりの製造間接費を求めなさい。

〔設問3〕当月の製造間接費差異を求めなさい。

〔設問4〕製造間接費差異を三分法によって分析しなさい。ただし，能率差異は，標準直接作業時間と実際直接作業時間の差に標準配賦率を乗じて計算すること。

〔設問5〕製造間接費差異を四分法によって分析しなさい。

▼ 解答欄

〔設問1〕　[　　　　　　　] 円/時

〔設問2〕　[　　　　　　　] 円

〔設問3〕（　　）[　　　　　] 円

〔設問4〕予 算 差 異（　　）[　　　　] 円　　能 率 差 異（　　）[　　　　] 円

　　　　　操 業 度 差 異（　　）[　　　　] 円

〔設問5〕予 算 差 異（　　）[　　　　] 円　　変動費能率差異（　　）[　　　　] 円

　　　　　固定費能率差異（　　）[　　　　] 円　　操 業 度 差 異（　　）[　　　　] 円

　　　（注）（　　）内には，借方差異ならば「借」，貸方差異ならば「貸」と記入すること。

解答〈90〉ページ

問題19-8 ★★★

名古屋製作所は，標準原価計算制度を採用している。下記資料1から3にもとづいて，次の(1)から(3)の各差異を計算しなさい。ただし，製造間接費は変動予算を用いて三分法で分析し，その際，能率差異は，（標準直接作業時間－実際直接作業時間）×（標準配賦率）と計算すること。なお，解答欄にある（　）内には，借方差異（不利な差異）であれば「借」，貸方差異（有利な差異）であれば「貸」と記入すること。

(1) 直接材料費の総差異と，材料数量差異および材料価格差異
(2) 直接労務費の総差異と，労働時間差異および労働賃率差異
(3) 製造間接費の総差異と，予算差異，能率差異および操業度差異

(資　料)

1．標準原価カード（製品K）

直接材料費	20円/kg	25 kg	500円
直接労務費	250円/時	2時間	500円
製造間接費	300円/時	2時間	600円
製品K1個あたりの標準製造原価			1,600円

2．製造間接費変動予算

   変動費率　　140円/時　　固定費（月額）35,200円

3．当月の実績値

   直接材料費　　48,400円（＝22円/kg×2,200kg）
   直接労務費　　48,300円（＝230円/時×210時間）
   製造間接費　　68,000円
   実際生産量　　110個

▼ 解答欄

(1)	総　差　異 ＝	円（　　）	
	材料数量差異 ＝	円（　　）	
	材料価格差異 ＝	円（　　）	
(2)	総　差　異 ＝	円（　　）	
	労働時間差異 ＝	円（　　）	
	労働賃率差異 ＝	円（　　）	
(3)	総　差　異 ＝	円（　　）	
	予　算　差異 ＝	円（　　）	
	能　率　差異 ＝	円（　　）	
	操業度差異 ＝	円（　　）	

解答〈90〉ページ

問題19-9 ★★★

　製品Yを製造する横浜工場では標準原価計算制度を採用し，パーシャル・プランによって記帳している。そして，原価管理に役立てるべく，原価要素別に標準原価差額の差異分析を行っている。次の資料にもとづき，下掲の設問に答えなさい。なお，解答欄にある（ ）内には，借方差異（不利な差異）であれば「借」，貸方差異（有利な差異）であれば「貸」と記入しなさい。

(資　料)

１．製品Y標準原価カード

	（標 準 単 価）	（標 準 消 費 量）	
直接材料費	120円/kg	30kg	3,600円
	（標 準 賃 率）	（標 準 作 業 時 間）	
直接労務費	1,200円/時	2時間	2,400円
	（標 準 配 賦 率）	（標 準 作 業 時 間）	
製造間接費	1,500円/時	2時間	3,000円
	製品Y１個あたり標準製造原価		9,000円

２．製造間接費変動予算

　　変動費率　　600円/時　　固定費（月間）　　2,700,000円

３．当月の生産実績

月 初 仕 掛 品	100個	（80%）
当 月 着 手	1,500	
合　　　計	1,600個	
月 末 仕 掛 品	150	（60%）
完 成 品	1,450個	

　　なお，材料はすべて工程の始点で投入している。また，（　　）内は加工進捗度である。

４．当月直接材料費実際発生額：125円/kg×44,500kg＝5,562,500円

５．当月直接労務費実際発生額：1,250円/時×2,850時間＝3,562,500円

６．当月製造間接費実際発生額：4,520,000円

〔設問１〕直接材料費の総差異，数量差異および価格差異はいくらですか。

〔設問２〕直接労務費の総差異，時間差異および賃率差異はいくらですか。

〔設問３〕製造間接費の総差異はいくらですか。

〔設問４〕製造間接費の差異分析は変動予算を用いて四分法で行っている。このとき，予算差異，変動費能率差異，固定費能率差異および操業度差異はいくらか。

〔設問1〕	総　差　異＝	円（	）
	数　量　差　異＝	円（	）
	価　格　差　異＝	円（	）
〔設問2〕	総　差　異＝	円（	）
	時　間　差　異＝	円（	）
	賃　率　差　異＝	円（	）
〔設問3〕	総　差　異＝	円（	）
〔設問4〕	予　算　差　異＝	円（	）
	変動費能率差異＝	円（	）
	固定費能率差異＝	円（	）
	操　業　度　差　異＝	円（	）

解答〈91〉ページ

問題19-10 ★★☆

当工場では，製品Rを連続生産しているが，前月に引き続き標準原価計算制度を採用している。当月のデータ1.～5.にもとづいて，仕掛品勘定及び損益計算書を作成しなさい。なお，仕掛品勘定の記入方法はパーシャル・プランによること。

1．製品R1台あたりの標準原価

直 接 材 料 費	@10千円	1トン	10千円
直 接 労 務 費	@4千円	5時間	20千円
製造間接費配賦額	@6千円	5時間	30千円
			60千円

（注）直接材料は工程の始点ですべて投入される。

2．製造に関するデータ
(1) 月初仕掛品　4台（仕上がり度1/2），月末仕掛品　6台（仕上がり度1/2）
(2) 当月製造開始数量　100台，完成数量　98台

3．製品に関するデータ
(1) 月初在庫　5台，月末在庫　8台
(2) 月間販売数量　？台

4．実際原価に関するデータ
(1) 直接材料費

月初在庫	6トン	@10千円	60千円
当月買入	105トン	@10.4千円	1,092千円
月末在庫	10トン	（払出高101トン）	

（注）材料の払い出しは先入先出法による。

(2) 直接労務費
直接労務費実際発生額　1,968千円　実際直接作業時間　500時間

(3) 製造間接費
製造間接費実際発生額　3,112千円

5．原価差異の処理
各月において発生する原価差異は，月次の売上原価に賦課する。

月次損益計算書（一部） （単位：千円）

Ⅰ 売　　上　　高		19,000
Ⅱ 売　上　原　価		
月 初 製 品 棚 卸 高	（　　　　　　）	
当 月 製 品 製 造 原 価	（　　　　　　）	
合　　　　計	（　　　　　　）	
月 末 製 品 棚 卸 高	（　　　　　　）	
差　　　　引	（　　　　　　）	
直 接 材 料 費 差 異（有・不）	（　　　　　　）	
直 接 労 務 費 差 異（有・不）	（　　　　　　）	
製 造 間 接 費 差 異（有・不）	（　　　　　　）	（　　　　　　）
売　上　総　利　益		（　　　　　　）

（注）原価差異については，有・不のいずれかに○印を付すこと。

仕　　掛　　品 （単位：千円）

繰　　　　越	（　　　　）	製　　　　品	（　　　　）
材　　　　料	（　　　　）	原　価　差　異	（　　　　）
賃　　　　金	（　　　　）	繰　　　　越	（　　　　）
製 造 間 接 費	（　　　　）		
原　価　差　異	（　　　　）		
	（　　　　）		（　　　　）

（注）原価差異は一括して示すこと。
　　　また，不要な（　　）については－を付すこと。

解答〈92〉ページ

問題19-11　★★★

　製品Ｔを量産するＳ工場では，パーシャル・プランによる標準原価計算を採用している。下記の１～３の資料にもとづいて，(1)原価標準（単位あたり標準原価），(2)直接材料費の消費量差異，(3)直接労務費の直接作業時間差異および(4)製造間接費の予算差異を計算しなさい。また，解答欄の仕掛品勘定の（　　）内に適切な数字を記入しなさい（原価差異には，直接材料費，直接労務費および製造間接費の総差異の合計額を記入すること）。

１．当月の生産に関する資料

　　　当 月 製 品 完 成 量：　2,000単位

　　　月 末 仕 掛 品 量：　　100単位（1/2）

　　（注１）直接材料は工程の始点で投入される。

　　（注２）（　　）内の数値は加工進捗度を示している。

　　（注３）月初仕掛品はなかった。

２．当月の実際発生額に関する資料

　　　直 接 材 料 費：　3,986,160円（実際消費量19,540kg）

　　　直 接 労 務 費：　2,945,000円（実際直接作業時間4,220時間）

　　　製 造 間 接 費：　3,429,000円

３．当月の標準と予算に関する資料

　　　直接材料費の標準消費価格：　　200円/kg　　　直接材料費の標準消費量：　　10kg/単位

　　　直接労務費の標準消費賃率：　　700円/時間　　直接労務費の標準直接作業時間：　２時間/単位

　　　製 造 間 接 費 月 次 予 算：　3,440,000円

　　（注）製造間接費は直接作業時間を基準として製品に標準配賦されている（月間基準操業度＝4,300時間）。

▼ 解答欄

(1) [　　　　　　] 円/単位　　(2) [　　　　　　] 円（　　）

(3) [　　　　　　] 円（　　）　(4) [　　　　　　] 円（　　）

（注）(2)～(4)の（　　）内には，借方差異の場合は借方，貸方差異の場合は貸方と記入すること。

仕　　掛　　品			（単位：円）
直 接 材 料 費	（　　　　）	完 成 高	（　　　　）
直 接 労 務 費	（　　　　）	月 末 有 高	（　　　　）
製 造 間 接 費	（　　　　）	原 価 差 異	（　　　　）
（　　　　）	（　　　　）		（　　　　）

解答〈94〉ページ

問題19-12 ★☆☆

前月より引き続き標準原価計算制度を採用している徳島工場の当月のデータ1.〜5. にもとづき，月次損益計算書を作成しなさい。

1．製品1個あたりの標準原価

直 接 材 料 費	@500円	1 kg	500円
直 接 労 務 費	@200円	4 時間	800円
製 造 間 接 費	@250円	4 時間	1,000円
			2,300円

2．当月の実際原価に関するデータ

(1) 直接材料費実際発生額　　59,800円

(2) 直接労務費実際発生額　　80,700円

(3) 製造間接費実際発生額　121,600円

3．当月の製造に関するデータ

(1) 月初仕掛品20個（1/4），月末仕掛品40個（1/4）

(2) 当月製造開始数量118個，完成品数量98個

（注）（　　）内は加工の進捗度を示す。

4．当月の製品に関するデータ

(1) 月初有高35個，月末有高25個

(2) 当月販売数量　？個

5．その他のデータ

(1) 直接材料は加工の進行に応じて投入する。

(2) 各月において発生する原価差異は，月次の売上原価に賦課する。

(3) 製品1個あたりの売価は3,500円である。

▼解答欄

月次損益計算書（一部）　　　　　　（単位：円）

Ⅰ　売　　　上　　　高		（　　　　　　　　　）
Ⅱ　売　上　原　価		
月 初 製 品 棚 卸 高	（　　　　　　　）	
当 月 製 品 製 造 原 価	（　　　　　　　）	
合　　　　　計	（　　　　　　　）	
月 末 製 品 棚 卸 高	（　　　　　　　）	
差　　　引	（　　　　　　　）	
直 接 材 料 費 差 異	（　　　　　　　）	
直 接 労 務 費 差 異	（　　　　　　　）	
製 造 間 接 費 差 異	（　　　　　　　）	（　　　　　　　　　）
売 上 総 利 益		（　　　　　　　　　）

（注）有利差異については金額の前に△を付すこと。

解答〈95〉ページ

問題20-1 ★★★

次の資料によって，直接原価計算方式による月次損益計算書を作成しなさい。なお，仕掛品はない。

直 接 材 料 費	522,000円	直 接 労 務 費	378,000円	売 上 高	1,554,000円
変動製造間接費	210,000円	月初製品棚卸高	144,000円	変動販売費	156,000円
固定製造間接費	96,000円	月末製品棚卸高	168,000円		
固 定 販 売 費	15,000円	固定一般管理費	63,000円		

▼ 解答欄

<u>月次損益計算書（直接原価計算方式）</u>　　　　（単位：円）

Ⅰ　売　上　高　　　　　　　　　　　　　　　（　　　　　　　）

Ⅱ　変動売上原価

　　　1．月初製品棚卸高　　（　　　　　　　）

　　　2．当月製品製造原価　（　　　　　　　）

　　　　　合　　　計　　　（　　　　　　　）

　　　3．月末製品棚卸高　　（　　　　　　　）　（　　　　　　　）

　　　　変動製造マージン　　　　　　　　　　（　　　　　　　）

Ⅲ　変 動 販 売 費　　　　　　　　　　　　　（　　　　　　　）

　　　　貢　献　利　益　　　　　　　　　　　（　　　　　　　）

Ⅳ　固　　定　　費

　　　1．固定製造間接費　　（　　　　　　　）

　　　2．固 定 販 売 費　　（　　　　　　　）

　　　3．固定一般管理費　　（　　　　　　　）　（　　　　　　　）

　　　　営　業　利　益　　　　　　　　　　　（　　　　　　　）

解答〈97〉ページ

問題20-2 ★★★

　次の横浜工場の資料にもとづき，解答欄に示した全部原価計算による損益計算書と直接原価計算による損益計算書を作成しなさい。なお，製造間接費は実際配賦している。

（資　料）

1．販売単価　……………………………………………1,500円
2．製造原価：製品単位あたり変動製造原価………………　300円
　　　　　　　固定製造間接費（期間総額）…………2,700,000円
3．販　売　費：製品単位あたり変動販売費…………………　100円
　　　　　　　固定販売費（期間総額）………………　350,000円
4．一般管理費：すべて固定費（期間総額）……………　850,000円
5．生産・販売数量等：

	第1期	第2期	第3期
期首製品在庫量	0個	0個	400個
当期製品生産量	5,000個	5,400個	4,500個
当期製品販売量	5,000個	5,000個	4,900個
期末製品在庫量	0個	400個	0個

　（注）各期首・期末に仕掛品は存在しない。

▼ 解答欄

損益計算書（全部原価計算）　　　　　（単位：円）

	第1期	第2期	第3期
売　　上　　高	（　　　　）	（　　　　）	（　　　　）
売　上　原　価	（　　　　）	（　　　　）	（　　　　）
売 上 総 利 益	（　　　　）	（　　　　）	（　　　　）
販売費・一般管理費	（　　　　）	（　　　　）	（　　　　）
営　業　利　益	（　　　　）	（　　　　）	（　　　　）

損益計算書（直接原価計算）　　　　　（単位：円）

	第1期	第2期	第3期
売　　上　　高	（　　　　）	（　　　　）	（　　　　）
変 動 売 上 原 価	（　　　　）	（　　　　）	（　　　　）
変動製造マージン	（　　　　）	（　　　　）	（　　　　）
変　動　販　売　費	（　　　　）	（　　　　）	（　　　　）
貢　献　利　益	（　　　　）	（　　　　）	（　　　　）
固　　定　　費	（　　　　）	（　　　　）	（　　　　）
営　業　利　益	（　　　　）	（　　　　）	（　　　　）

解答〈97〉ページ

問題20-3 ★★★

沖縄製作所では，直接原価計算を行っている。次に示す条件にもとづき，(1)全部原価計算による損益計算書と(2)直接原価計算による損益計算書を作成しなさい。

（条　件）

1．製造間接費は，製品生産量を配賦基準として予定配賦する。年間の予定生産量は12,500個，年間の製造間接費予算額は，変動費が3,750,000円，固定費が6,000,000円である。

2．製造間接費の配賦差額は，その月の売上原価に賦課する。

3．製品の庫出単価の計算は先入先出法による。

4．製品の販売単価は6,000円である。

5．生産・販売資料

月初仕掛品量	0個	月初製品在庫量	300個
当月投入量	1,200	当月完成量	1,200
計	1,200個	計	1,500個
月末仕掛品量	0	月末製品在庫量	500
当月完成量	1,200個	当月販売量	1,000個

6．当月の原価資料

(1) 月初製品：直接材料費 240,000円，直接労務費 150,000円，
変動製造間接費 90,000円，固定製造間接費 144,000円

(2) 直接材料費（変動費）　　　　　　　　1,044,000円

(3) 直接労務費（変動費）　　　　　　　　624,000円

(4) 製造間接費実際発生額
変動製造間接費　　　　　　　　　　380,000円
固定製造間接費　　　　　　　　　　500,000円

(5) 販売費及び一般管理費
変動販売費　　　　　　　　　　　　330,000円
固定販売費　　　　　　　　　　　　400,000円
一般管理費（すべて固定費）　　　　1,250,000円

⑴ **全部原価計算による損益計算書**

月次損益計算書

(単位：円)

Ⅰ 売　　　上　　　高……………………………………………… (　　　　　　　　)

Ⅱ 売　上　原　価

　　1．月初製品棚卸高…………… (　　　　　　　)

　　2．当月製品製造原価………… (　　　　　　　)

　　　　　合　　　計………… (　　　　　　　)

　　3．月末製品棚卸高…………… (　　　　　　　)

　　　　　差　　　引………… (　　　　　　　)

　　4．原　価　差　異………… ((　　)　　　　　) (　　　　　　　　)

　　　　売　上　総　利　益……………………………………… (　　　　　　　　)

Ⅲ 販売費及び一般管理費……………………………………… (　　　　　　　　)

　　　　営　業　利　益……………………………………… (　　　　　　　　)

⑵ **直接原価計算による損益計算書**

月次損益計算書

(単位：円)

Ⅰ 売　　　上　　　高……………………………………………… (　　　　　　　　)

Ⅱ 変　動　売　上　原　価

　　1．月初製品棚卸高…………… (　　　　　　　)

　　2．当月製品製造原価………… (　　　　　　　)

　　　　　合　　　計………… (　　　　　　　)

　　3．月末製品棚卸高…………… (　　　　　　　)

　　　　　差　　　引………… (　　　　　　　)

　　4．原　価　差　異………… ((　　)　　　　　) (　　　　　　　　)

　　　　変動製造マージン……………………………………… (　　　　　　　　)

Ⅲ 変　動　販　売　費……………………………………… (　　　　　　　　)

　　　　貢　献　利　益……………………………………… (　　　　　　　　)

Ⅳ 固　　　定　　　費

　　1．固定製造間接費…………… (　　　　　　　)

　　2．固定販売費及び一般管理費……… (　　　　　　　) (　　　　　　　　)

　　　　営　業　利　益……………………………………… (　　　　　　　　)

(注) 原価差異については，差引欄で算出した売上原価に対し加算するならプラス，控除するならマイナスの符号を，(　　　)内に記入しなさい。

解答〈101〉ページ

21 直接原価計算（Ⅱ）

問題21-1 ★★★

当社の資料にもとづいて，下掲の各問に答えなさい。

（資　料）

1．次年度の予想売上高：@1,200円×5,000個……………………………………… 6,000,000円
2．次年度の予定総原価
　⑴　変　動　費：@600円×5,000個…………………………………………… 3,000,000円
　⑵　固　定　費：……………………………………………………………… 2,460,000円
3．予想営業利益：…………………………………………………………………… 540,000円

〔**設問1**〕損益分岐点売上高および販売量を求めなさい。
〔**設問2**〕目標営業利益1,080,000円を達成するための売上高および販売量を求めなさい。
〔**設問3**〕目標営業利益率25％を達成するための売上高および販売量を求めなさい。
〔**設問4**〕次期の予想売上高における安全余裕率を求めなさい。

▼ 解答欄

〔**設問1**〕売　上　高 [　　　　　　円] 販　売　量 [　　　　　　個]

〔**設問2**〕売　上　高 [　　　　　　円] 販　売　量 [　　　　　　個]

〔**設問3**〕売　上　高 [　　　　　　円] 販　売　量 [　　　　　　個]

〔**設問4**〕安全余裕率 [　　　　　　％]

解答〈103〉ページ

問題21-2 ★★★

次の資料にもとづき，以下の設問に答えなさい。

（資　料）

1．販売単価　　　　　　　　　　　　　　　　@500円

2．製品1個あたりの実際製造原価

 (1)　材　料　費　　　　　　　　　　　　@150円（全額変動費）

 (2)　労　務　費　　　　　　　　　　　　@120円（全額変動費）

 (3)　製造間接費　　　　　　　　　　　　@ 50円（うち@20円が変動費）

3．販売費及び一般管理費

 (1)　変動販売費　　　　　　　　　　　　@ 10円

 (2)　固定販売費及び一般管理費　　　　　1,200,000円

4．当月生産量は10,000個であり，製品・仕掛品とも月初・月末の棚卸高はなかった。

5．当月の基準操業度は10,000個であり，固定費は予算どおり発生した。

〔設問1〕損益分岐点売上高および販売量を求めなさい。

〔設問2〕目標営業利益500,000円を達成するための売上高および販売量を求めなさい。

〔設問3〕販売単価を@600円としたとき，損益分岐点売上高および販売量を求めなさい。

〔設問4〕販売単価を@600円としたとき，目標営業利益600,000円を達成するための売上高および販売量を求めなさい。

▼ 解答欄

〔設問1〕売　上　高 [　　　　　　　　] 円　　販　売　量 [　　　　　　　　] 個

〔設問2〕売　上　高 [　　　　　　　　] 円　　販　売　量 [　　　　　　　　] 個

〔設問3〕売　上　高 [　　　　　　　　] 円　　販　売　量 [　　　　　　　　] 個

〔設問4〕売　上　高 [　　　　　　　　] 円　　販　売　量 [　　　　　　　　] 個

解答〈103〉ページ

Theme
21

直接原価計算（Ⅱ）

問題21-3 ★★☆

次の文章中の（　）内に適当な数値を入れなさい。

A社は，製品A（販売単価@1,500円）を製造・販売している。製品Aの単位あたり変動費は900円，固定費は月に420,000円である。したがって，A社の損益分岐点における月間の販売数量は（　①　）個，同じく売上高は（　②　）円である。月に120,000円の営業利益をあげるためには，製品Aを月に（　③　）個販売しなければならない。

B社は，製品Bを製造・販売している。B社の変動費率（売上高に占める変動費の割合）は65％，固定費は月に875,000円である。したがって，B社の損益分岐点における月間の売上高は（　④　）円である。製品Bの販売単価が@5,000円であれば，そのとき販売数量は（　⑤　）個である。また，製品Bの月間販売数量が640個であるなら，月間の営業利益は（　⑥　）円となる。

▼ 解答欄

①		②		③	
④		⑤		⑥	

解答〈104〉ページ

問題21-4 ★☆☆

当社の過去6カ月の製品生産量と製造間接費実際発生額は次のとおりである。このデータにもとづき，高低点法によって原価分解を行いなさい。これらはすべて正常なデータである。また，7月の予想生産量が3,200個であるとき，製造間接費の予想発生額を計算しなさい。

月	製品生産量	製造間接費発生額
1	1,800個	3,300,000円
2	2,400	3,660,000
3	3,500	4,070,000
4	1,900	3,250,000
5	3,900	4,350,000
6	2,800	3,850,000

▼ 解答欄

変動費率 ［　　　円　］　　月間固定費 ［　　　円　］

製造間接費の予想発生額 ［　　　円　］

解答〈104〉ページ

問題21-5 ★★★

　製品Sを量産する当社の正常操業圏は，月間生産量が11,200単位から17,200単位である。製品Sの販売単価は20円で，過去6カ月間の生産・販売量および総原価にかんする実績データは，次のとおりであった。

月	生産・販売量	総原価
1	8,000単位	200,000円
2	11,200単位	249,200円
3	15,000単位	296,000円
4	17,000単位	320,000円
5	17,200単位	321,200円
6	16,800単位	316,000円

〔**設問1**〕正常操業圏における最大の売上高と最小の売上高を求めなさい。

〔**設問2**〕上記の実績データにもとづいて，高低点法による製品Sの総原価の原価分解を行い，製品1単位あたりの変動費と，月間固定費を計算しなさい。

〔**設問3**〕原価分解の結果を利用し，当社の月間損益分岐点売上高を求めなさい。

〔**設問4**〕当社の総資本は6,000,000円であるとして，月間目標総資本営業利益率が1％となる月間目標売上高を求めなさい。

▼ 解答欄

〔**設問1**〕最大の売上高 ☐ 円

　　　　　最小の売上高 ☐ 円

〔**設問2**〕単位あたりの変動費 ☐ 円/単位

　　　　　月間固定費 ☐ 円

〔**設問3**〕 ☐ 円

〔**設問4**〕 ☐ 円

解答〈105〉ページ

問題21-6　★★★

　当社は，直接原価計算方式の損益計算書を作成している。当月の生産および販売実績は，次のとおりであったとして，各設問に答えなさい。なお，月初および月末に仕掛品はない。

(資　料)

生 産 数 量	28,000個
販 売 数 量	20,000個
月 初 在 庫 量	0個
販 売 価 格	@5,000円
変 動 製 造 原 価	@2,100円
固 定 製 造 原 価	14,000,000円
変 動 販 売 費	@400円
固定販売費及び一般管理費	11,000,000円

〔設問1〕

　当月の損益計算書を作成しなさい。

〔設問2〕

　現在，次月以降の利益計画を策定中である。次月においても，条件は当月と同一であるとして，以下の文章中の（　　）内の数値を解答欄に記入しなさい。

⑴　損益分岐点における月間販売数量は（　①　）個である。

⑵　安全余裕率は（　②　）％である。

⑶　当社の月間目標売上高営業利益率は30％であるが，次月以降これを達成しようとするならば，月間販売数量は（　③　）個でなければならない。

〔設問1〕

月次損益計算書

（単位：円）

Ⅰ	売　　　　上　　　　高		（　　　　　　　）
Ⅱ	変　　　　動　　　　費		
	月　初　製　品　有　高	（　　　　　　　）	
	当月製品変動製造原価	（　　　　　　　）	
	合　　　　　計	（　　　　　　　）	
	月　末　製　品　有　高	（　　　　　　　）	
	変　動　売　上　原　価		（　　　　　　　）
	変　動　販　売　費		（　　　　　　　）
	貢　献　利　益		（　　　　　　　）
Ⅲ	固　　　　定　　　　費		
	固　定　製　造　原　価		（　　　　　　　）
	固定販売費及び一般管理費		（　　　　　　　）
	営　業　利　益		（　　　　　　　）

〔設問2〕

①	
②	
③	

解答〈105〉ページ

問題21-7 ★★☆

当社では製品Aを製造販売している。そこで，次の資料にもとづいて，下掲の設問に答えなさい。

（資料１） 当社の製造間接費実際発生額と機械作業時間の月別データは次のとおりである。なお，当社の正常操業度は基準操業度200時間（月間）を100％とすると，その80％から120％である。

月	製造間接費発生額	機械作業時間
8	118,000円	150時間
9	126,000	160
10	143,000	210
11	150,000	220
12	131,000	180
	668,000円	920時間

（資料２） その他の資料

(1) 単位あたり製造原価

直 接 材 料 費	1,000円
直 接 労 務 費	1,200円
変動製造間接費	？ 円
固定製造間接費	？ 円
合　　　計	？ 円

(2) 固定販売費及び一般管理費　　37,000円
(3) 単位あたり変動販売費　　　　 200円
(4) 製品の販売価格　　　　　　 5,000円
(5) 製品Aの製造には１個あたり１機械作業時間が必要である。
(6) 当月の販売量は50個であり，月間目標営業利益は90,200円である。

〔設問１〕 高低点法によって，変動費率と固定製造間接費（月間）を求めなさい。

〔設問２〕 月間損益分岐点販売量，月間目標営業利益達成のための販売量および当月の安全率を求めなさい。

▼ 解答欄

〔設問１〕

変 動 費 率	円	固 定 製 造 間 接 費	円

〔設問２〕

損益分岐点販売量	個	目標利益達成販売量	個

安 　全 　率	％

解答〈107〉ページ

問題21-8　★★☆

　当社は，A製品を生産・販売しており，現在，次期の利益計画を策定中である。当期の業績は次のとおりであった。次期においても，販売価格，製品単位あたり変動費額および期間あたり固定費額は当期と同一であるとして，以下の問に答えなさい。なお，仕掛品および製品の在庫はないものとする。

売上高			@400円×1,500個		600,000円
原価	変動費	変動売上原価	@200円×1,500個	300,000円	
		変動販売費	@ 20円×1,500個	30,000	
	固定費	固定製造原価		128,000	
		固定販売費・一般管理費		52,000	510,000
営業利益					90,000円

〔設問1〕次期における損益分岐点の販売数量を計算しなさい。

〔設問2〕次期における損益分岐点の売上高を計算しなさい。

〔設問3〕次期の目標営業利益144,000円を達成する販売数量を計算しなさい。

〔設問4〕次期においては，競争業者の出現に対応するため，販売価格を15%値下げすることになったとして，当期と同額の営業利益を達成する販売数量を計算しなさい。

〔設問5〕販売部門責任者の意見によれば，上記設問4で計算した販売数量は達成が困難であり，販売価格を15%値下げしても販売数量は2,100個が限界である。そこで，この販売価格と販売数量を前提とし，当期と同額の営業利益を達成するために，固定費を削減することとした。削減すべき固定費の金額を計算しなさい。

▼ 解答欄

〔設問1〕	個
〔設問2〕	円
〔設問3〕	個
〔設問4〕	個
〔設問5〕	円

解答〈108〉ページ

22 本社工場会計

問題22-1 ★★☆

工場が独立会計をとっているとき，次の勘定科目を用いて，下記の取引の仕訳を本社と工場に分けてそれぞれ行いなさい。なお，仕訳がない場合は「仕訳なし」と記入すること。

本社の勘定科目……買掛金，未払賃金，製品，工場元帳

工場の勘定科目……材料，製造間接費，仕掛品，本社元帳

(1) 材料800,000を掛けで購入した。

(2) 直接材料400,000円，間接材料200,000円を出庫した。

(3) 直接賃金350,000円，間接賃金120,000円を消費した。これらを未払賃金勘定に計上した。

(4) 製造間接費400,000円を仕掛品に予定配賦した。

(5) 完成品960,000円を本社倉庫に移した。

▼ 解答欄

本社の仕訳

	借 方 科 目	金 額	貸 方 科 目	金 額
(1)				
(2)				
(3)				
(4)				
(5)				

工場の仕訳

	借 方 科 目	金 額	貸 方 科 目	金 額
(1)				
(2)				
(3)				
(4)				
(5)				

解答〈109〉ページ

問題22-2 ★★★

大阪製作所（本社梅田）は神戸に工場をもっており，本社会計から工場会計を独立させている。材料倉庫は工場内にある。材料購入に要する支払いおよび従業員に対する給与の支払は本社で行っている。そこで，５月中の次の取引について，工場で行われる仕訳を行いなさい。

〈指定勘定科目〉材料，賃金・給料，製造間接費，仕掛品，本社

〔５月中の取引〕

(1) 掛けで購入した材料420,000円を，検品のうえ工場の材料倉庫に受け入れた。

(2) 工場で材料360,000円を消費した。直接費280,000円，間接費80,000円であった。

(3) 工場で労働力592,000円を消費した。直接費481,000円，間接費111,000円であった。

(4) 工場設備減価償却費の当月分96,000円を計上した。

(5) 工場従業員に給与246,000円を支給した。

(6) 当月の完成品3,250,000円を本社倉庫に納入した。

▼ 解答欄

	借 方 科 目	金 額	貸 方 科 目	金 額
(1)				
(2)				
(3)				
(4)				
(5)				
(6)				

解答〈109〉ページ

問題22-3 ★★★

宮城製作所（本社仙台）は松島に工場をもっており，本社と工場とはそれぞれ独立した会計をとっている。

本年10月1日における松島工場の元帳諸勘定の残高は次のとおりである。

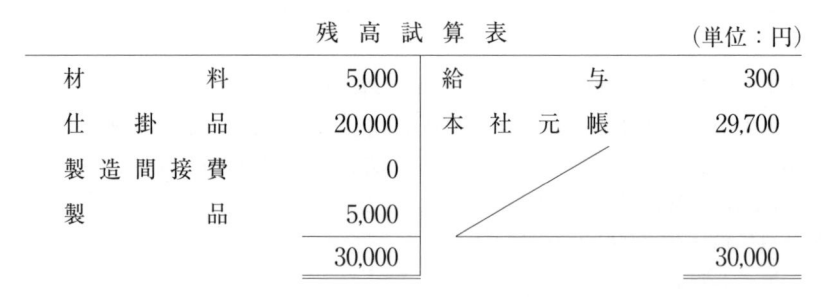

残 高 試 算 表			(単位：円)
材　　　料	5,000	給　　　与	300
仕　掛　品	20,000	本 社 元 帳	29,700
製 造 間 接 費	0		
製　　　品	5,000		
	30,000		30,000

　この製作所の本社および工場の10月中における取引を次のとおりとして，工場において行われる仕訳を行いなさい。ただし，解答に使用する勘定科目は上記残高試算表に示されたものに限る。

　なお，材料の購入と製品の販売は本社が行うが，本社工場間で内部利益は付加していない。

（月間の取引）

(a) 材料の購入40,000円。現品は工場で検品のうえ受け入れた。

(b) 材料の払い出し（直接材料）30,000円。

(c) 工場従業員へ給与支給25,000円。うち，5,000円は預り金。本社で20,000円の小切手を振り出した。

(d) 工場で労務費計上，直接費30,000円，間接費5,000円。

(e) 製造間接費を各製品に配賦した（直接労務費の150％）。

(f) 本社で機械等製造設備の減価償却費を9,000円計上し，この旨を工場に通知した。

(g) 製品完成100,000円。

(h) 製品庫出100,000円。売価で120,000円を得意先へ発送。

工場で行う仕訳

	借 方 科 目	金 額	貸 方 科 目	金 額
(a)				
(b)				
(c)				
(d)				
(e)				
(f)				
(g)				
(h)				

解答〈110〉ページ

問題22-4 ★★★

三崎製作所（本社神奈川県）は群馬県に工場をもっており，本社と工場はそれぞれ独立した会計をとっている。3月1日における群馬工場の元帳諸勘定残高は次のとおりである。

<table>
<tr><td colspan="4" style="text-align:center">残 高 試 算 表</td><td style="text-align:right">（単位：円）</td></tr>
<tr><td>材　　　　料</td><td style="text-align:right">21,400</td><td>賃 金 給 料</td><td style="text-align:right">32,000</td></tr>
<tr><td>仕 　掛 　品</td><td style="text-align:right">39,600</td><td>本 社 元 帳</td><td style="text-align:right">29,000</td></tr>
<tr><td>製 造 間 接 費</td><td style="text-align:right">0</td><td></td><td></td></tr>
<tr><td></td><td style="text-align:right">61,000</td><td></td><td style="text-align:right">61,000</td></tr>
</table>

次の(1)～(5)は，本製作所の3月における取引の一部である。群馬工場において行われる仕訳を示しなさい（仕訳が不要の場合は，「仕訳なし」と解答欄に記入すること）。ただし，群馬工場で使用する勘定科目は上記残高試算表に示されているものに限るものとする。なお，材料の購入など支払い関係はすべて本社が行っており，本社工場間で内部利益は付加していない。

(1) 群馬工場は，素材20,000円をメッキ加工のため，無償で協力会社のS工業に引き渡した。このとき，この素材を通常の出庫票で出庫した。

(2) 協力会社に外注してあった(1)の素材がメッキ加工ののち納品されたので，群馬工場は，これを検査後ただちに製造現場に引き渡した。当月分の請求書金額は40,000円であり，来月末に支払う予定である。

(3) 群馬工場は，当月の機械・設備関係の減価償却費を計上した。本社からの通知によれば，減価償却費の年間見積額は720,000円である。

(4) 当月の福利施設関係の費用は259,000円であった。本社がその5分の3を負担し，残りを群馬工場の負担とする旨の連絡が本社からあったので，群馬工場は承認した。

(5) 製品210,000円が完成した。群馬工場はこれをただちに得意先のN商事へ300,000円で発送し，その旨を本社に連絡した。

▼ 解答欄

	借　方　科　目	金　　額	貸　方　科　目	金　　額
(1)				
(2)				
(3)				
(4)				
(5)				

解答〈110〉ページ

複合問題編

日商簿記 **2** 級 工業簿記

複合問題

第1問	目標時間　25分

　以下の **[資料]** にもとづいて，解答欄の(1)総勘定元帳の（　　）内に適切な金額を記入するとともに，(2)各金額を求めなさい。製造間接費は予定配賦しており，配賦差異は当月の売上原価に賦課する。なお，当月の配賦差異は22,000円（貸方）であった。

[資　料]

1．棚卸資産有高

	月初有高	月末有高
素材	711,000円	842,000円
部品	143,000円	296,000円
補修用材料	12,000円	15,000円
燃料	24,000円	12,000円
仕掛品	738,000円	1,119,000円
製品	541,000円	889,000円

2．当月中の支払高等

素材仕入高	1,726,000円
部品仕入高	926,000円
補修用材料仕入高	67,000円
燃料仕入高	182,000円
直接工賃金当月支払高	1,935,000円
直接工賃金前月未払高	272,000円
直接工賃金当月未払高	312,000円
間接工賃金当月支払高	381,000円
間接工賃金前月未払高	47,000円
間接工賃金当月未払高	89,000円
工場消耗品（購入額）	37,000円
水道光熱費（測定額）	98,000円
保険料（月割額）	153,000円
減価償却費（月割額）	590,000円

(1)

（単位：円）

材　　料

月 初 有 高	（　　　）	消 費 高	（　　　）
仕 入 高	（　　　）	月 末 有 高	（　　　）
	（　　　）		（　　　）

賃　　金

支 払 高	（　　　）	月初未払高	（　　　）
月末未払高	（　　　）	消 費 高	（　　　）
	（　　　）		（　　　）

製 造 間 接 費

間接材料費	（　　　）	予定配賦額	（　　　）
間接労務費	（　　　）		
間接経費	（　　　）		
配賦差異	（　　　）		
	（　　　）		（　　　）

製　　品

月 初 有 高	（　　　）	販 売 高	（　　　）
完 成 高	（　　　）	月 末 有 高	（　　　）
	（　　　）		（　　　）

仕 掛 品

月 初 有 高	（　　　）	完 成 高	（　　　）
直接材料費	（　　　）	月 末 有 高	（　　　）
直接労務費	（　　　）		
製造間接費	（　　　）		
	（　　　）		（　　　）

売 上 原 価

販 売 高	（　　　）	配賦差異	（　　　）
		損　　益	（　　　）
	（　　　）		（　　　）

損　　益

売 上 原 価	（　　　）	売 上 高	9,970,000
販売費及び一般管理費	1,204,000		
営 業 利 益	（　　　）		
	（　　　）		（　　　）

(2)

当月総製造費用 ＝ [　　　　　　　　　] 円

当月製品製造原価 ＝ [　　　　　　　　　] 円

解答・解説〈112〉ページ

第2問	目標時間 20分

　製品Xを量産する当社では，実際単純総合原価計算を行っている。次の資料にもとづいて，解答欄の総合原価計算表を完成させなさい。なお，当社では，原価投入額を完成品原価と月末仕掛品原価に配分するために先入先出法を用いている。また，加工費は直接作業時間を配賦基準として予定配賦（正常配賦）している。

1．当月の生産実績データ

月 初 仕 掛 品	100	台	(0.3)
当 月 投 入	950		
合　　計	1,050	台	
月 末 仕 掛 品	200		(0.5)
当 月 完 成 品	850	台	
合　　計	1,050	台	

　（注）（　　）内の数値は加工進捗度を示している。

2．製品Xを製造するのに必要なA材料は工程の始点で投入され，B材料は工程の進捗度0.4の地点で投入され，C材料は工程の終点で投入される。

3．加工費年間予定額は4,560,000円であり，予定直接作業時間（年間）は22,800時間である。

4．当月の実際直接作業時間は1,840時間であり，加工費の実際発生額は372,600円であった。

総 合 原 価 計 算 表　　　　　（単位：円）

	Ａ 材 料 費	Ｂ 材 料 費	Ｃ 材 料 費	加 工 費	合 計
月初仕掛品原価	55,500	0	0	11,700	67,200
当月製造費用	513,000	252,000	19,000		
合 計					
月末仕掛品原価					
完成品総合原価					

解答・解説〈117〉ページ

| 第3問 | 目標時間　25分 | | | |

当社は実際個別原価計算を採用している。以下の **[資料]** にもとづいて，答案用紙に示した当月の(1)〜⑽の仕訳を行いなさい。ただし，勘定科目は，次の中から最も適当と思われるものを選ぶこと。

〈指定勘定科目〉材料　賃金　製造間接費　仕掛品　原価差異

[材料および賃金に関する資料]

1．当月の予定消費額

主要材料は，予定消費価格2,500円を用いて予定消費額を計算している。なお，主要材料は直接材料費として800kg，間接材料費として100kgを消費した。

直接工は，予定消費賃率3,000円を用いて予定消費額を計算している。なお，直接工の実際直接作業時間は1,600時間，実際間接作業時間は200時間であった。

2．当月の実際消費額

	主要材料	補助材料		直接工	間接工
月 初 棚 卸 高	@2,450円×400kg	335,000円	月 初 未 払 高	1,732,000円	214,000円
当 月 買 入 高	@2,600円×800kg	434,000円	当 月 支 払 高	5,480,000円	625,000円
当 月 払 出 高	900kg	各自算定	月 末 未 払 高	1,752,000円	194,000円
月末実地棚卸高	290kg	263,000円			
消費数量の算定	継続記録法	棚卸計算法			
消費価格の計算	平 均 法	──			

[製造間接費に関する資料]

製造間接費は直接作業時間を配賦基準として予定配賦（正常配賦）している。公式法変動予算にもとづく年間予算は36,000,000円（変動費10,800,000円，固定費25,200,000円），年間正常直接作業時間は18,000時間と予定されている。また，当月の実際発生額は，間接材料費756,000円，間接労務費1,205,000円，間接経費1,539,000円であり，製造間接費の総額は3,500,000円であった。

▼ 解答欄

⑴　主要材料消費時の仕訳

⑵　材料消費価格差異計上の仕訳

⑶　主要材料の棚卸減耗費計上の仕訳（棚卸減耗は正常なものである）

⑷　補助材料消費時の仕訳

⑸　直接工の賃金消費時の仕訳

⑹　労働賃率差異計上時の仕訳

⑺　間接工の賃金消費時の仕訳

⑻　製造間接費予定配賦の仕訳

⑼　製造間接費予算差異計上の仕訳

⑽　製造間接費操業度差異計上の仕訳

	仕		訳	
	借 方 科 目	金 額	貸 方 科 目	金 額
(1)				
(2)				
(3)				
(4)				
(5)				
(6)				
(7)				
(8)				
(9)				
(10)				

解答・解説〈119〉ページ

第4問	目標時間　20分

　東北工業（本社東京都）は福島工場をもち，本社と工場は独立した会計を行っている。材料の倉庫は工場にあり，製品の倉庫は本社にある。材料の購入や従業員に対する給与支払いは本社で行っている。なお，工場元帳には，次の勘定が設定されている。

材　　　料　　賃金・給料　　仕　掛　品　　製　造　間　接　費　　本　社　元　帳

　1月中の一連の取引について，福島工場で行われる仕訳を示しなさい。

1．掛けで購入した素材10,000kg（購入代価@197円）を検査のうえで倉庫に受け入れた。なお，購入にさいして，本社は30,000円の引取運賃を支払っている。

2．素材費は実際払出価格を用いて計算している。当月の実際消費量は7,890kgであり，そのうち製造指図書№101向けの実際消費量は2,625kg，製造指図書№102向けの実際消費量は3,750kg，製造指図書№103向けの実際消費量は1,125kg，すべての製造指図書に共通の実際消費量は390kgであった。なお，月初における素材の繰越高はなかった。

3．直接工賃金の計算には，作業時間当たり1,000円の予定平均賃率を用いている。当月の実際作業時間は1,210時間であり，そのうち製造指図書№101向けの実際直接作業時間は468時間，製造指図書№102向けの実際直接作業時間は450時間，製造指図書№103向けの実際直接作業時間は270時間，すべての製造指図書に共通の実際間接作業時間は20時間，手待時間は2時間であった。

4．直接作業時間を配賦基準として，製造間接費を各製造指図書に予定配賦した。なお，製造間接費年間予算は，37,440,000円であり，年間予定直接作業時間は14,400時間である。

5．製造指図書№101と製造指図書№102が完成した。ただし，当月の製造費用は上記のみであり，製造指図書№101には前月の製造費用651,000円が繰り越されてきている。

	仕		訳	
	借 方 科 目	金 額	貸 方 科 目	金 額
1				
2				
3				
4				
5				

解答・解説〈121〉ページ

理解度チェック

　当工場は2つの工程を経て，同種の等級製品である製品Xおよび製品Yを量産している。原料はすべて第1工程の始点で投入され，第1工程の加工を終えた全量が第2工程に振り替えられる。第2工程が最終工程であり，第2工程の完成品が，さらに製品Xと製品Yとに区別される。次のデータにもとづいて，答案用紙の⑴各金額を計算するとともに，⑵仕掛品勘定の記入を完成させなさい。

[当月の生産データ]

	第1工程	第2工程
月 初 仕 掛 品	400個　（80％）	600個　（50％）
当 月 投 入	1,620個	1,500個
計	2,020個	2,100個
正 常 減 損	20個	――
月 末 仕 掛 品	500個　（60％）	500個　（50％）
完 成 品	1,500個	1,600個

[当月の原価データ]

		第1工程	第2工程
月初仕掛品原価	原 料 費	85,000円	――
	前 工 程 費	――	180,000円
	加 工 費	68,000円	34,000円
当 月 製 造 費 用	原 料 費	315,000円	――
	前 工 程 費	――	各自算定
	加 工 費	202,000円	186,000円

（注1）（　　）内の数値は加工進捗度である。

（注2）累加法による工程別原価計算を行っており，月末仕掛品の評価は第1工程が平均法，第2工程が先入先出法による。

（注3）正常減損は度外視法により計算する。なお，第1工程の正常減損は工程の途中で発生したため，完成品と月末仕掛品の両者に正常減損費を負担させる。

（注4）第2工程の完成品は製品Xが800個，製品Yが800個であり，製品Xの等価係数は1，製品Yの等価係数は0.5である。なお，第2工程の完成品総合原価を製品Xと製品Yとに区別するさい，等価係数を各等級製品の完成品数量に乗じた積数の比をもって按分すること。

(1)

第1工程月末仕掛品原価 = [　　　　　　] 円

第1工程完了品総合原価 = [　　　　　　] 円

第2工程月末仕掛品原価 = [　　　　　　] 円

第2工程完成品総合原価 = [　　　　　　] 円

製品Xの完成品単位原価 = [　　　　　　] 円/個

製品Yの完成品単位原価 = [　　　　　　] 円/個

(2)

仕 掛 品		（単位：円）	
月 初 有 高	367,000	X 製 品 （ ）	
原 料 費	315,000	Y 製 品 （ ）	
加 工 費 （ ）		月 末 有 高 （ ）	
（ ）		（ ）	

解答・解説〈124〉ページ

第6問	目標時間　25分			

　製品Aを連続大量生産する当工場では，標準原価計算を採用している。次の**［資料］**にもとづいて，下記の文章の①〜⑪には適切な数値を，⑫には原価差異の名称を，また@〜ⓗには「借方」「貸方」のいずれかを記入しなさい。

［資　料］

1．年間の標準と予算に関する資料

　　　直 接 材 料 費 の 標 準 価 格：600円/kg

　　　直 接 材 料 費 の 標 準 消 費 量：10kg/個

　　　直 接 労 務 費 の 標 準 賃 率：1,000円/時間

　　　直接労務費の標準直接作業時間：3時間/個

　　　製 造 間 接 費 年 間 予 算：122,400,000円

　　　（注）製造間接費は直接作業時間を基準として製品に配賦する。なお，公式法変動予算を設定しており，年間の正常直接作業時間は72,000時間，変動費予算は57,600,000円，固定費予算は64,800,000円である。

2．当月の生産に関する資料

　　　当 月 製 品 完 成 量：1,900個

　　　月 末 仕 掛 品 量：200個（2/5）

　　　月 初 仕 掛 品 量：300個（1/2）

　　　（注1）直接材料は工程の始点で投入される。

　　　（注2）（　　）内の数値は加工進捗度を示している。

3．当月の実際発生額に関する資料

　　　直 接 材 料 費：10,557,000円（実際消費量：18,200kg）

　　　直 接 労 務 費：5,754,000円（実際直接作業時間：5,480時間）

　　　製 造 間 接 費：9,519,000円

　標準原価計算を採用した場合，あらかじめ科学的・統計的な分析調査によって原価標準を設定し，毎月の製品原価はこれをもとに標準原価で計算される。

　当工場の場合の原価標準は（①）円である。当月の原価計算期間における標準原価は（②）円であり，月末において実際原価を集計した場合，（③）円となる。この②と③の差額を標準原価差異といい，（④）円の（@）差異である。

　これを原価管理のために，原価要素ごとに価格面の差異と数量面の差異に分析してみると，直接材料費価格差異は（⑤）円の（ⓑ）差異，消費量差異は（⑥）円の（ⓒ）差異である。直接労務費賃率差異は（⑦）円の（ⓓ）差異，時間差異は（⑧）円の（ⓔ）差異である。また，製造間接費予算差異は（⑨）円の（ⓕ）差異，能率差異は（⑩）円の（ⓖ）差異，操業度差異は（⑪）円の（ⓗ）差異である。ただし，能率差異は変動費と固定費からなるものとして計算している。

　この差異分析の結果，判明した原価差異のうち最も絶対値が大きい差異は（⑫）差異である。

①	②	③	④	ⓐ
⑤	ⓑ	⑥	ⓒ	⑦
ⓓ	⑧	ⓔ	⑨	ⓕ
⑩	ⓖ	⑪	ⓗ	⑫

解答・解説〈125〉ページ

| 第7問 | 目標時間　20分 | | | |

当工場では，実際原価計算を採用しており，直接作業時間を配賦基準として製造間接費を予定配賦（正常配賦）している。以下の製造間接費に関する資料にもとづいて，各問いに答えなさい。

[年間の予算に関する資料]

1．年間正常直接作業時間　……　　3,600時間（1カ月あたり300時間）
2．年間製造間接費予算　……　19,440,000円（1カ月あたり1,620,000円）

[当月の実績に関する資料]

1．当月実際直接作業時間　……　　　280時間
2．製造間接費実際発生額　……　1,530,000円

問1　当月の製造間接費勘定の（　　）内に適当な数字を記入しなさい。

問2　製造間接費予算は，当工場の過去6カ月の製造間接費に関する実績データにもとづいて見積られたものである。これを高低点法により，固定費と変動費に分解してみることにした。よって，変動費率と月間固定費はいくらになるかを計算しなさい。なお，過去6カ月の月間最高値は直接作業時間330時間（製造間接費は1,674,000円），最低値は直接作業時間270時間（製造間接費は1,566,000円）であった。

問3　問2の数値にもとづいて，当月の配賦差異について公式法変動予算を前提として分析した場合，予算差異と操業度差異はいくらになるかを計算しなさい。

問1

製 造 間 接 費 （単位：円）

実 際 発 生 額 （　　　　）	予 定 配 賦 額 （　　　　）
予 算 差 異 （　　　　）	操 業 度 差 異 （　　　　）
（　　　　）	（　　　　）

問2

変 動 費 率：　[　　　　　　　] 円/時間

月 間 固 定 費：　[　　　　　　　] 円

問3

予 算 差 異：　[　　　　　　　] 円 （ 借方, 貸方 ）

操 業 度 差 異：　[　　　　　　　] 円 （ 借方, 貸方 ）

（注）借方，貸方のうち不要なものを二重線で消すこと。

解答・解説〈128〉ページ

第8問　　　　　　　　　　　　　　　　　　　　　　目標時間　25分

　当工場は製品Hを連続生産している。次の[**資料**]にもとづいて各問いに答えなさい。販売単価は@3,000円である。なお，月初に仕掛品および製品の在庫はなかった。また，製造直接費はすべて変動費として計算すること。

[**資　料**]

　1．当月の生産・販売データ

生産データ		販売データ	
当月完成品量	2,000個	当月製品販売量	1,800個
月末仕掛品量	0個	月末製品在庫量	200個

　2．当月の原価データ

製造原価		販売費・一般管理費	
直接材料費	640,000円	変動販売費	222,000円
直接労務費	400,000円	固定販売費	399,000円
変動製造間接費	？円	固定一般管理費	701,000円
固定製造間接費	？円		

（注）製造間接費は製品生産量を基準に予定配賦しており，年間の予定生産量は25,200個，年間の製造間接費変動費予算額は8,568,000円，固定費予算額は10,584,000円であった。また，製造間接費実際発生額のうち，変動費は710,000円，固定費は900,000円であった。ただし，原価差異は当月の売上原価に賦課すること。

問1　全部原価計算による損益計算書を完成させなさい。

問2　直接原価計算による損益計算書を完成させなさい。

問3　全部原価計算と直接原価計算の営業利益の違いについて，答案用紙に適切な用語を記入しなさい。ただし，次の中から選択すること。

直接材料費　　　直接労務費　　　変動製造間接費　　　固定製造間接費

問4　問3の金額を答えなさい。

問1

月 次 損 益 計 算 書 (単位：円)

Ⅰ 売 上 高	(	)
Ⅱ 売 上 原 価	(	)
売 上 総 利 益	(	)
Ⅲ 販売費・一般管理費	(	)
営 業 利 益	(	)

問2

月 次 損 益 計 算 書 (単位：円)

Ⅰ 売 上 高		( )
Ⅱ 変 動 費		
変 動 売 上 原 価	( )	
変 動 販 売 費	( )	( )
貢 献 利 益		( )
Ⅲ 固 定 費		
固 定 製 造 原 価	( )	
固定販売費・一般管理費	( )	( )
営 業 利 益		( )

問3

　全部原価計算と直接原価計算の営業利益の違いは，期末棚卸資産に含まれる（　　　　　　　　　　）の分である。

問4

円

解答・解説〈129〉ページ

MEMO

MEMO

よくわかる簿記シリーズ

ごうかく
合格トレーニング　日商簿記2級工業簿記　Ver.9.0

1999年12月10日　初　版　第1刷発行
2021年3月22日　第10版　第1刷発行

編　著　者	ＴＡＣ株式会社	
	（簿記検定講座）	
発　行　者	多　　田　　敏　　男	
発　行　所	ＴＡＣ株式会社　出版事業部	
	（ＴＡＣ出版）	

〒101−8383
東京都千代田区神田三崎町3−2−18
電話 03（5276）9492（営業）
FAX 03（5276）9674
https://shuppan.tac-school.co.jp

組　　版	朝日メディアインターナショナル株式会社
印　　刷	株式会社　ワコープラネット
製　　本	株式会社　常　川　製　本

© TAC 2021　　　　Printed in Japan　　　　ISBN 978−4−8132−9605−8
N.D.C.336

簿記検定講座のご案内

選べる学習メディアでご自身に合うスタイルでご受講ください！

通学講座

| 3級コース | 3・2級コース | 2級コース | 1級コース | 1級上級・アドバンスコース |

教室講座　通って学ぶ

定期的な日程で通学する学習スタイル。常に講師と接することができるという教室講座の最大のメリットがありますので、疑問点はその日のうちに解決できます。また、勉強仲間との情報交換も積極的に行えるのが特徴です。

ビデオブース講座　通って学ぶ／予約制

ご自身のスケジュールに合わせて、TACのビデオブースで学習するスタイル。日程を自由に設定できるため、忙しい社会人に人気の講座です。

直前期教室出席制度
直前期以降、教室受講に振り替えることができます。

| 無料体験入学 | ご自身の目で、耳で体験し納得してご入学いただくために、無料体験入学をご用意しました。 |
| 無料講座説明会 | もっとTACのことを知りたいという方は、無料講座説明会にご参加ください。 |

無 料
予約不要※

※ビデオブース講座の無料体験入学は要予約。
無料講座説明会は一部校舎では要予約。

通信講座

| 3級コース | 3・2級コース | 2級コース | 1級コース | 1級上級・アドバンスコース |

Web通信講座　スマホやタブレットにも対応／見て学ぶ

教室講座の生講義をブロードバンドを利用し動画で配信します。ご自身のペースに合わせて、24時間いつでも何度でも繰り返し受講することができます。また、講義動画はダウンロードして2週間視聴可能です。有効期間内は何度でもダウンロード可能です。
※Web通信講座の配信期間は、お申込コースの目標月の翌月末までです。

WEB SCHOOL ホームページ
URL https://portal.tac-school.co.jp/
※お申込み前に、左記のサイトにて必ず動作環境をご確認ください。

DVD通信講座　見て学ぶ

講義を収録したデジタル映像をご自宅にお届けします。講義の臨場感をクリアな画像でご自宅にて再現することができます。
※DVD-Rメディア対応のDVDプレーヤーでのみ受講が可能です。パソコンゲーム機での動作保証はいたしておりません。

Webでも無料配信中！　スマホ・タブレット／パソコン
「TAC動画チャンネル」

- 講座説明会　※収録内容の変更のため、配信されない期間が生じる場合がございます。
- 1回目の講義（前半分）が視聴できます

詳しくは、TACホームページ「TAC動画チャンネル」をクリック！

| TAC動画チャンネル　簿記 | 検索 |

https://www.tac-school.co.jp/kouza_boki/tacchannel.html

コースの詳細は、簿記検定講座パンフレット・TACホームページをご覧ください。

パンフレットのご請求・お問い合わせは、TACカスタマーセンターまで

通話無料　0120-509-117　ゴウカク　イイナ
受付時間　月～金　土・日・祝　10:00~17:00
※携帯電話からもご利用になれます。

TAC簿記検定講座ホームページ　| TAC 簿記 | 検索 |
https://www.tac-school.co.jp/kouza_boki/

簿記検定講座

お手持ちの教材がそのまま使用可能!
【テキストなしコース】のご案内

TAC簿記検定講座のカリキュラムは市販の教材を使用しておりますので、こちらのテキストを使ってそのまま受講することができます。独学では分かりにくかった論点や本試験対策も、TAC講師の詳しい解説で理解度も120%UP!本試験合格に必要なアウトプット力が身につきます。独学との差を体感してください。

左記の各メディアが【テキストなしコース】でお得に受講可能!

こんな人にオススメ!

- ● テキストにした書き込みをそのまま活かしたい!
- ● これ以上テキストを増やしたくない!
- ● とにかく受講料を安く抑えたい!

※お申込前に必ずお手持ちのテキストのバージョンをご確認ください。場合によっては最新のものに買い直していただくことがございます。詳細はお問い合わせください。

お手持ちの教材をフル活用!!

合格テキスト

合格トレーニング

会計業界への就職・転職支援サービス TPB

TACの100%出資子会社であるTACプロフェッションバンク（TPB）は、会計・税務分野に特化した転職エージェントです。勉強された知識とご希望に合ったお仕事を一緒に探しませんか？相談だけでも大歓迎です！どうぞお気軽にご利用ください。

人材コンサルタントが無料でサポート

Step1 相談受付
完全予約制です。HPからご登録いただくか、各オフィスまでお電話ください。

Step2 面談
ご経験やご希望をお聞かせください。あなたの将来について一緒に考えましょう。

Step3 情報提供
ご希望に適うお仕事があれば、その場でご紹介します。強制はいたしませんのでご安心ください。

正社員で働く

- ● 安定した収入を得たい
- ● キャリアプランについて相談したい
- ● 面接日程や入社時期などの調整をしてほしい
- ● 今就職すべきか、勉強を優先すべきか迷っている
- ● 職場の雰囲気など、求人票でわからない情報がほしい

キャリアUP　資格有

TACキャリアエージェント

https://tacnavi.com/

派遣で働く（関東のみ）

- ● 勉強を優先して働きたい
- ● 将来のために実務経験を積んでおきたい
- ● まずは色々な職場や職種を経験したい
- ● 家庭との両立を第一に考えたい
- ● 就業環境を確認してから正社員で働きたい

子育中　勉強中

TACの経理・会計派遣

https://tacnavi.com/haken/

※ご経験やご希望内容によってはご支援が難しい場合がございます。予めご了承ください。　※面談時間は原則お一人様30分とさせていただきます。

自分のペースでじっくりチョイス

正社員・アルバイトで働く

- ● 自分の好きなタイミングで就職活動をしたい
- ● どんな求人案件があるのか見たい
- ● 企業からのスカウトを待ちたい
- ● WEB上で応募管理をしたい

Webで

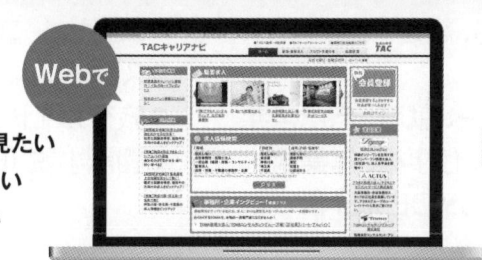

TACキャリアナビ

https://tacnavi.com/kyujin/

 TACプロフェッションバンク

東京オフィス	大阪オフィス	名古屋 登録会場
〒101-0051 東京都千代田区神田神保町 1-103 東京パークタワー 2F TEL.03-3518-6775	〒530-0013 大阪府大阪市北区茶屋町 6-20 吉田茶屋町ビル 5F TEL.06-6371-5851	〒450-0002 愛知県名古屋市中村区名駅 1-2-4 名鉄バスターミナルビル 10F TEL.0120-757-655

■ 有料職業紹介事業 許可番号13-ユ-010678　■ 一般労働者派遣事業 許可番号 (派)13-010932

1086572(07)

2020年2月現在

TAC出版 書籍のご案内

TAC出版では、資格の学校TAC各講座の定評ある執筆陣による資格試験の参考書をはじめ、資格取得者の開業法や仕事術、実務書、ビジネス書、一般書などを発行しています!

TAC出版の書籍

*一部書籍は、早稲田経営出版のブランドにて刊行しております。

資格・検定試験の受験対策書籍

- ✪ 日商簿記検定
- ✪ 建設業経理士
- ✪ 全経簿記上級
- ✪ 税理士
- ✪ 公認会計士
- ✪ 社会保険労務士
- ✪ 中小企業診断士
- ✪ 証券アナリスト
- ✪ ファイナンシャルプランナー(FP)
- ✪ 証券外務員
- ✪ 貸金業務取扱主任者
- ✪ 不動産鑑定士
- ✪ 宅地建物取引士
- ✪ マンション管理士
- ✪ 管理業務主任者
- ✪ 司法書士
- ✪ 行政書士
- ✪ 司法試験
- ✪ 弁理士
- ✪ 公務員試験(大卒程度・高卒者)
- ✪ 情報処理試験
- ✪ 介護福祉士
- ✪ ケアマネジャー
- ✪ 社会福祉士　ほか

実務書・ビジネス書

- ✪ 会計実務、税法、税務、経理
- ✪ 総務、労務、人事
- ✪ ビジネススキル、マナー、就職、自己啓発
- ✪ 資格取得者の開業法、仕事術、営業術
- ✪ 翻訳書 (T's BUSINESS DESIGN)

一般書・エンタメ書

- ✪ エッセイ、コラム
- ✪ スポーツ
- ✪ 旅行ガイド (おとな旅プレミアム)
- ✪ 翻訳小説 (BLOOM COLLECTION)

日商簿記検定試験対策書籍のご案内

TAC出版の日商簿記検定試験対策書籍は、学習の各段階に対応していますので、あなたの
ステップに応じて、合格に向けてご活用ください!

3タイプのインプット教材

①

簿記を専門的な知識に
していきたい方向け

● **満点合格を目指し**
次の級への土台を築く

「合格テキスト」&「合格トレーニング」

● 大判のB5判、3級〜1級累計300万部超の、信頼の定番テキスト&トレーニング!
TACの教室でも使用している公式テキストです。

● 出題論点はすべて網羅しているので、簿記をきちんと学んでいきたい方にぴったりです!

◆3級　□2級 商簿、2級 工簿　■1級 商・会 各3点、1級 工・原 各3点

②

スタンダードにメリハリ
つけて学びたい方向け

● **教室講義のような**
わかりやすさでしっかり学べる

「簿記の教科書」&「簿記の問題集」　滝澤 ななみ 著

● A5判、4色オールカラーのテキスト&模擬試験つき問題集!

● 豊富な図解と実例つきのわかりやすい説明で、もうモヤモヤしない!!

◆3級　□2級 商簿、2級 工簿　■1級 商・会 各3点、1級 工・原 各3点

DVDの併用で、
さらに理解が
深まります!

『簿記の教科書DVD』

● 「簿記の教科書」3、2級の準拠DVD。
わかりやすい解説で、合格力が短時間
で身につきます!

◆3級　□2級 商簿、2級 工簿

③

気軽に始めて、早く全体像を
つかみたい方向け

● **初学者でも楽しく続けられる!**

「スッキリわかる」

テキスト/問題集一体型

滝澤 ななみ 著（1級は商・会のみ）

● 小型のA5判によるテキスト/問題集一体型。これ一冊でOKの、
圧倒的に人気の教材です。

● 豊富なイラストとわかりやすいレイアウト! かわいいキャラの
「ゴエモン」と一緒に楽しく学べます。

◆3級　□2級 商簿、2級 工簿　■1級 商・会 4点、1級 工・原 4点

DVDの併用で、
さらに理解が
深まります!

『スッキリわかる 講義DVD』

● 「スッキリわかる」3、2級の準拠DVD。
超短時間でも要点はのがさず解説。
3級10時間、2級14時間＋10時間で合
格へひとっとび。

◆3級　□2級 商簿、2級 工簿

シリーズ待望の問題集が誕生!

「スッキリとける本試験予想問題集」

滝澤 ななみ 監修　TAC出版開発グループ 編著

● 本試験タイプの予想問題9回分を掲載

◆3級　□2級

TAC出版

コンセプト問題集

● **得点力をつける!**

『みんなが欲しかった! やさしすぎる解き方の本』

B5判　滝澤 ななみ 著

● 授業で解き方を教わっているような 新感覚問題集。再受験にも有効。

◆3級　□2級

本試験対策問題集

● **本試験タイプの問題集**

『合格するための本試験問題集』

（1級は過去問題集）

B5判

● 12回分（1級は14回分）の問題を収載。ていねいな「解答への道」、各問対策が充実。

◆3級　□2級　■1級

● **知識のヌケをなくす!**

『まるっと完全予想問題集』

（1級は網羅型完全予想問題集）

A4判

● オリジナル予想問題（3級10回分、2級12回分、1級8回分）で本試験の重要出題パターンを網羅。

● 実力養成にも直前の本試験対策にも有効。

◆3級　□2級　■1級

直前予想

『第○回をあてるTAC直前予想模試』

A4判

● TAC講師陣による4回分の予想問題で最終仕上げ。

● 年3回（1級は年2回）、各試験に向けて発行します。

◆3級　□2級　■1級

あなたに合った合格メソッドをもう一冊!

仕訳 『究極の仕訳集』

B6変型判

● 悩む仕訳をスッキリ整理。ハンディサイズ、一問一答式で基本の仕訳を一気に覚える。

◆3級　□2級

仕訳 『究極の計算と仕訳集』

B6変型判　境 浩一朗 著

● 1級商会で覚えるべき計算と仕訳がすべてつまった1冊!

■1級 商・会

理論 『究極の会計学理論集』

B6変型判

● 会計学の理論問題を論点別に整理、手軽なサイズが便利です。

■1級 商・会、全経上級

電卓 『カンタン電卓操作術』

A5変型判　TAC電卓研究会 編

● 実践的な電卓の操作方法について、丁寧に説明します!

:本番とまったくおなじ環境でネット試験の演習ができる模擬試験プログラムつき（2級・3級）

・2021年3月現在　・刊行内容、表紙等は変更することがあります　・とくに記述がある商品以外は、TAC簿記検定講座編です

書籍の正誤についてのお問合わせ

万一誤りと疑われる箇所がございましたら、以下の方法にてご確認いただきますよう、お願いいたします。

なお、正誤のお問合わせ以外の書籍内容に関する解説・受験指導等は、**一切行っておりません。**
そのようなお問合わせにつきましては、お答えいたしかねますので、あらかじめご了承ください。

1 正誤表の確認方法

TAC出版書籍販売サイト「Cyber Book Store」の
トップページ内「正誤表」コーナーにて、正誤表をご確認ください。

CYBER TAC出版書籍販売サイト
BOOK STORE

URL：https://bookstore.tac-school.co.jp/

2 正誤のお問合わせ方法

正誤表がない場合、あるいは該当箇所が掲載されていない場合は、書名、発行年月日、お客様のお名前、ご連絡先を明記の上、下記の方法でお問合わせください。

なお、回答までに1週間前後を要する場合もございます。あらかじめご了承ください。

文書にて問合わせる

● 郵 送 先 　〒101-8383 東京都千代田区神田三崎町3-2-18
　　　　　　TAC株式会社 出版事業部 正誤問合わせ係

FAXにて問合わせる

● FAX番号 　**03-5276-9674**

e-mailにて問合わせる

● お問合わせ先アドレス 　**syuppan-h@tac-school.co.jp**

※お電話でのお問合わせは、お受けできません。また、土日祝日はお問合わせ対応をおこなっておりません。
※正誤のお問合わせ対応は、該当書籍の改訂版刊行月末日までといたします。

乱丁・落丁による交換は、該当書籍の改訂版刊行月末日までといたします。なお、書籍の在庫状況等により、お受けできない場合もございます。
また、各種本試験の実施の延期、中止を理由とした本書の返品はお受けいたしません。返金もいたしかねますので、あらかじめご了承くださいますようお願い申し上げます。

TACにおける個人情報の取り扱いについて
■お預かりした個人情報は、TAC(株)で管理させていただき、お問い合わせへの対応、当社の記録保管および当社商品・サービスの向上にのみ利用いたします。お客様の同意なしに業務委託先以外の第三者に開示、提供することはございません（法令等により開示を求められた場合を除く）。その他、個人情報保護管理者、お預かりした個人情報の開示等及びTAC(株)への個人情報の提供の任意性については、当社ホームページ(https://www.tac-school.co.jp)をご覧いただくか、個人情報に関するお問い合わせ窓口(E-mail:privacy@tac-school.co.jp)までお問合せください。

（2020年10月現在）

解答解説

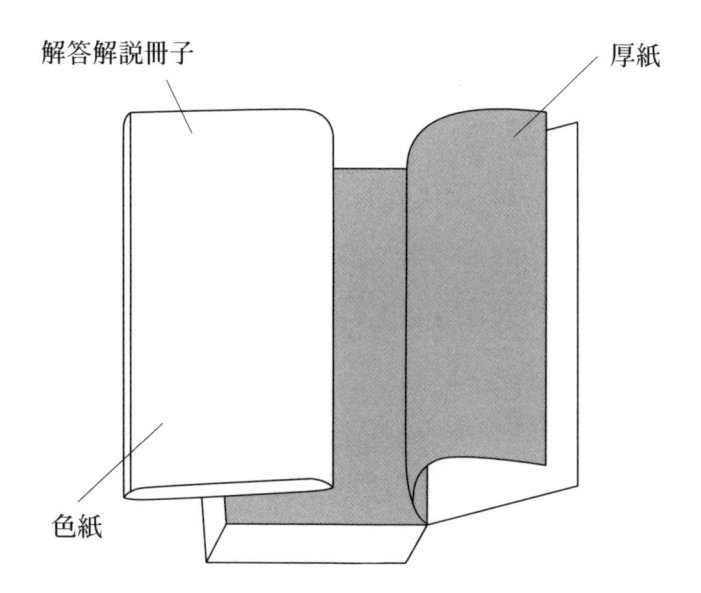

解答解説冊子

厚紙

色紙

〈解答編ご利用時の注意〉

厚紙から，冊子を取り外します。

※　冊子と厚紙が，のりで接着されています。乱暴
　　に扱いますと，破損する危険性がありますので，
　　丁寧に抜き取るようにしてください。

※　抜き取る際の損傷についてのお取替えはご遠慮
　　願います。

解答編

CONTENTS

Theme 01 工業簿記の基礎

問題1-1

① 〔**1**〕工場の工具に対する賃金
② 〔**1**〕工場で使用した電話料金
③ 〔**3**〕本社の電気代，ガス代，水道代
④ 〔**1**〕工場建物の減価償却費
⑤ 〔**1**〕製品の原料消費額
⑥ 〔**2**〕営業所の電気代，ガス代，水道代
⑦ 〔**3**〕本社の従業員の給料
⑧ 〔**2**〕新製品発表会の費用
⑨ 〔**3**〕本社の企画部費
⑩ 〔**1**〕製品の素材消費額
⑪ 〔**3**〕本社建物の減価償却費
⑫ 〔**2**〕営業所の従業員の給料
⑬ 〔**1**〕工場長の給料
⑭ 〔**1**〕工場の電気代，ガス代，水道代
⑮ 〔**2**〕営業所建物の減価償却費

解答への道

原価項目の分類（キーワード）
製 造 原 価：製造，工場，工具など
販　売　費：販売，営業所など
一般管理費：本社，企画，管理など

問題2-1

	借方科目	金　額	貸方科目	金　額
(1)	材　　　料	57,000	買　掛　金	57,000
(2)	仕　掛　品 製造間接費	40,000 17,000	材　　　料	57,000
(3)	賃　　　金	70,000	現　　　金	70,000
(4)	仕　掛　品 製造間接費	50,000 20,000	賃　　　金	70,000
(5)	経　　　費	23,000	当　座　預　金	23,000
(6)	仕　掛　品 製造間接費	5,000 18,000	経　　　費	23,000
(7)	仕　掛　品	55,000	製造間接費	55,000
(8)	製　　　品	126,000	仕　掛　品	126,000
(9)	売　掛　金 売　上　原　価	210,000 126,000	売　　　上 製　　　品	210,000 126,000
(10)	売　　　上 月　次　損　益	210,000 126,000	月　次　損　益 売　上　原　価	210,000 126,000

材　　　料

(1)買　掛　金	57,000	(2)諸　　　口	57,000

賃　　　金

(3)現　　　金	70,000	(4)諸　　　口	70,000

経　　　費

(5)当　座　預　金	23,000	(6)諸　　　口	23,000

仕　掛　品

(2)材　　　料	40,000	(8)製　　　品	126,000
(4)賃　　　金	50,000		
(6)経　　　費	5,000		
(7)製造間接費	55,000		

製　造　間　接　費

(2)材　　　料	17,000	(7)仕　掛　品	55,000
(4)賃　　　金	20,000		
(6)経　　　費	18,000		

製　　　品

(8)仕　掛　品	126,000	(9)売　上　原　価	126,000

売　上　原　価

(9)製　　　品	126,000	(10)月　次　損　益	126,000

売　　　上

(10)月　次　損　益	210,000	(9)売　掛　金	210,000

月　次　損　益

(10)売　上　原　価	126,000	(10)売　　　上	210,000

解答への道

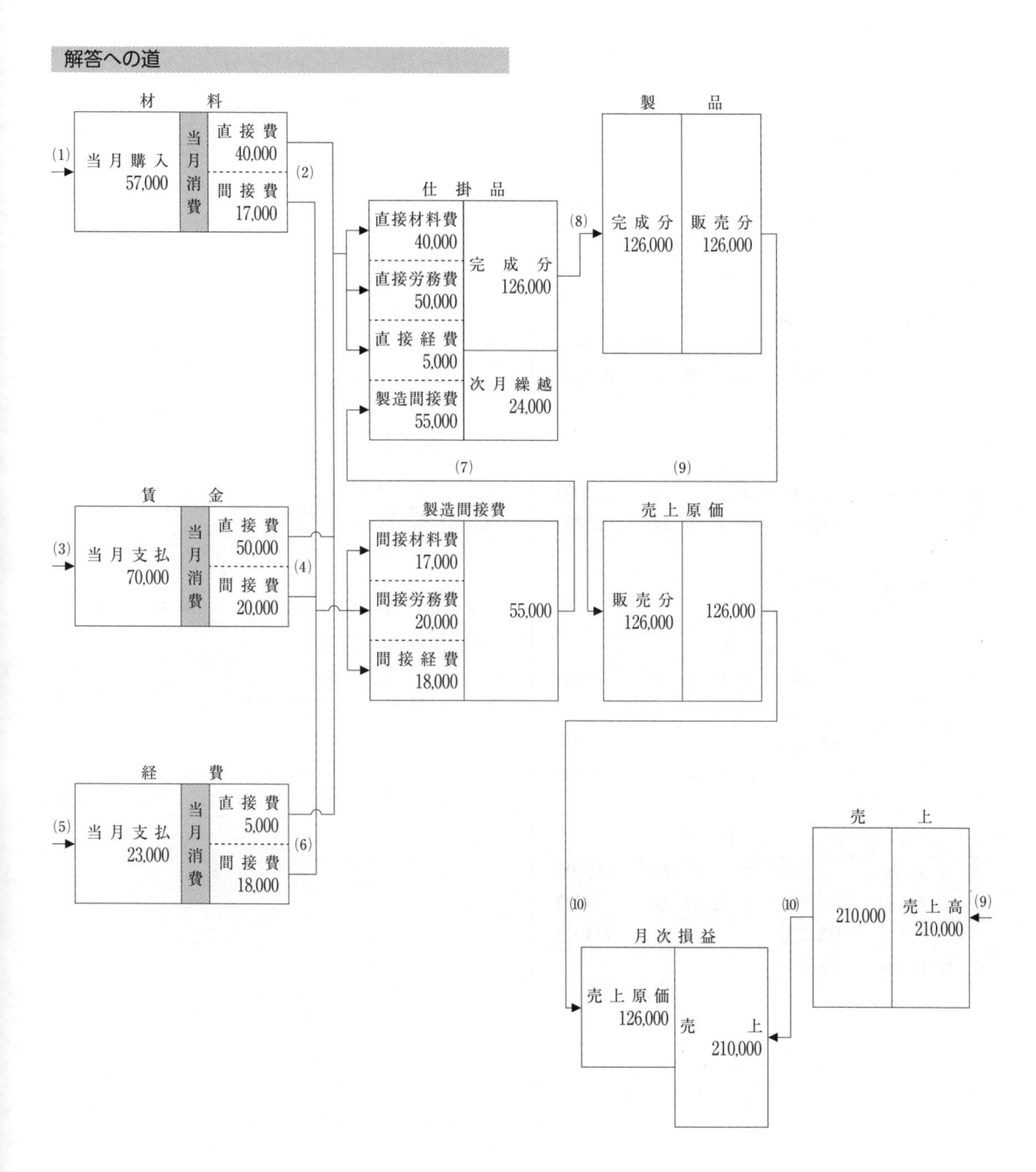

	借方科目	金　額	貸方科目	金　額
(1)	材　　　料	120,000	現　　　金	120,000
(2)	仕　掛　品 製造間接費	80,000 30,000	材　　　料	110,000
(3)	賃 金 給 料	180,000	現　　　金	180,000
(4)	仕　掛　品 製造間接費	140,000 35,000	賃 金 給 料	175,000
(5)	経　　　費	160,000	当 座 預 金	160,000
(6)	仕　掛　品 製造間接費	50,000 100,000	経　　　費	150,000
(7)	仕　掛　品	165,000	製造間接費	165,000
(8)	製　　　品	400,000	仕　掛　品	400,000
(9)	売　掛　金 売 上 原 価	600,000 360,000	売　　　上 製　　　品	600,000 360,000
(10)	売　　　上 月 次 損 益	600,000 360,000	月 次 損 益 売 上 原 価	600,000 360,000

材　　　料

前 月 繰 越	20,000	(2)諸　　　口	110,000
(1)現　　　金	120,000	次 月 繰 越	30,000
	140,000		140,000
前 月 繰 越	30,000		

賃 金 給 料

(3)現　　　金	180,000	前 月 繰 越	10,000
次 月 繰 越	5,000	(4)諸　　　口	175,000
	185,000		185,000
		前 月 繰 越	5,000

経　　　費

前 月 繰 越	18,000	(6)諸　　　口	150,000
(5)当 座 預 金	160,000	次 月 繰 越	28,000
	178,000		178,000
前 月 繰 越	28,000		

仕　掛　品

前 月 繰 越	35,000	(8)製　　　品	400,000
(2)材　　　料	80,000	次 月 繰 越	70,000
(4)賃 金 給 料	140,000		
(6)経　　　費	50,000		
(7)製造間接費	165,000		
	470,000		470,000
前 月 繰 越	70,000		

製 造 間 接 費

(2)材　　　料	30,000	(7)仕　掛　品	165,000
(4)賃 金 給 料	35,000		
(6)経　　　費	100,000		
	165,000		165,000

製　　　品

前 月 繰 越	30,000	(9)売 上 原 価	360,000
(8)仕　掛　品	400,000	次 月 繰 越	70,000
	430,000		430,000
前 月 繰 越	70,000		

売 上 原 価

(9)製　　　品	360,000	(10)月 次 損 益	360,000

売　　　上

(10)月 次 損 益	600,000	(9)売 掛 金	600,000

月 次 損 益

(10)売 上 原 価	360,000	(10)売　　　上	600,000

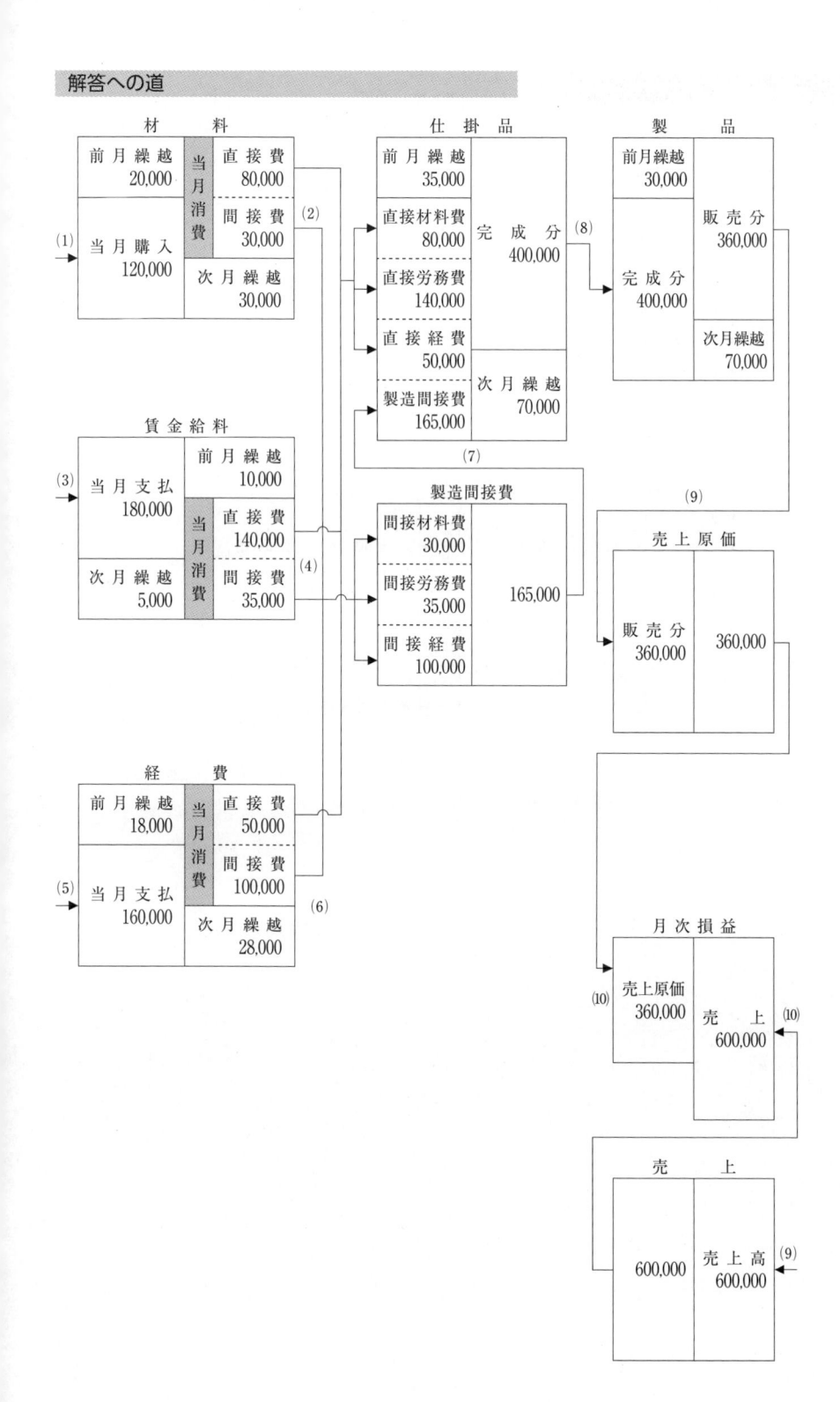

| ① | f | ② | i | ③ | a | ④ | g | ⑤ | h |
| ⑥ | e | ⑦ | d | ⑧ | b | ⑨ | c | ⑩ | j |

解答への道

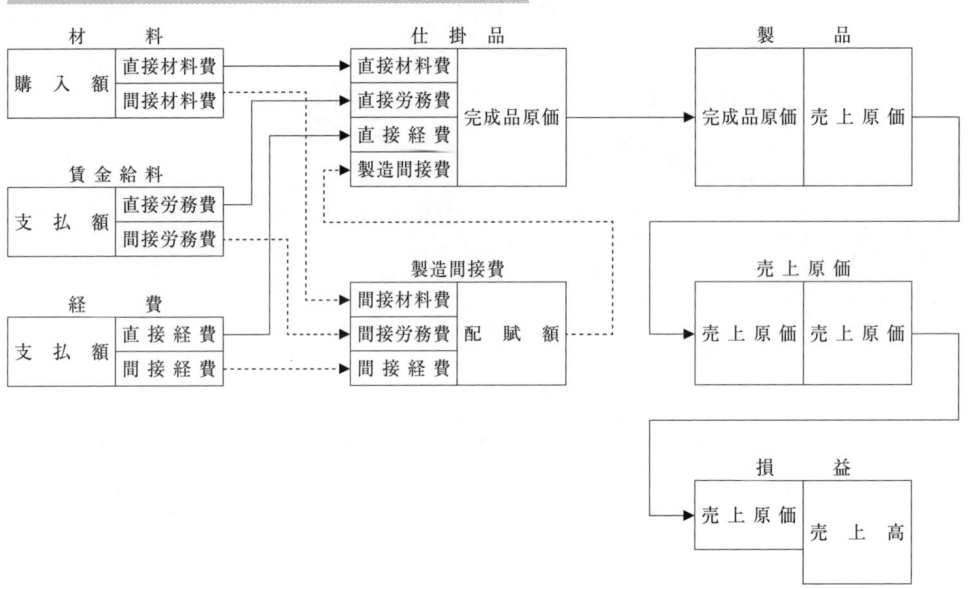

Theme
03 材料費（Ⅰ）

問題3-1

直接材料費　② ④ ⑥

間接材料費　① ③ ⑤

問題3-2

① 〔１〕製品にそのまま取り付ける部品の消費額
② 〔２〕工場で使用するドライバーや測定器具などの
　　　　作業工具・器具
③ 〔２〕製造用の切削油，機械油などの消費額
④ 〔１〕製品の本体を構成する素材の消費額
⑤ 〔２〕工場で利用する黒板，机，椅子
⑥ 〔２〕工場で使用する燃料の消費額
⑦ 〔２〕工場で使用する電球や蛍光灯
⑧ 〔２〕補修用鋼材の消費額
⑨ 〔２〕工具が製造用に使用する作業服や軍手
⑩ 〔１〕製品を製造するための原料の消費額

解答への道

① 〔１〕買入部品費
② 〔２〕消耗工具器具備品費
③ 〔２〕工場消耗品費
④ 〔１〕主要材料費
⑤ 〔２〕消耗工具器具備品費
⑥ 〔２〕補助材料費
⑦ 〔２〕工場消耗品費
⑧ 〔２〕補助材料費
⑨ 〔２〕工場消耗品費
⑩ 〔１〕主要材料費

問題3-3

	借方科目	金　額	貸方科目	金　額
5/ 2	材　　　料	750,000	買　掛　金	750,000
5/11	材　　　料	454,000	買　掛　金	450,000
			現　　　金	4,000
5/19	材　　　料	180,000	買　掛　金	180,000
5/28	買　掛　金	30,000	材　　　料	30,000

材　　　料

5/1 前 月 繰 越	246,000	5/28 買　掛　金	30,000
2 買　　掛　　金	750,000		
11 諸　　　　　口	454,000		
19 買　　掛　　金	180,000		

問題4-1

直接材料費　┃ 735,000 円 ┃

間接材料費　┃ 175,000 円 ┃

解答への道

直接材料費：甲製品・乙製品の製造のために消費した分
　　　　　　@350円×（1,200個 + 900個）= 735,000円

間接材料費：各製品の製造のために共通して消費した分
　　　　　　@350円×500個 = 175,000円

問題4-2

月間消費額　┃ 170,000 円 ┃　　帳簿棚卸高　┃ 30,000 円 ┃

	材		料	
前 月 繰 越	（ 20,000）	仕　掛　品	（ 170,000）
当 月 購 入	（ 180,000）	次 月 繰 越	（ 30,000）
	（ 200,000）		（ 200,000）

解答への道

月間消費額：@200円×850kg = 170,000円

帳簿棚卸高：@200円×（100kg + 900kg − 850kg）
　　　　　　　　　　　　帳簿棚卸数量

　　　　　　= 30,000円

問題4-3

月間消費額　┃ 57,000 円 ┃

	材		料	
前 月 繰 越	（ 7,500）	製 造 間 接 費	（ 57,000）
当 月 購 入	（ 60,000）	次 月 繰 越	（ 10,500）
	（ 67,500）		（ 67,500）

解答への道

@150円×（50kg + 400kg − 70kg）= 57,000円
　　　　　　　　実地棚卸数量

問題4-4

(1)　先入先出法　┃ 764,000 円 ┃

(2)　平　均　法　┃ 770,000 円 ┃

解答への道

(1)　先入先出法

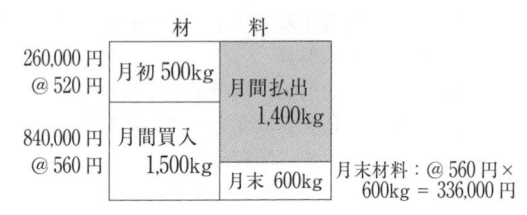

当月消費額：（260,000円 + 840,000円）− 336,000円 = 764,000円

(2)　平均法

	材	料	
260,000円 @520円	月初 500kg	月間払出 1,400kg	
840,000円 @560円	月間買入 1,500kg		月末材料：@550円× 600kg = 330,000円
		月末 600kg	

当月消費額：（260,000円 + 840,000円）− 330,000円 = 770,000円
※平均単価（260,000円 + 840,000円）÷2,000kg = @550円

問題4-5

材 料 元 帳

先入先出法　　　　　　　　　　A 原料　　　　　　　　　　（単位：kg または円）

日付		摘 要	受 入			払 出			残 高		
			数 量	単 価	金 額	数 量	単 価	金 額	数 量	単 価	金 額
10	1	前月繰越	200	50	10,000				200	50	10,000
	9	消 費				150	50	7,500	50	50	2,500
	16	仕 入	800	52	41,600				{ 50	50	2,500
									{ 800	52	41,600
	26	消 費				{ 50	50	2,500			
						{ 650	52	33,800	150	52	7,800
	31	次月繰越				150	52	7,800			
			1,000		51,600	1,000		51,600			

当月消費高　43,800 円　　　帳簿棚卸高　7,800 円

問題4-6

直 接 材 料 費	225,000 円
間 接 材 料 費	67,500 円
材料消費価格差異	（借）15,500 円

材　　　　　料

前 月 繰 越	44,000	仕 掛 品	（ 225,000）
当 月 購 入	336,000	製 造 間 接 費	（ 67,500）
		原 価 差 異	（ 15,500）
		次 月 繰 越	（ 72,000）
	380,000		（ 380,000）

材料消費価格差異

原 価 差 異	（ 15,500）	

解答への道

(1) 直接材料費：@450円 × 500個 ＝ 225,000円

(2) 間接材料費：@450円 × 150個 ＝ 67,500円

(3) 材料消費価格差異

① 予定消費額：@450円 × 650個 ＝ 292,500円

② 実際消費額

材　　　料（先入先出法）

		直接 500 個	380,000 円 − 72,000 円
44,000 円	前月繰越 @440円 100 個	当月消費	＝ 308,000 円
	間接 150 個		
336,000 円	当月購入高 @480円 700 個	次月繰越 150 個	→@480円 × 150 個 ＝ 72,000 円

③ 材料消費価格差異：292,500円 − 308,000円
　　　　　　　　　　　　予定　　　　実際
　　　　　　　　　　＝△15,500円（借方差異）

問題4-7

	借方科目	金 額	貸方科目	金 額
(1)	仕 掛 品	143,000	材　　料	169,000
	製造間接費	26,000		
(2)		仕 訳 な し		
(3)	材料消費価格差異	2,600	材　　料	2,600

材　　　　　料

前 月 繰 越	37,200	諸　　　　口	169,000
買 掛 金	160,800	材料消費価格差異	2,600

材料消費価格差異

材　　　料	2,600	

仕　　掛　　品

材　　　料	143,000	

製 造 間 接 費

材　　　料	26,000	

解答への道

(1) 材料の消費

直接材料費：@65円 × 2,200kg ＝ 143,000円
　　　　　　　　　　　　　　　　　→仕掛品勘定へ

間接材料費：@65円 × 400kg ＝ 26,000円
　　　　　　　　　　　　　　　　　→製造間接費勘定へ

(2) 実際消費額の計算

材　　　料（平均法）

	前月繰越 @62円 600kg	当月消費 2,600kg	→@66円 × 2,600kg ＝ 171,600円
37,200 円			
160,800 円	当月購入高 @67円 2,400kg	次月繰越 400kg	

平均単価（37,200円 + 160,800円）÷ 3,000kg ＝ @66円

(3) 差異の計上

材料消費価格差異：169,000円 − 171,600円

予定　　　　実際

＝△2,600円（借方差異）

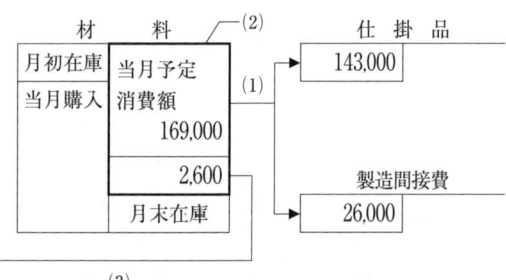

	借方科目	金 額	貸方科目	金 額
(1)	材　　　料	585,250	買　掛　金	580,250
			当　座　預　金	5,000
(2)	買　掛　金	3,250	材　　料	3,250
(3)	仕　掛　品	494,000	材　　料	494,000
(4)	製 造 間 接 費	119,250	材　　料	119,250
(5)	材　　料	13,000	材料消費価格差異	13,000

解答への道

1. 主要材料A

(1) 予定消費額：@190円×2,600kg＝494,000円

(2) 当月購入高：@184円×2,500kg＋3,400円＋1,600円
＝465,000円

(3) 実際消費額の計算

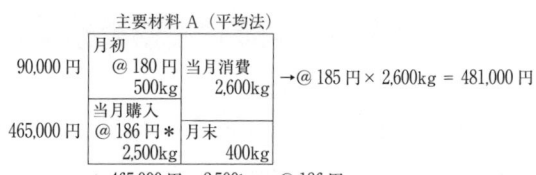

主要材料A（平均法）

| | 月初 @180円 500kg | 当月消費 2,600kg | →@185円×2,600kg＝481,000円 |

90,000円　　　465,000円　　　当月購入 @186円* 2,500kg　月末 400kg

＊ 465,000円÷2,500kg＝@186円

平均単価：（90,000円＋465,000円）÷（500kg＋2,500kg）＝@185円

(4) 差異の計算

材料消費価格差異：494,000円 − 481,000円

予定　　　　　実際

＝13,000円（貸方差異）

2. 補助材料B

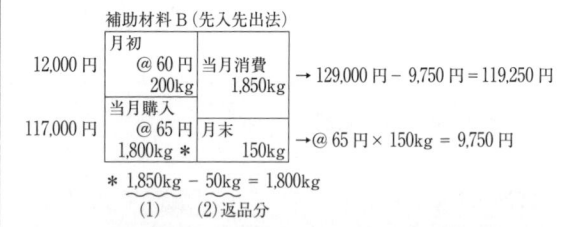

補助材料B（先入先出法）

12,000円　　　117,000円　　　月初 @60円 200kg　当月消費 1,850kg　→129,000円 − 9,750円＝119,250円

当月購入 @65円 1,800kg*　月末 150kg　→@65円×150kg＝9,750円

＊ 1,850kg − 50kg＝1,800kg

(1)　　(2)返品分

	借方科目	金 額	貸方科目	金 額
4/7	材　　　料	241,900	買　掛　金	230,000
			当　座　預　金	5,000
			内部材料副費	6,900
4/16	材　　　料	23,460	当　座　預　金	22,000
			未　払　金	800
			内部材料副費	660
4/18	仕　掛　品	193,520	材　　料	193,520
4/23	製 造 間 接 費	18,768	材　　料	18,768
4/30	材料副費配賦差異	440	内部材料副費	440

月間消費額　400,000円

棚卸減耗費　20,000円

解答への道

材　　料

80,000円 @400円　月初 200kg　月間払出 1,000kg　月間消費額：@400円× 1,000kg＝400,000円

480,000円 @400円　月間買入 1,200kg　減耗 50kg　月末 350kg　棚卸減耗費：@400円× 50kg＝20,000円

		借方科目	金 額	貸方科目	金 額
1	(1)	仕　掛　品	33,600	材　　料	33,600
	(2)	製 造 間 接 費	960	材　　料	960
2	(1)	仕　掛　品	286,400	材　　料	286,400
	(2)	製 造 間 接 費	180	材　　料	180

解答への道

1. 材　料　Z（平均法）

| 月初有高 @200千円 40トン | 月間消費高 140トン | (1)材料払出 $\frac{@200千円×40トン＋@250千円×160トン}{40トン＋160トン}$＝@240千円 |
| 月間買入高 @250千円 160トン | 帳簿60トン 減耗4トン　実地56トン | @240千円×140トン＝33,600千円 (2)減耗処理 @240千円×4トン＝960千円 |

2. 直接材料（先入先出法）

| 月初在庫 @160千円 80トン | 月間消費高 1,600トン | (1)材料払出 @160円×80トン＋ @180円×1,520トン＝286,400円 |
| 月間買入高 @180千円 1,560トン | 帳簿40トン 減耗1トン　実地39トン | @180円×1,520トン (2)減耗処理 @180円×1トン＝180円 |

4/7　材料の購入代価の３％が内部材料副費として材料の購入原価に加算（予定配賦）されます。ここで，購入した材料の単価にも副費が含まれることに注意してください。

　　230,000円 × 3 ％ = 6,900円

　　（230,000円 + 5,000円 + 6,900円）÷ 1,000kg = 241.9円/kg

4/16　22,000円 × 3 ％ = 660円

　　（22,000円 + 800円 + 660円）÷ 200個 = 117.3円/個

4/18　800kg × 241.9 /kg = 193,520円

4/23　160個 × 117.3円/個 = 18,768円

4/30　（6,900円 + 660円）− 8,000円 = △440円（借方差異）

問題4-12

〔問1〕

	取　引	借方科目	金　額	貸方科目	金　額
1	４月３日における仕入取引を記帳した。	材　料	330,000	買　掛　金	300,000
				当座預金	15,000
				内部材料副費	15,000
2	４月30日に判明した実際残高と帳簿残高との差額は正常な範囲内にあるため，これを原価に計上した。	製造間接費	4,600	材　料	4,600

〔問2〕

	材　　料	（単位：円）	
月初有高	（　20,000）	当月消費高	（1,017,000）
当月仕入高	（1,020,000）	棚卸減耗費	（　4,600）
		月末有高	（　18,400）
	（1,040,000）		（1,040,000）

1. 購入原価の計算

4/3：@2,000円 × 150個 + 15,000円 + @2,000円 × 5％ × 150個
　　　　　購入代価　　　　引取費用　　　　内部材料副費

　　= 330,000円（@2,200円）

4/8：@2,100円 × 300個 + 28,500円 + @2,100円 × 5％ × 300個
　　　　　購入代価　　　　引取費用　　　　内部材料副費

　　= 690,000円（@2,300円）

2. 材料勘定の計算と記入

材　　料		
月初	消費（払出）	
4/1　10個	4/5　100個	→@2,000円 × 10個 + @2,200円 × 90個 = 218,000円
20,000円	4/11　120個	→@2,200円 × 60個 + @2,300円 × 60個 = 270,000円
（@2,000円）	（4/26戻り△5個）	→@2,300円（4/11分）× △5個 = △11,500円（注）
購入	4/19　235個	→@2,300円 × 235個 = 540,500円
4/3　150個		
330,000円		
（@2,200円）		
4/8　300個	棚卸減耗2個	帳簿残高
690,000円	（@2,300円）	10個 + 150個 + 300個 −（100個 + 120個 − 5個 + 235個）= 10個（@2,300円）
（@2,300円）	実地有高8個（@2,300円）	

（注）4/26の戻り5個は4/11出庫分であることから，4/11は115個（120個 − 5個）のみ消費したことになります。その場合，先入先出法による4/11の払出額は，@2,200円 × 60個 + @2,300円 × 55個となり，返品分はすべて@2,300円の材料であることがわかります。

05 労務費（Ⅰ）

問題5-1

| 直 接 労 務 費 | ⑦ |
| 間 接 労 務 費 | ①②③④⑤⑥⑧⑨ |

問題5-3

借方科目	金　額	貸方科目	金　額
賃 金 給 料	1,200,000	現　　　金	1,032,000
		預 り 金	168,000

問題5-2

① 〔 2 〕 工員の社会保険料の会社負担分
② 〔 2 〕 製造関係の事務職員給料
③ 〔 2 〕 工場の修理工賃金
④ 〔 1 〕 直接工が行う直接作業時間分の賃金
⑤ 〔 2 〕 工場倉庫係の賃金
⑥ 〔 2 〕 直接工が行う間接作業時間分の賃金
⑦ 〔 2 〕 工員の退職給付費用
⑧ 〔 2 〕 工場従業員の通勤手当などの諸手当
⑨ 〔 2 〕 直接工の手待時間分の賃金
⑩ 〔 2 〕 工場長の給料

解答への道

① 〔 2 〕 法定福利費
② 〔 2 〕 給料
③ 〔 2 〕 間接工賃金
④ 〔 1 〕 直接工の直接作業賃金
⑤ 〔 2 〕 間接工賃金
⑥ 〔 2 〕 直接工の間接作業賃金
⑦ 〔 2 〕 退職給付費用
⑧ 〔 2 〕 従業員賞与手当
⑨ 〔 2 〕 直接工の手待賃金
⑩ 〔 2 〕 給料

Theme 06 労務費（Ⅱ）

問題6-1

当月賃金給料消費額（要支払額） | 1,550,000 円

解答への道

賃金給料

当月支払額 1,500,000	前月未払 280,000
	当月消費額 （要支払額） 1,550,000
当月未払 330,000	

問題6-2

	借方科目	金 額	貸方科目	金 額
(1)	未 払 賃 金	370,000	賃　　金	370,000
(2)	賃　　金	1,300,000	現　　金	1,202,000
			預　り　金	98,000
(3)	仕 掛 品	1,125,000	賃　　金	1,350,000
	製 造 間 接 費	225,000		
(4)	賃　　金	420,000	未 払 賃 金	420,000

賃　　金

(2)諸　　　口	1,300,000	(1)未 払 賃 金	370,000
(4)未 払 賃 金	420,000	(3)諸　　　口	1,350,000
	1,720,000		1,720,000

未 払 賃 金

(1)賃　　　金	370,000	前 月 繰 越	370,000
次 月 繰 越	420,000	(4)賃　　　金	420,000
	790,000		790,000
		前 月 繰 越	420,000

解答への道

　賃金勘定と未払賃金勘定で処理する方法は，月初に前月未払額を未払賃金勘定から賃金勘定へ振り替え，月末に当月未払額を賃金勘定から未払賃金勘定へ振り替えます。したがって，賃金の未払額は未払賃金勘定で次月へ繰り越すことになります。

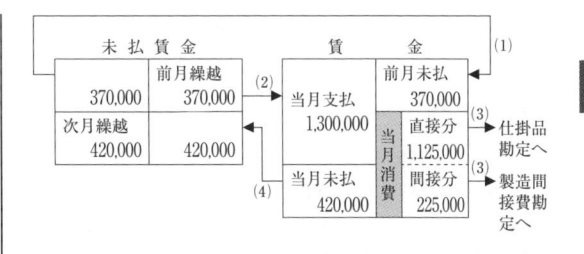

問題6-3

直接労務費 | 1,020,000 円

間接労務費 | 480,000 円

賃 率 差 異 | （借）25,000 円

解答への道

(1) 直接労務費：@600円×1,700時間＝1,020,000円

(2) 間接労務費：@600円×（600時間＋200時間）
　　　　　　　　＝480,000円

(3) 賃率差異

① 予定消費額：1,020,000円＋480,000円＝1,500,000円

② 実際消費額

賃　　金

当月支払額 1,480,000	前月未払額 185,000
	当月実際消費額 1,525,000
当月未払額 230,000	

③ 賃率差異：1,500,000円 － 1,525,000円
　　　　　　　　予　定　　　　実　際
　　　　＝△25,000円（借方差異）

問題6-4

	借方科目	金 額	貸方科目	金 額
(1)	仕 掛 品	2,940,000	賃 金 給 料	3,500,000
	製造間接費	560,000		
(2)	賃 金 給 料	40,000	賃 率 差 異	40,000

解答への道

(1) 賃金の消費
　　直接労務費：@1,400円×2,100時間
　　　　　　　　＝2,940,000円→仕掛品勘定へ
　　間接労務費：@1,400円×400時間
　　　　　　　　＝560,000円→製造間接費勘定へ
(2) 差異の計上
　　実際消費額：3,423,000円－72,000円＋109,000円
　　　　　　　　＝3,460,000円
　　賃率差異：3,500,000円－3,460,000円
　　　　　　　　　予　定　　　　実　際
　　　　　　　　＝40,000円（貸方差異）

問題6-5

	借方科目	金 額	貸方科目	金 額
(1)	未 払 賃 金	280,000	賃 金	280,000
(2)	賃 金	1,100,000	当 座 預 金	935,000
			預 り 金	165,000
(3)	仕 掛 品	820,000	賃 金	1,010,000
	製 造 間 接 費	190,000		
(4)	仕 訳 な し			
(5)	賃 率 差 異	20,000	賃 金	20,000
(6)	賃 金	210,000	未 払 賃 金	210,000

賃　　　金

(2)諸　　口	1,100,000	(1)未 払 賃 金	280,000
(6)未 払 賃 金	210,000	(3)諸　　口	1,010,000
		(5)賃 率 差 異	20,000
	1,310,000		1,310,000

未　払　賃　金

(1)賃　　金	280,000	前 月 繰 越	280,000
次 月 繰 越	210,000	(6)賃　　金	210,000
	490,000		490,000
		前 月 繰 越	210,000

賃　率　差　異

(5)賃　　金	20,000	次 月 繰 越	20,000
前 月 繰 越	20,000		

解答への道

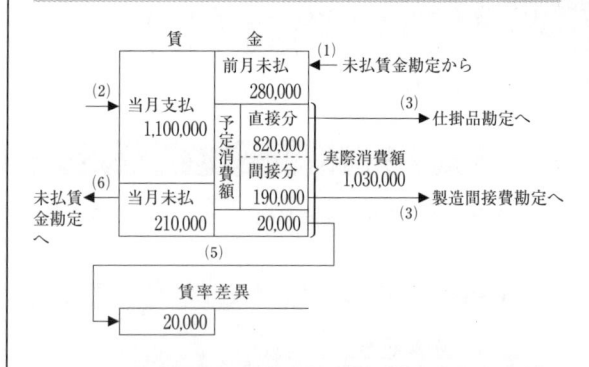

問題6-6

（単位：千円）

	借方科目	金 額	貸方科目	金 額
(1)	仕 掛 品	396	賃 金 給 料	420
	製 造 間 接 費	24		
(2)	賃 金 給 料	415	当 座 預 金	400
			預 り 金	15
(3)	賃 金 給 料	2	賃 率 差 異	2

賃　金　給　料　（単位：千円）

当 月 支 払	(415)	前 月 繰 越	(22)
原 価 差 異	(2)	仕 掛 品	(396)
次 月 繰 越	(25)	製 造 間 接 費	(24)
	(442)		(442)

賃　率　差　異

		原 価 差 異	(2)

解答への道

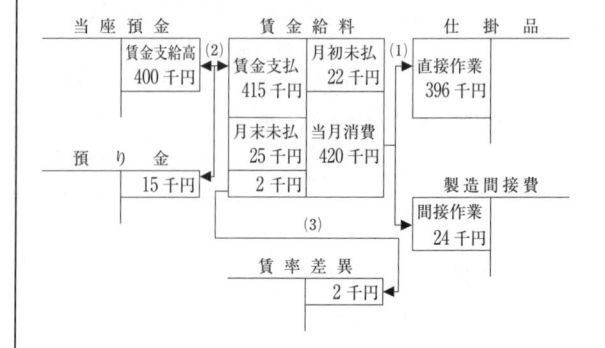

07 経 費

Theme

問題7-1

| 直 接 経 費 | ④⑧ |
| 間 接 経 費 | ①②③⑤⑥⑦⑨ |

問題7-2

① 〔 2 〕 材料の棚卸減耗費
② 〔 1 〕 製品Tの生産に対する特許権使用料
③ 〔 2 〕 工場の電気代，ガス代，水道代
④ 〔 2 〕 工場設備の減価償却費
⑤ 〔 2 〕 工場付設の社員食堂の会社負担額
⑥ 〔 2 〕 工場建物の損害保険料
⑦ 〔 1 〕 製品Yのメッキ加工を外注して支払う外注加工賃
⑧ 〔 2 〕 工場の運動会費
⑨ 〔 2 〕 工員用社宅，託児所の会社負担額
⑩ 〔 2 〕 工場の固定資産税
⑪ 〔 2 〕 工場従業員のための茶道，華道講師料
⑫ 〔 2 〕 工員募集費
⑬ 〔 2 〕 工員が利用する福利厚生施設に対する会社負担額
⑭ 〔 2 〕 工場の電話料金などの通信費
⑮ 〔 2 〕 工場機械の修繕費

問題7-3

(1) 外注加工賃 530,000 円
(2) 旅費交通費 98,000 円
(3) 保 管 料 111,100 円

解答への道

(1) 外注加工賃
560,000円 − 90,000円 + 60,000円 = 530,000円
当月支払　前月未払　当月未払
(2) 旅費交通費
100,000円 + 10,600円 − 12,600円 = 98,000円
当月支払　前月前払　当月前払
(3) 保管料
108,000円 + 15,400円 − 12,300円 = 111,100円
当月支払　前月前払　当月前払

問題7-4

(1) 減価償却費 140,000 円
(2) 保 険 料 7,500 円

解答への道

(1) 減価償却費
1,680,000円 ÷ 12カ月 = 140,000円
(2) 保険料
90,000円 ÷ 12カ月 = 7,500円

問題7-5

(1) 電 力 料 198,000 円
(2) ガ ス 代 92,000 円
(3) 水 道 料 110,000 円

解答への道

(1) 電力料
測定額を当月消費額とします。
(2) ガス代
20,000円 + @15円 × 4,800㎥ = 92,000円
(3) 水道料
32,000円 + @12円 × (8,600㎥ − 2,100㎥) = 110,000円

問題7-6

経 費 仕 訳 帳

×2年		摘 要	科 目	総 額	仕掛品	製 造間接費
6	30	支払経費	修 繕 費	(5,500)		(5,500)
	〃	〃	外注加工賃	(5,500)	(5,500)	
	〃	月割経費	保 険 料	(5,000)		(5,000)
	〃	〃	減価償却費	(4,000)		(4,000)
	〃	測定経費	電 力 料	(6,800)		(6,800)
				(26,800)	(5,500)	(21,300)

〈17〉

(1) 支払経費

修　繕　費　　5,000円 − 1,000円 + 1,500円 = 5,500円
　　　　　　　　　　当月支払　前月未払　当月未払

外注加工賃　　4,000円 + 2,000円 − 500円 = 5,500円
　　　　　　　　　　当月支払　前月前払　当月前払

(2) 月割経費

保　険　料　　$60,000円 \times \dfrac{1カ月}{12カ月} = 5,000円$

減価償却費　　$48,000円 \times \dfrac{1カ月}{12カ月} = 4,000円$

(3) 測定経費

電　力　料　　6,800円 〈測定額〉

問題7-7

	借方科目	金　額	貸方科目	金　額
(1)	製造間接費	150,000	減価償却累計額	150,000
(2)	仕　掛　品	80,000	当座預金	80,000
(3)	製造間接費	120,000	未　払　金	120,000
(4)	製造間接費	35,000	修繕引当金	35,000

解答への道

(1) 減価償却費当月消費額：
　　1,800,000円 ÷ 12カ月 = 150,000円

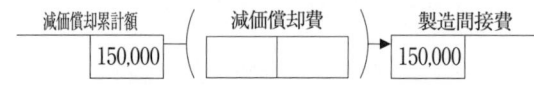

(2) 外注加工賃：直接経費なので仕掛品勘定へ振り替えます。

(3) 賃借料

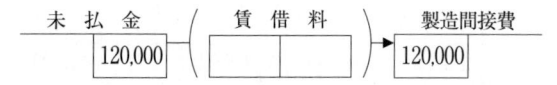

(4) 修繕引当金繰入：420,000円 ÷ 12カ月 = 35,000円

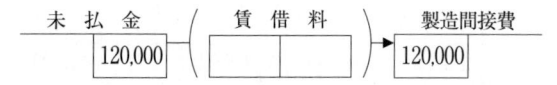

問題7-8

	借方科目	金　額	貸方科目	金　額
(1)	仕　掛　品	20,000	材　　料	20,000
(2)	仕　掛　品	2,000	買　掛　金	2,000
(3)	製造間接費	1,000	材　　料	1,000
(4)	製造間接費	5,000	機械減価償却累計額	5,000
(5)	製造間接費	3,000	未払電力料	3,000

解答への道

1. 材料の加工を下請けなどの外注先に委託するために材料を出庫し，外注先に無償支給する場合には，外注先での加工も一連の製造過程の一部と考え，材料の消費とみなします（そのため通常の出庫票を使用します）。材料はＳは＃101に使用されることが明らかですから，直接材料費として扱います。

2. 外注加工賃が未払いのときは，通常，買掛金勘定を使用します。

08 個別原価計算（Ⅰ）

問題8-1

原 価 計 算 表 （単位：円）

	No.1	No.2	合 計
直接材料費	54,200	66,800	121,000
直接労務費	74,600	85,800	160,400
直接経費	15,600	——	15,600
製造間接費	75,600	50,400	126,000
合 計	220,000	203,000	423,000

解答への道

製造間接費実際配賦率：

$$\frac{41,000 円 + 75,600 円 + 9,400 円}{360 時間 + 240 時間} = 210 円/時間$$

実際配賦額：No.1；@210 円×360 時間 = 75,600 円

No.2；@210 円×240 時間 = 50,400 円

問題8-2

(1) 直接作業時間基準

実 際 配 賦 率 　　1,500 円/時

原 価 計 算 表 （単位：円）

	#101	#102	#103	合 計
直接材料費	200,000	350,000	250,000	800,000
直接労務費	350,000	550,000	300,000	1,200,000
製造間接費	435,000	690,000	375,000	1,500,000
合 計	985,000	1,590,000	925,000	3,500,000

(2) 直接労務費基準

実 際 配 賦 率 　　125 %

原 価 計 算 表 （単位：円）

	#101	#102	#103	合 計
直接材料費	200,000	350,000	250,000	800,000
直接労務費	350,000	550,000	300,000	1,200,000
製造間接費	437,500	687,500	375,000	1,500,000
合 計	987,500	1,587,500	925,000	3,500,000

解答への道

(1) 直接作業時間基準

実際配賦率：$\dfrac{1,500,000 円}{1,000 時間} = 1,500 円/時間$

実際配賦額 $\begin{cases} \#101：@1,500 円×290 時間 = 435,000 円 \\ \#102：@1,500 円×460 時間 = 690,000 円 \\ \#103：@1,500 円×250 時間 = 375,000 円 \end{cases}$

(2) 直接労務費基準

実際配賦率：$\dfrac{1,500,000 円}{1,200,000 円} × 100 = 125 \%$

実際配賦額 $\begin{cases} \#101：350,000 円×125 \% = 437,500 円 \\ \#102：550,000 円×125 \% = 687,500 円 \\ \#103：300,000 円×125 \% = 375,000 円 \end{cases}$

問題8-3

(1) 直接材料費基準

実 際 配 賦 率 　　80 %

指図書#101の製造原価 　　2,414,000 円

(2) 直接労務費基準

実 際 配 賦 率 　　60 %

指図書#101の製造原価 　　2,422,000 円

(3) 直接費基準

実 際 配 賦 率 　　30 %

指図書#101の製造原価 　　2,431,000 円

解答への道

(1) 直接材料費基準

実際配賦率：

$$\frac{440,000 円 + 460,000 円 + 60,000 円}{680,000 円 + 520,000 円} × 100 = 80 \%$$

#101への配賦額：680,000 円×80 \% = 544,000 円

#101の製造原価：680,000 円 + 920,000 円

+ 270,000 円 + 544,000 円 = 2,414,000 円

(2) 直接労務費基準

実際配賦率：

$$\frac{440,000円 + 460,000円 + 60,000円}{920,000円 + 680,000円} \times 100 = 60\%$$

#101への配賦額：920,000円 × 60% = 552,000円

#101の製造原価：680,000円 + 920,000円
+ 270,000円 + 552,000円 = 2,422,000円

(3) 直接費基準

製造直接費：

材料費；680,000円 + 520,000円 = 1,200,000円
労務費；920,000円 + 680,000円 = 1,600,000円
経　費；270,000円 + 130,000円 = 　400,000円
　　　　　　　　　　　　　　　　3,200,000円

実際配賦率：

$$\frac{440,000円 + 460,000円 + 60,000円}{3,200,000円} \times 100 = 30\%$$

#101への配賦額：(680,000円 + 920,000円
+ 270,000円) × 30% = 561,000円

#101の製造原価：680,000円 + 920,000円
+ 270,000円 + 561,000円 = 2,431,000円

原　価　計　算　表			（単位：円）
	No.1	No.2	合　計
直接材料費	84,000	63,000	147,000
直接労務費	90,000	70,000	160,000
直接経費	31,500	27,000	58,500
製造間接費	101,250	78,750	180,000
合　計	306,750	238,750	545,500

製造間接費実際配賦率：

$$\frac{28,000円 + 61,000円 + 91,000円}{90,000円 + 70,000円} \times 100 = 112.5\%$$

製造間接費実際配賦額
$$\begin{cases} No.1：90,000円 \times 112.5\% \\ \qquad = 101,250円 \\ No.2：70,000円 \times 112.5\% \\ \qquad = 78,750円 \end{cases}$$

問題8-4

	借方科目	金　額	貸方科目	金　額
(1)	仕　掛　品	365,500	材　　　料	175,000
	製造間接費	180,000	賃　　　金	221,000
			経　　　費	149,500
(2)	仕　掛　品	180,000	製造間接費	180,000
(3)	製　　　品	306,750	仕　掛　品	306,750
(4)	売　掛　金	350,000	売　　　上	350,000
	売上原価	306,750	製　　　品	306,750

解答への道

勘定記入

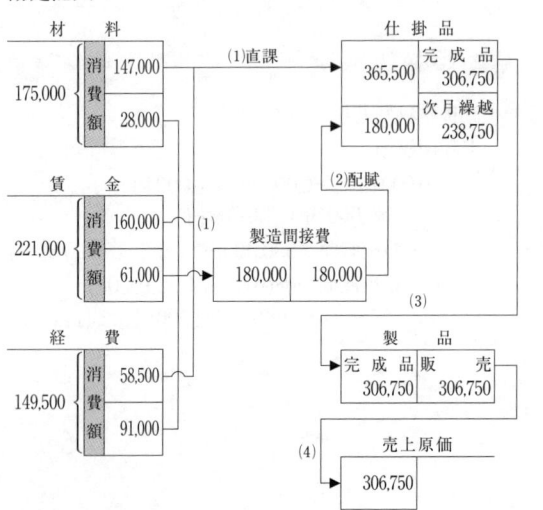

原 価 計 算 表　　（単位：円）

	#1	#2	#3	合　計
前月繰越	112,500	——	——	112,500
直接材料費	37,500	45,000	22,500	105,000
直接労務費	52,500	60,000	75,000	187,500
直接経費	15,000	18,000	33,000	66,000
製造間接費	75,000	90,000	95,000	260,000
合　　計	292,500	213,000	225,500	731,000
備　　考	完　成	完　成	仕掛中	——

仕　掛　品　　（単位：円）

前月繰越	（ 112,500）	当月完成高	（ 505,500）
材　　料	（ 105,000）	次月繰越	（ 225,500）
賃　　金	（ 187,500）		
経　　費	（ 66,000）		
製造間接費	（ 260,000）		
	（ 731,000）		（ 731,000）

原 価 計 算 表　　（単位：円）

	#1	#2	#3	合　計
前月繰越	112,500	——	——	112,500
直接材料費	37,500	45,000	22,500	105,000
直接労務費	52,500	60,000	75,000	187,500
直接経費	15,000	18,000	33,000	66,000
製造間接費	75,000	90,000	95,000	260,000
合　　計	292,500	213,000	225,500	731,000
備　　考	完　成	完　成	仕掛中	——

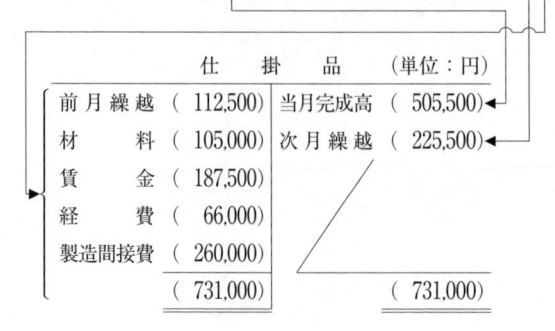

仕　掛　品　　（単位：円）

前月繰越	（ 112,500）	当月完成高	（ 505,500）
材　　料	（ 105,000）	次月繰越	（ 225,500）
賃　　金	（ 187,500）		
経　　費	（ 66,000）		
製造間接費	（ 260,000）		
	（ 731,000）		（ 731,000）

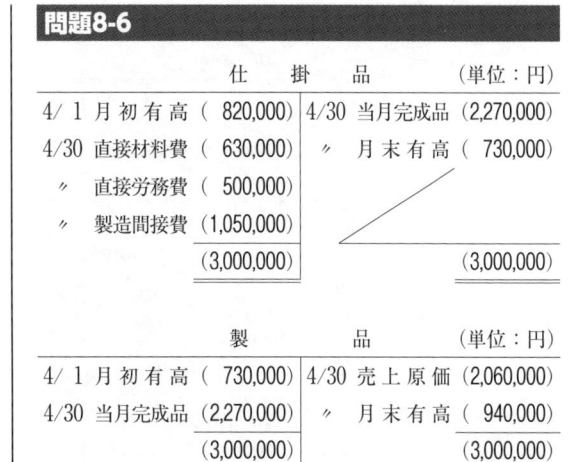

仕　掛　品　　（単位：円）

4/ 1 月初有高	（ 820,000）	4/30 当月完成品	（2,270,000）
4/30 直接材料費	（ 630,000）	〃　月末有高	（ 730,000）
〃　直接労務費	（ 500,000）		
〃　製造間接費	（1,050,000）		
	（3,000,000）		（3,000,000）

製　　　　　品　　（単位：円）

4/ 1 月初有高	（ 730,000）	4/30 売上原価	（2,060,000）
4/30 当月完成品	（2,270,000）	〃　月末有高	（ 940,000）
	（3,000,000）		（3,000,000）

1. 原価計算表の作成

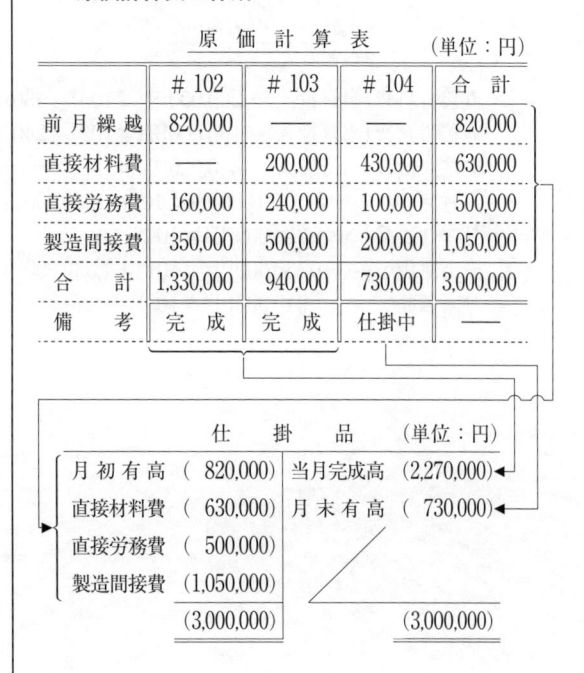

原 価 計 算 表　　（単位：円）

	#102	#103	#104	合　計
前月繰越	820,000	——	——	820,000
直接材料費	——	200,000	430,000	630,000
直接労務費	160,000	240,000	100,000	500,000
製造間接費	350,000	500,000	200,000	1,050,000
合　　計	1,330,000	940,000	730,000	3,000,000
備　　考	完　成	完　成	仕掛中	——

仕　掛　品　　（単位：円）

月初有高	（ 820,000）	当月完成高	（2,270,000）
直接材料費	（ 630,000）	月末有高	（ 730,000）
直接労務費	（ 500,000）		
製造間接費	（1,050,000）		
	（3,000,000）		（3,000,000）

2. 勘定連絡図

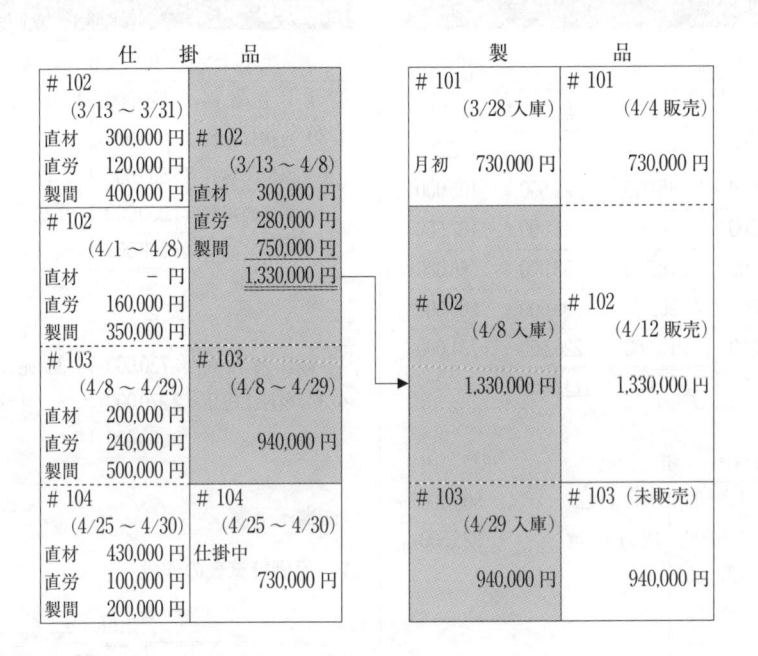

直接材料費(当月投入)…200,000円(#103)+430,000円(#104)=630,000円

直接労務費(当月投入)…160,000円(#102)+240,000円(#103)+100,000円(#104)=500,000円

製造間接費(当月投入)…350,000円(#102)+500,000円(#103)+200,000円(#104)=1,050,000円

当月完成品………1,330,000円(#102)+940,000円(#103)=2,270,000円

月末仕掛品………730,000円(#104)

売上原価…………730,000円(#101)+1,330,000円(#102)=2,060,000円

月末製品…………940,000円(#103)

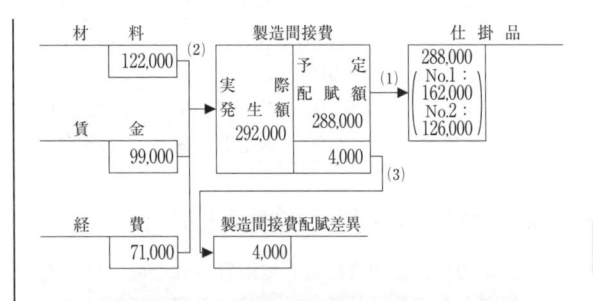

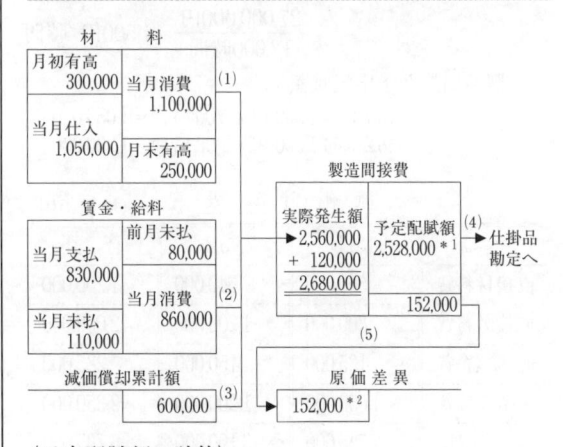

Theme 09 個別原価計算（Ⅱ）

問題9-1

予 定 配 賦 率	500	円/時間
予 定 配 賦 額	765,000	円
製造間接費配賦差異	（＋）45,000	円

解答への道

予定配賦率：$\dfrac{9,000,000 円}{18,000 時間}$＝500円/時間

予定配賦額：＠500円×1,530時間＝765,000円

製造間接費配賦差異：$\underset{\text{予　定}}{\underline{765,000 円}}-\underset{\text{実　際}}{\underline{720,000 円}}$

＝45,000円（貸方差異）

問題9-2

	借方科目	金 額	貸方科目	金 額
(1)	仕 掛 品	288,000	製造間接費	288,000
(2)	製造間接費	292,000	材　　料	122,000
			賃　　金	99,000
			経　　費	71,000
(3)	製造間接費配賦差異	4,000	製造間接費	4,000

製 造 間 接 費

材　　料	（ 122,000 ）	仕 掛 品	（ 288,000 ）
賃　　金	（ 99,000 ）	原 価 差 異	（ 4,000 ）
経　　費	（ 71,000 ）		
	（ 292,000 ）		（ 292,000 ）

製造間接費配賦差異

原 価 差 異	（ 4,000 ）

解答への道

(1) 予定配賦

予定配賦率：$\dfrac{3,600,000 円}{40,000 時間}$＝90円/時間

予定配賦額：＠90円×3,200時間＝288,000円

(2) 実際発生額：122,000円＋99,000円＋71,000円

＝292,000円

(3) 製造間接費配賦差異：288,000円－292,000円

＝△4,000円（借方差異）

問題9-3

	借方科目	金 額	貸方科目	金 額
(1)	製造間接費	1,100,000	材　　料	1,100,000
(2)	製造間接費	860,000	賃金・給料	860,000
(3)	製造間接費	600,000	減価償却累計額	600,000
(4)	仕 掛 品	2,528,000	製造間接費	2,528,000
(5)	原 価 差 異	152,000	製造間接費	152,000

解答への道

〈予定配賦額の計算〉

＊1　$\dfrac{28,440,000 円}{36,000 時間}$×3,200時間＝2,528,000円

〈差異の計算〉

＊2　$\underset{\text{予定配賦額}}{\underline{2,528,000 円}}-\underset{\text{実際発生額}}{\underline{2,680,000 円}}$＝△152,000円（借方差異）

	借方科目	金　額	貸方科目	金　額
(1)	仕　掛　品	3,200,000	材　　料	1,698,000
	製造間接費	1,373,000	賃金・給料	2,875,000
(2)	仕　掛　品	285,000	現　　金	285,000
(3)	仕　掛　品	2,250,000	製造間接費	2,250,000
(4)	製　　品	2,545,000	仕　掛　品	2,545,000
(5)	原価差異	123,000	製造間接費	123,000

解答への道

(1) 特定の製造指図書に対して消費された原価は，直接費として仕掛品勘定へ，特定の製造指図書に直課できない原価は製造間接費勘定へ振り替えます。

仕掛品：

No.1：560,000 円 ＋　800,000 円 ＝ 1,360,000 円
No.2：640,000 円 ＋ 1,200,000 円 ＝ 1,840,000 円
3,200,000 円

製造間接費：498,000 円 ＋ 875,000 円 ＝ 1,373,000 円

(2) 外注加工賃は直接経費なので，仕掛品勘定に振り替えます。

(3) 製造間接費予定配賦率：

$$\frac{27,000,000円}{18,000時間} = 1,500円/時間$$

製造間接費予定配賦額：

No.1：@ 1,500 円 × 700 時間 ＝ 1,050,000 円
No.2：@ 1,500 円 × 800 時間 ＝ 1,200,000 円

原　価　計　算　表　　　（単位：円）

	No.1	No.2	合　計
直接材料費	560,000	640,000	1,200,000
直接労務費	800,000	1,200,000	2,000,000
直接経費	135,000	150,000	285,000
製造間接費	1,050,000	1,200,000	2,250,000
合　　計	2,545,000	3,190,000	5,735,000

(4) 製造指図書No.1の製造原価：

$$\underset{材料}{560,000円} + \underset{賃金・給料}{800,000円} + \underset{外注加工賃}{135,000円} + \underset{製造間接費}{1,050,000円}$$

= 2,545,000円

(5) 製造間接費配賦差異：

$$\underset{予　定}{2,250,000円} - \underset{実　際}{2,373,000円}$$

= △123,000円（借方差異）

製　造　間　接　費　　　　（単位：千円）

実際発生額	（　25,050）	予定配賦額	（　24,500）
		配賦差異	（　　550）
	（　25,050）		（　25,050）

仕　　掛　　品　　　　（単位：千円）

月初有高	（　3,200）	当月完成高	（　51,650）
直接材料費	（　16,250）	月末有高	（　2,700）
直接労務費	（　10,400）		
製造間接費	（　24,500）		
	（　54,350）		（　54,350）

解答への道

(1) **直接材料費（素材費）の計算**

直接材料費

月初有高 650 千円	仕掛品 16,250 千円
当月仕入高 16,000 千円	月末有高 400 千円

当月直接材料費：
650千円 ＋ 16,000千円 － 400千円
＝ 16,250千円 → 仕掛品勘定へ

(2) **直接労務費（直接工賃金）の計算**

直接労務費

当月支払額 11,600 千円	月初未払 3,600 千円
	仕掛品 10,400 千円
月末未払 2,400 千円	

当月直接労務費：
11,600千円 － 3,600千円 ＋ 2,400千円
＝ 10,400千円 → 仕掛品勘定へ

(3) **製造間接費の計算**

製造間接費

実際発生額 25,050 千円	予定配賦額 24,500 千円
	配賦差異 550 千円

予定配賦率：

$$\frac{280,000千円〈年間製造間接費予算〉}{40,000時間〈年間予定直接作業時間〉} = 7千円$$

当月予定配賦額：

7千円 × 3,500時間 ＝ 24,500千円 → 仕掛品勘定へ

当月実際発生額：

24,500千円 ＋ 550千円（借方差異）＝ 25,050千円

(4) 仕掛品勘定の記入

仕 掛 品

月 初 有 高 3,200 千円	
直接材料費 16,250 千円	当 月 完 成 51,650 千円
直接労務費 10,400 千円	
製造間接費 24,500 千円	月 末 有 高 2,700 千円

当月完成高：
3,200 千円 + 16,250 千円
+ 10,400 千円 + 24,500 千円
− 2,700 千円 = 51,650 千円

問題9-6

| ① | 25,000 | ② | 78,000 | ③ | 仕 掛 品 |
| ④ | 30,000 | ⑤ | 製造間接費 | ⑥ | 2,000 |

解答への道

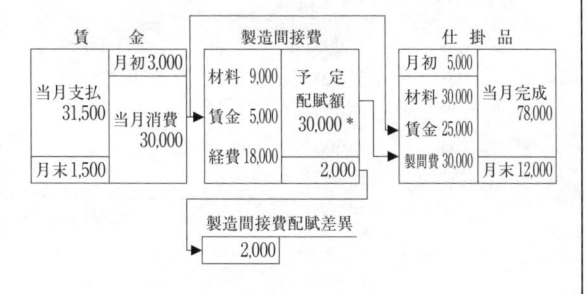

* 製造間接費の予定配賦額
  直接労務費：30,000円 − 5,000円 = 25,000円
  　　　　　　　当月消費　　間接労務費
  予定配賦額：25,000円 × 120% = 30,000円

問題9-7

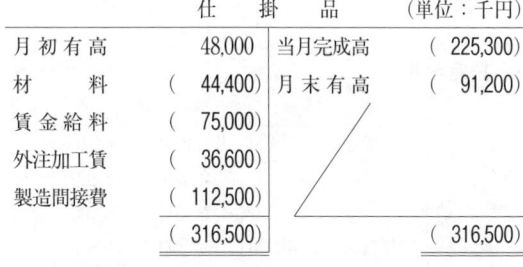

製 造 間 接 費		（単位：千円）	
材　　料	（　1,200）	予定配賦額	（　112,500）
材　　料	（　14,400）		
賃 金 給 料	（　38,400）		
修繕引当金	（　3,600）		
減価償却累計額	20,000		
当 座 預 金	24,900		
配 賦 差 異	（　10,000）		
	（　112,500）		（　112,500）

仕 　掛　 品		（単位：千円）	
月 初 有 高	48,000	当月完成高	（　225,300）
材　　料	（　44,400）	月 末 有 高	（　91,200）
賃 金 給 料	（　75,000）		
外注加工賃	（　36,600）		
製造間接費	（　112,500）		
	（　316,500）		（　316,500）

1．原価計算表の作成

原 価 計 算 表

	＃201	＃202	＃203	合　計
月初仕掛品	48,000	――	――	48,000
直接材料費	8,400	19,200	16,800	44,400
直接労務費	18,000	33,000	24,000	75,000
直接経費	6,000	16,200	14,400	36,600
製造間接費	27,000	49,500	36,000	112,500
合　計	107,400	117,900	91,200	316,500
備　考	完　成	完　成	仕掛中	

×150%（直接労務費→製造間接費）

225,300　　　91,200

2．勘定記入

材　　料

前月繰越	2,400	当月消費	44,400
直接材料 当月買入	48,000	＃201	8,400
		＃202	19,200
		＃203	16,800
		正常減耗	1,200
		次月繰越	4,800
間接材料 前月繰越	3,600	当月消費	14,400
当月買入	13,800	次月繰越	3,000

賃 金 給 料

直接賃金 当月支払	69,000	前月未払	12,000
		当月消費	75,000
		＃201	18,000
		＃202	33,000
当月未払	18,000	＃203	24,000
間接賃金 当月支払	39,600	前月未払	7,200
当月未払	6,000	当月消費	38,400

外 注 加 工 賃

当月支払	36,000	前月未払	1,800
		当月消費	36,600
		＃201	6,000
		＃202	16,200
当月未払	2,400	＃203	14,400

仕 掛 品

月初有高	48,000	製　品	225,300
材　料	44,400	月末有高	91,200
賃金給料	75,000		
外注加工賃	36,600		
製造間接費	112,500		
	316,500		316,500

製 造 間 接 費

材　料	1,200	仕 掛 品	112,500
材　料	14,400		
賃金給料	38,400		
修繕引当金	3,600		
減価償却累計額	20,000		
当座預金	24,900		
配賦差異	10,000		
	112,500		112,500

配 賦 差 異

		製造間接費	10,000

〈26〉

仕 掛 品	（単位：円）		
月 初 有 高 （ 82,000）	当月完成高 （ 183,500）		
当月製造費用：	月 末 有 高 （ 49,500）		
直接材料費 （ 66,000）			
直接労務費 （ 50,000）			
製造間接費 （ 35,000）			
（ 233,000）	（ 233,000）		

製 品	（単位：円）		
月 初 有 高 （ 122,000）	売 上 原 価 （ 221,000）		
当月完成高 （ 183,500）	月 末 有 高 （ 84,500）		
（ 305,500）	（ 305,500）		

解答への道

1. 各指図書の製造間接費

No.101：@350円×80時間＝28,000円

No.102：
- 9月中；@350円×40時間＝14,000円
- 10月中；@350円×20時間＝ 7,000円

No.103：@350円×50時間＝17,500円

No.104：@350円×30時間＝10,500円

2. 仕掛品勘定

月 初 有 高：48,000円＋20,000円＋14,000円
　　　　　　＝82,000円（No.102の9月中）

直接材料費：42,000円（No.103）＋24,000円（No.104）
　　　　　　＝66,000円

直接労務費：10,000円（No.102）＋25,000円（No.103）
　　　　　　＋15,000円（No.104）＝50,000円

製造間接費：7,000円（No.102）＋17,500円（No.103）
　　　　　　＋10,500円（No.104）＝35,000円

当月完成高：No.102＋No.103
　　　　　　＝82,000円＋10,000円＋7,000円
　　　　　　＋42,000円＋25,000円＋17,500円
　　　　　　＝183,500円

月 末 有 高：24,000円＋15,000円＋10,500円
　　　　　　＝49,500円（No.104）

3. 製品勘定

月 初 有 高：54,000円＋40,000円＋28,000円
　　　　　　＝122,000円（No.101）

当月完成高：No.102＋No.103＝183,500円

売 上 原 価：No.101＋No.102＝122,000円＋99,000円
　　　　　　＝221,000円

月 末 有 高：42,000円＋25,000円＋17,500円
　　　　　　＝84,500円

仕 掛 品	（単位：円）		
月 初 有 高 （ 606,500）	当月完成高 （1,819,500）		
当月製造費用：	月 末 有 高 （1,116,500）		
直接材料費 （1,275,000）			
直接労務費 （ 342,000）			
製造間接費 （ 712,500）			
計 （2,329,500）			
（2,936,000）	（2,936,000）		

製 品	（単位：円）		
月 初 有 高 （ 684,000）	売 上 原 価 （1,504,500）		
当月完成高 （1,819,500）	月 末 有 高 （ 999,000）		
（2,503,500）	（2,503,500）		

解答への道

1. 各指図書の金額

No.501：240,000円＋144,000円＋@2,500円
　　　　×120時間＝684,000円

No.502：4月中；
　　　　218,000円＋126,000円＋@2,500円
　　　　×105時間＝606,500円
　　　　5月中；
　　　　121,500円＋ 30,000円＋@2,500円
　　　　× 25時間＝214,000円
　　　　　　　　　820,500円

No.503：444,000円＋180,000円＋@2,500円
　　　　×150時間＝999,000円

No.504：709,500円(＊)＋132,000円＋@2,500円
　　　　×110時間＝1,116,500円

（＊）

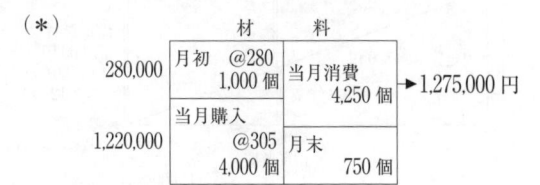

材 料			
280,000	月初 @280 1,000個	当月消費 4,250個	▶1,275,000円
1,220,000	当月購入 @305 4,000個	月末 750個	

$$\frac{280,000円＋1,220,000円}{1,000個＋4,000個}×4,250個＝1,275,000円$$

1,275,000円－（121,500円＋444,000円）＝709,500円

2. 仕掛品勘定

月 初 有 高：606,500円 （No.502の4月中）

直接材料費：121,500円（No.502）＋444,000円（No.503）
　　　　　　＋709,500円（No.504）＝1,275,000円

直接労務費：30,000円（No.502）＋180,000円（No.503）
　　　　　　＋132,000円（No.504）＝342,000円

製造間接費：@2,500円×（25時間＋150時間＋110時間）
　　　　　　＝712,500円

当月完成高：No.502 ＋ No.503 ＝ 820,500円

　　　　　　　　　＋ 999,000円 ＝ 1,819,500円

月末有高：1,116,500円（No.504）

3. 製品勘定

月初有高：684,000円（No.501）

当月完成高：1,819,500円

売上原価：No.501 ＋ No.502 ＝ 684,000円

　　　　　　　　　＋ 820,500円 ＝ 1,504,500円

月末有高：999,000円（No.503）

問題9-10

製造間接費の予定配賦額	580,000	円
製造間接費配賦差異	（−） 39,000	円
予 算 差 異	（−） 12,000	円
操 業 度 差 異	（−） 27,000	円

解答への道

製造間接費予定配賦率

$$200円/時間 ＋ \frac{4,500,000円}{15,000時間} ＝ 500円/時間$$

製造間接費予定配賦額

＠500円 × 1,160時間 ＝ 580,000円

製造間接費配賦差異

580,000円 − 619,000円 ＝ △39,000円（借方差異）

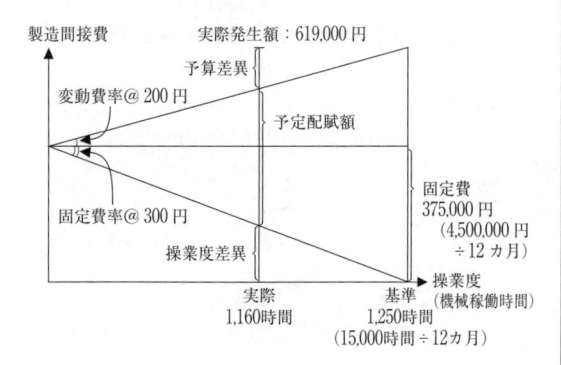

予算差異：@200円 × 1,160時間 ＋ 375,000円 − 619,000円

　　　　　607,000円〈予算許容額〉

　　　　　＝ △12,000円（借方差異）

操業度差異：@300円 ×（1,160時間 − 1,250時間）

　　　　　＝ △27,000円（借方差異）

問題9-11

予定配賦率	500	円/時
予定配賦額	No.1 120,000	円
	No.2 80,000	円
製造間接費配賦差異	（−） 40,000	円
予 算 差 異	（−） 20,000	円
操 業 度 差 異	（−） 20,000	円

解答への道

$$予定配賦率：@300円 ＋ \frac{1,200,000円}{6,000時間} ＝ 500円/時間$$

予定配賦額：No.1；@500円 × 240時間 ＝ 120,000円

　　　　　　No.2；@500円 × 160時間 ＝ 80,000円

製造間接費配賦差異：@500円 × 400時間 − 240,000円

　　　　　　　　　＝ △40,000円

差異分析

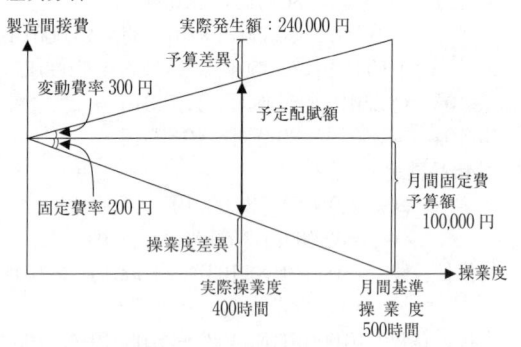

予算差異：@300円 × 400時間 ＋ 100,000円 − 240,000円

　　　　　＝ △20,000円

操業度差異：@200円 ×（400時間 − 500時間）＝ △20,000円

	#101	#101-1
直接材料費	150,000	25,000
直接労務費	220,000	38,000
製造間接費	240,000	42,000
小　　計	610,000	105,000
仕　損　費	105,000	△105,000
合　　計	715,000	0
備　　考	完成	#101へ直課

解答への道

(1) 補修指図書に集計された原価
   （仕　掛　品）105,000　（材　　　料）25,000
   　　　　　　　　　　　　（賃　　　金）38,000
   　　　　　　　　　　　　（製造間接費）42,000
(2) 仕損費の計上
   （仕　損　費）105,000　（仕　掛　品）105,000
(3) 仕損費の直接経費処理
   （仕　掛　品）105,000　（仕　損　費）105,000

	借方科目	金　額	貸方科目	金　額
(1)	仕　掛　品	120,000	材　　　料	36,000
			賃　　　金	28,000
			製造間接費	56,000
(2)	仕　損　費	120,000	仕　掛　品	120,000
(3)	仕　掛　品	120,000	仕　損　費	120,000

10 部門別個別原価計算（Ⅰ）

問題10-1

(1)

部門費配賦表　　　　　　　　　　　　（単位：円）

費　　　目	配賦基準	合　　　計	製　造　部　門		補　助　部　門		
			甲部門	乙部門	動力部門	修繕部門	工場事務部門
部門個別費							
間接材料費		2,330,000	450,000	800,000	800,000	280,000	—
間接労務費		1,208,000	312,000	554,000	70,000	90,000	182,000
部門共通費							
間接労務費	従業員数	600,300	193,200	207,000	110,400	62,100	27,600
減価償却費	床　面　積	435,600	198,000	90,000	54,000	54,000	39,600
電　力　料	電力消費量	273,700	102,000	76,500	51,000	30,600	13,600
部　門　費		4,847,600	1,255,200	1,727,500	1,085,400	516,700	262,800

(2)

借　方　科　目	金　　額	貸　方　科　目	金　　額
甲　部　門　費	1,255,200	製造間接費	4,847,600
乙　部　門　費	1,727,500		
動力部門費	1,085,400		
修繕部門費	516,700		
工場事務部門費	262,800		

(3) 電力料

$$配賦率 = \frac{273,700円}{60kwh + 45kwh + 30kwh + 18kwh + 8kwh}$$

$$= 1,700円 / kwh$$

甲　部　門：@1,700円 × 60kwh ＝ 102,000円
乙　部　門：@1,700円 × 45kwh ＝ 76,500円
動　力　部　門：@1,700円 × 30kwh ＝ 51,000円
修　繕　部　門：@1,700円 × 18kwh ＝ 30,600円
工場事務部門：@1,700円 × 8kwh ＝ 13,600円

解答への道

(1)　間接労務費

$$配賦率 = \frac{600,300円}{28人 + 30人 + 16人 + 9人 + 4人} = 6,900円 / 人$$

甲　部　門：@6,900円 × 28人 ＝ 193,200円
乙　部　門：@6,900円 × 30人 ＝ 207,000円
動　力　部　門：@6,900円 × 16人 ＝ 110,400円
修　繕　部　門：@6,900円 × 9人 ＝ 62,100円
工場事務部門：@6,900円 × 4人 ＝ 27,600円

(2)　減価償却費

$$配賦率 = \frac{435,600円}{55m^2 + 25m^2 + 15m^2 + 15m^2 + 11m^2} = 3,600円 / m^2$$

甲　部　門：@3,600円 × 55m² ＝ 198,000円
乙　部　門：@3,600円 × 25m² ＝ 90,000円
動　力　部　門：@3,600円 × 15m² ＝ 54,000円
修　繕　部　門：@3,600円 × 15m² ＝ 54,000円
工場事務部門：@3,600円 × 11m² ＝ 39,600円

(1)　　　（単位：円）

部 門 費 配 賦 表

費　　目	配 賦 基 準	合　　計	製　造　部　門		補　助　部　門		
			切削部門	組立部門	動力部門	修繕部門	事務部門
部 門 個 別 費	──	948,400	327,000	467,000	85,900	42,900	25,600
部 門 共 通 費	従 業 員 数	360,000	162,000	126,000	25,200	18,000	28,800
部　門　費		1,308,400	489,000	593,000	111,100	60,900	54,400
事 務 部 門 費	従 業 員 数		30,600	23,800			
修 繕 部 門 費	修 繕 時 間		34,800	26,100			
動 力 部 門 費	電 力 消 費 量		60,600	50,500			
製 造 部 門 費		1,308,400	615,000	693,400			

(2)

借 方 科 目	金　　額	貸 方 科 目	金　　額
切 削 部 門 費	126,000	動 力 部 門 費	111,100
組 立 部 門 費	100,400	修 繕 部 門 費	60,900
		事 務 部 門 費	54,400

(4)　補助部門から各製造部門への配賦額合計
①　切削部門へ
　　$30,600 円 + 34,800 円 + 60,600 円 = 126,000 円$
②　組立部門へ
　　$23,800 円 + 26,100 円 + 50,500 円 = 100,400 円$

解答への道

1. 部門共通費の配賦（配賦基準：従業員数）

$$\frac{360,000 円}{45 人 + 35 人 + 7 人 + 5 人 + 8 人} \times 45 人 = 162,000 円$$
（切削部門）

　〃　　× 35 人 = 126,000 円 （組立部門）
　〃　　×　7 人 =　25,200 円 （動力部門）
　〃　　×　5 人 =　18,000 円 （修繕部門）
　〃　　×　8 人 =　28,800 円 （事務部門）

2. 補助部門費の各製造部門への配賦（直接配賦法）

(1)　事務部門費（配賦基準：従業員数）

$$\frac{54,400 円}{45 人 + 35 人} \times 45 人 = 30,600 円$$（切削部門）

　〃　　× 35 人 = 23,800 円 （組立部門）

(2)　修繕部門費（配賦基準：修繕時間）

$$\frac{60,900 円}{80 時間 + 60 時間} \times 80 時間 = 34,800 円$$（切削部門）

　〃　　× 60 時間 = 26,100 円 （組立部門）

(3)　動力部門費（配賦基準：電力消費量）

$$\frac{111,100 円}{60 kwh + 50 kwh} \times 60 kwh = 60,600 円$$（切削部門）

　〃　　× 50 kwh = 50,500 円 （組立部門）

部門費配賦表 (単位：円)

費 目	配賦基準	合 計	製 造 部 門		補 助 部 門		
			切削部	組立部	動力部	修繕部	事務部
部 門 費		2,019,600	847,000	748,000	189,000	160,000	75,600
事 務 部 費	従業員数		32,400	43,200			
修 繕 部 費	修繕作業時間		95,000	65,000			
動 力 部 費	機械運転時間		117,000	72,000			
製造部門費		2,019,600	1,091,400	928,200			

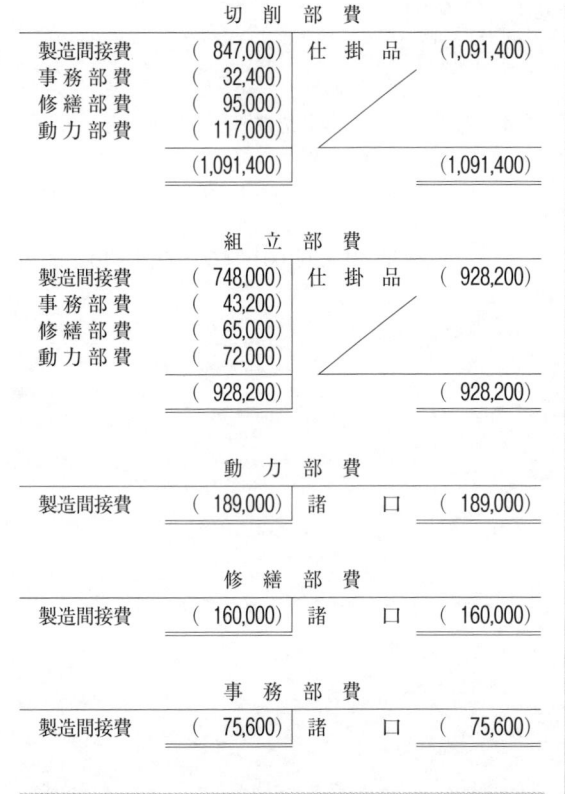

切 削 部 費

製造間接費	(847,000)	仕 掛 品	(1,091,400)
事 務 部 費	(32,400)		
修 繕 部 費	(95,000)		
動 力 部 費	(117,000)		
	(1,091,400)		(1,091,400)

組 立 部 費

製造間接費	(748,000)	仕 掛 品	(928,200)
事 務 部 費	(43,200)		
修 繕 部 費	(65,000)		
動 力 部 費	(72,000)		
	(928,200)		(928,200)

動 力 部 費

| 製造間接費 | (189,000) | 諸　　口 | (189,000) |

修 繕 部 費

| 製造間接費 | (160,000) | 諸　　口 | (160,000) |

事 務 部 費

| 製造間接費 | (75,600) | 諸　　口 | (75,600) |

解答への道

1. 補助部門費の各製造部門への配賦（直接配賦法）

(1) 事務部費（配賦基準：従業員数）

$$\frac{75,600円}{18人+24人}\times 18人 = 32,400円（切削部）$$

$$〃 \quad\quad \times 24人 = 43,200円（組立部）$$

(2) 修繕部費（配賦基準：修繕作業時間）

$$\frac{160,000円}{95時間+65時間}\times 95時間 = 95,000円（切削部）$$

$$〃 \quad\quad \times 65時間 = 65,000円（組立部）$$

(3) 動力部費（配賦基準：機械運転時間）

$$\frac{189,000円}{1,300時間+800時間}\times 1,300時間$$

$$= 117,000円（切削部）$$

$$〃 \quad\quad \times 800時間$$

$$= 72,000円（組立部）$$

(4) 各製造部門への補助部門費配賦額合計
   ① 切削部
      $32,400円+95,000円+117,000円 = 244,400円$
   ② 組立部
      $43,200円+65,000円+72,000円 = 180,200円$

2. 勘定連絡と仕訳

(1) 勘定連絡

動 力 部 費

| 部門費合計 189,000 | 189,000 |

修 繕 部 費

| 部門費合計 160,000 | 160,000 |

事 務 部 費

| 部門費合計 75,600 | 75,600 |

第2次集計

切 削 部 費

| 部門費合計 847,000 | |
| 244,400 | |

組 立 部 費

| 部門費合計 748,000 | |
| 180,200 | |

(2) 仕 訳

（切 削 部 費） 244,400	（動 力 部 費） 189,000
（組 立 部 費） 180,200	（修 繕 部 費） 160,000
	（事 務 部 費） 75,600

(注) 原価部門に関する勘定科目は「○○部門費」とすることもあれば「○○部費」とすることもあります。

問題10-4

(1) (単位：円)

部門費配賦表

費　目	合　計	製　造　部　門		補　助　部　門		
		機械部門	組立部門	材料部門	保全部門	事務部門
部　門　費	6,200,000	2,558,000	2,234,500	607,500	560,000	240,000
第1次配賦						
事務部門費		60,000	120,000	36,000	24,000	—
保全部門費		320,000	160,000	80,000	—	—
材料部門費		337,500	202,500	—	40,500	27,000
第2次配賦				116,000	64,500	27,000
事務部門費		9,000	18,000			
保全部門費		43,000	21,500			
材料部門費		72,500	43,500			
製造部門費	6,200,000	3,400,000	2,800,000			

(2)

借方科目	金　額	貸方科目	金　額
機械部門費	842,000	材料部門費	607,500
組立部門費	565,500	保全部門費	560,000
		事務部門費	240,000

解答への道

補助部門費の配賦

(1) 第1次配賦（製造部門のみならず他の補助部門に
も配賦を行う）

事務部門費

機械部門：$\dfrac{240,000\text{円}}{10\text{人}+20\text{人}+6\text{人}+4\text{人}}\times 10\text{人}=60,000\text{円}$

組立部門：　　〃　　　　×20人 = 120,000円
材料部門：　　〃　　　　× 6人 = 36,000円
保全部門：　　〃　　　　× 4人 = 24,000円

保全部門費

機械部門：$\dfrac{560,000\text{円}}{400\text{時間}+200\text{時間}+100\text{時間}}\times 400\text{時間}$
　　　　＝ 320,000円

組立部門：　　〃　　　　×200時間
　　　　＝ 160,000円

材料部門：　　〃　　　　×100時間
　　　　＝ 80,000円

材料部門費

機械部門：$\dfrac{607,500\text{円}}{2,500\text{kg}+1,500\text{kg}+300\text{kg}+200\text{kg}}\times 2,500\text{kg}$
　　　　＝ 337,500円

組立部門：　　〃　　　　×1,500kg
　　　　＝ 202,500円

保全部門：$\dfrac{607,500\text{円}}{2,500\text{kg}+1,500\text{kg}+300\text{kg}+200\text{kg}}\times 300\text{kg}$
　　　　＝ 40,500円

事務部門：　　〃　　　　×200kg
　　　　＝ 27,000円

(2) 第2次配賦（製造部門のみに配賦を行う）

事務部門費

機械部門：$\dfrac{27,000\text{円}}{10\text{人}+20\text{人}}\times 10\text{人}=9,000\text{円}$

組立部門：　　〃　　　　×20人 = 18,000円

保全部門費

機械部門：$\dfrac{64,500\text{円}}{400\text{時間}+200\text{時間}}\times 400\text{時間}=43,000\text{円}$

組立部門：　　〃　　　　×200時間 = 21,500円

材料部門費

機械部門：$\dfrac{116,000\text{円}}{2,500\text{kg}+1,500\text{kg}}\times 2,500\text{kg}=72,500\text{円}$

組立部門：　　〃　　　　×1,500kg = 43,500円

(3) 製造部門への配賦額（仕訳金額）

機械部門費：
第1次配賦60,000円 + 320,000円 + 337,500円
　　　　＝ 717,500円
第2次配賦9,000円 + 43,000円 + 72,500円
　　　　＝ 124,500円　　　　　　　　合計：842,000円

組立部門費：
第1次配賦120,000円 + 160,000円 + 202,500円
　　　　＝ 482,500円
第2次配賦18,000円 + 21,500円 + 43,500円
　　　　＝ 83,000円　　　　　　　　合計：565,500円

製造間接費部門別配賦表　　（単位：円）

費　目	合　計	製　造　部　門		補　助　部　門		
		第1製造部	第2製造部	保　全　部	材料倉庫部	工場事務部
部門個別費	4,900,000	1,992,000	1,628,000	475,000	655,000	150,000
福利施設負担額	600,000	150,000	250,000	60,000	40,000	100,000
建物減価償却費	500,000	200,000	200,000	25,000	25,000	50,000
部　門　費	6,000,000	2,342,000	2,078,000	560,000	720,000	300,000
第1次配賦						
工場事務部費		90,000	150,000	36,000	24,000	—
材料倉庫部費		360,000	180,000	180,000	—	—
保　全　部　費		240,000	240,000	—	48,000	32,000
第2次配賦				216,000	72,000	32,000
工場事務部費		12,000	20,000			
材料倉庫部費		48,000	24,000			
保　全　部　費		108,000	108,000			
製造部門費	6,000,000	3,200,000	2,800,000			

解答への道

1. 部門共通費の配賦

福利施設負担額

第1製造部： $\dfrac{600,000円}{60人} \times 15人 = 150,000円$

第2製造部： 〃 $\times 25人 = 250,000円$

保　全　部： 〃 $\times 6人 = 60,000円$

材料倉庫部： 〃 $\times 4人 = 40,000円$

工場事務部： 〃 $\times 10人 = 100,000円$

建物減価償却費

第1製造部： $\dfrac{500,000円}{5,000m^2} \times 2,000m^2 = 200,000円$

第2製造部： 〃 $\times 2,000m^2 = 200,000円$

保　全　部： 〃 $\times 250m^2 = 25,000円$

材料倉庫部： 〃 $\times 250m^2 = 25,000円$

工場事務部： 〃 $\times 500m^2 = 50,000円$

2. 補助部門費の配賦

第1次配賦（製造部門のみならず他の補助部門にも配賦を行う）

工場事務部費

第1製造部： $\dfrac{300,000円}{15人+25人+6人+4人} \times 15人 = 90,000円$

第2製造部： 〃 $\times 25人 = 150,000円$

保　全　部： 〃 $\times 6人 = 36,000円$

材料倉庫部： 〃 $\times 4人 = 24,000円$

材料倉庫部費

第1製造部： $\dfrac{720,000円}{400万円+200万円+200万円} \times 400万円 = 360,000円$

第2製造部： 〃 $\times 200万円 = 180,000円$

保　全　部： 〃 $\times 200万円 = 180,000円$

保全部費

第1製造部： $\dfrac{560,000円}{300時間+300時間+60時間+40時間} \times 300時間 = 240,000円$

第2製造部： 〃 $\times 300時間 = 240,000円$

材料倉庫部： 〃 $\times 60時間 = 48,000円$

工場事務部： 〃 $\times 40時間 = 32,000円$

第2次配賦（製造部門のみに配賦を行う）

工場事務部費

第1製造部： $\dfrac{32,000円}{15人+25人} \times 15人 = 12,000円$

第2製造部： 〃 $\times 25人 = 20,000円$

材料倉庫部費

第1製造部： $\dfrac{72,000円}{400万円+200万円} \times 400万円 = 48,000円$

第2製造部： 〃 $\times 200万円 = 24,000円$

保全部費

第1製造部： $\dfrac{216,000円}{300時間+300時間} \times 300時間 = 108,000円$

第2製造部： 〃 $\times 300時間 = 108,000円$

問題11-1

(1)

切削部門

実際配賦率 | 1,760円/時 |

No.1への配賦額 | 352,000 円 | No.2への配賦額 | 440,000 円 |

組立部門

実際配賦率 | 1,400円/時 |

No.1への配賦額 | 406,000 円 | No.2への配賦額 | 490,000 円 |

(2) 各製造部門から各製品への配賦の仕訳

借方科目	金 額	貸方科目	金 額
仕 掛 品	1,688,000	切削部門費	792,000
		組立部門費	896,000

解答への道

(1) 切削部門

実際配賦率：$\dfrac{792,000円}{200時間 + 250時間} = 1,760円 / 時間$

実際配賦額 $\begin{cases} \text{No.1：@1,760円} \times 200時間 = 352,000円 \\ \text{No.2：@1,760円} \times 250時間 = 440,000円 \end{cases}$

(2) 組立部門

実際配賦率：$\dfrac{896,000円}{290時間 + 350時間} = 1,400円 / 時間$

実際配賦額 $\begin{cases} \text{No.1：@1,400円} \times 290時間 = 406,000円 \\ \text{No.2：@1,400円} \times 350時間 = 490,000円 \end{cases}$

問題11-2

	借方科目	金 額	貸方科目	金 額
(1)	甲製造部門費	150,000	製造間接費	300,000
	乙製造部門費	70,000		
	動力部門費	40,000		
	修繕部門費	10,000		
	工場事務部門費	30,000		
(2)	甲製造部門費	34,000	動力部門費	40,000
	乙製造部門費	46,000	修繕部門費	10,000
			工場事務部門費	30,000
(3)	仕 掛 品	300,000	甲製造部門費	184,000
			乙製造部門費	116,000

甲製造部門費

製造間接費	(150,000)	仕 掛 品	(184,000)
動力部門費	(16,000)		
修繕部門費	(3,000)		
工場事務部門費	(15,000)		
	(184,000)		(184,000)

乙製造部門費

製造間接費	(70,000)	仕 掛 品	(116,000)
動力部門費	(24,000)		
修繕部門費	(7,000)		
工場事務部門費	(15,000)		
	(116,000)		(116,000)

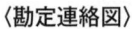

解答への道

〈勘定連絡図〉

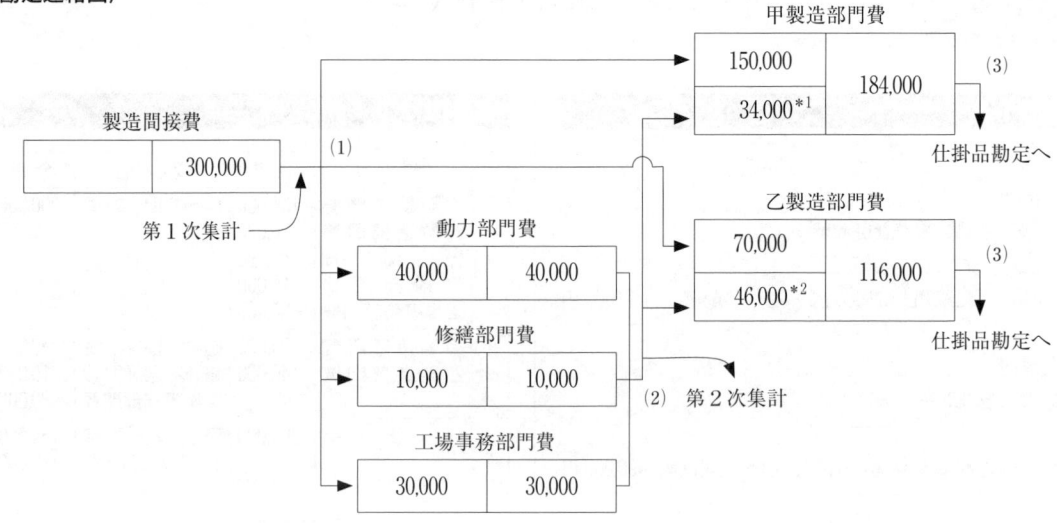

〈補助部門費の各製造部門への配賦額〉……第2次集計

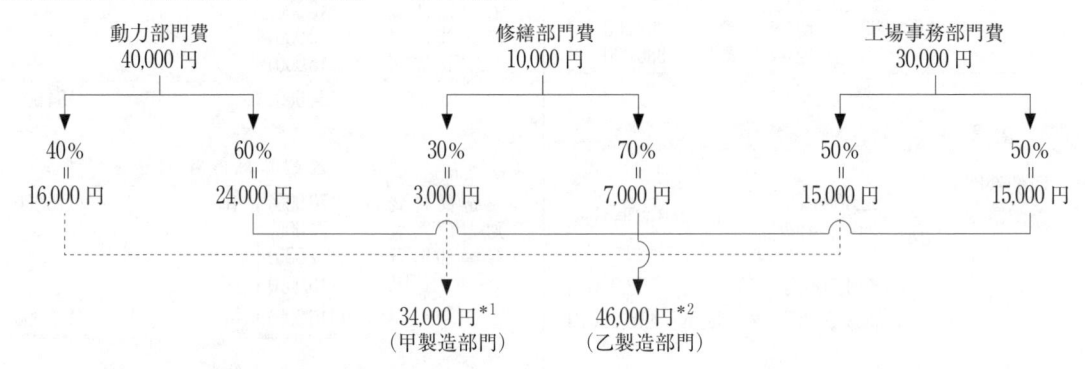

問題11-3

	借 方 科 目	金 額	貸 方 科 目	金 額
(1)	仕 掛 品	1,149,000	甲製造部門費 乙製造部門費	676,000 473,000
(2)	甲製造部門費 乙製造部門費 動 力 部 門 費 修 繕 部 門 費	550,000 380,000 130,000 90,000	製 造 間 接 費	1,150,000
(3)	甲製造部門費 乙製造部門費	118,500 101,500	動 力 部 門 費 修 繕 部 門 費	130,000 90,000
(4)	甲製造部門費 製造部門費配賦差異	7,500 8,500	製造部門費配賦差異 乙製造部門費	7,500 8,500

乙製造部門費

製 造 間 接 費	(380,000)	仕 掛 品	(473,000)
動 力 部 門 費	(52,000)	原 価 差 異	(8,500)
修 繕 部 門 費	(49,500)		
	(481,500)		(481,500)

製造部門費配賦差異

原 価 差 異	(8,500)	原 価 差 異	(7,500)

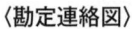

甲製造部門費

製 造 間 接 費	(550,000)	仕 掛 品	(676,000)
動 力 部 門 費	(78,000)		
修 繕 部 門 費	(40,500)		
原 価 差 異	(7,500)		
	(676,000)		(676,000)

〈勘定連絡図〉

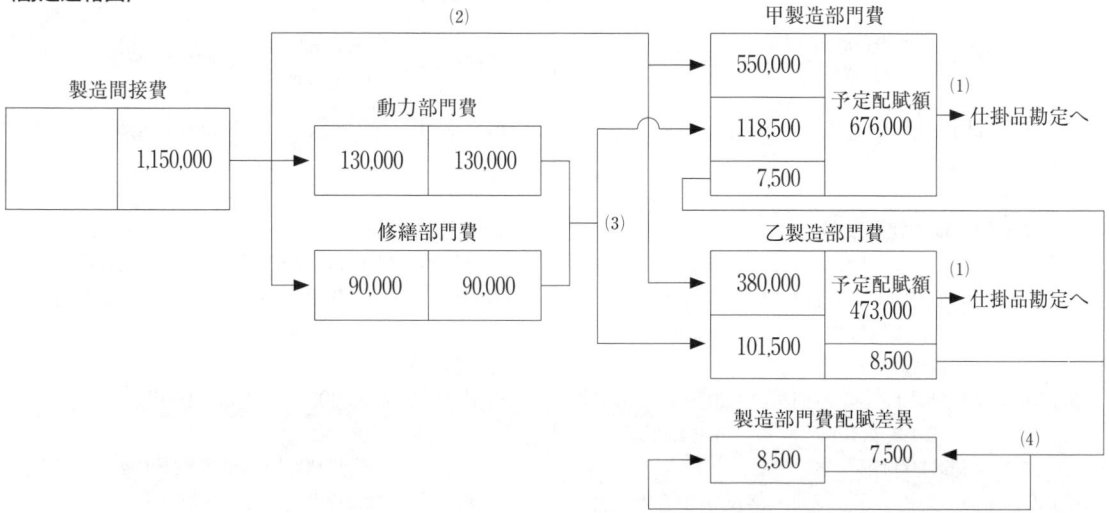

〈予定配賦額の計算〉

(1) 甲製造部門費　@130円 × 5,200時間 = 676,000円

(2) 乙製造部門費　@110円 × 4,300時間 = 473,000円

〈補助部門費の各製造部門への配賦〉

(1) 動力部門費

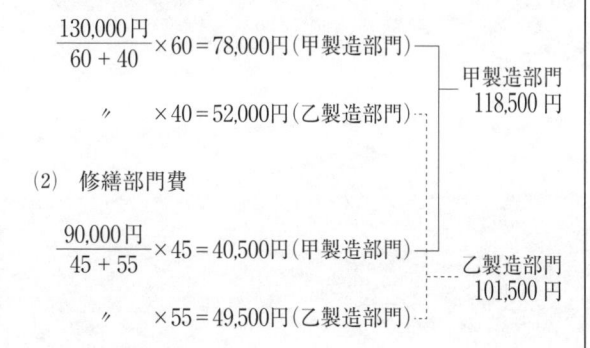

$$\frac{130,000円}{60 + 40} \times 60 = 78,000円（甲製造部門）$$

〃　　　　 × 40 = 52,000円（乙製造部門）⋯

甲製造部門　118,500円

(2) 修繕部門費

$$\frac{90,000円}{45 + 55} \times 45 = 40,500円（甲製造部門）$$

〃　　　　 × 55 = 49,500円（乙製造部門）⋯

乙製造部門　101,500円

〈差異の計算〉

(1) 甲製造部門費

676,000円 − (550,000円 + 118,500円) = 7,500円（貸方差異）
　予定配賦額　　　実際発生額

(2) 乙製造部門費

473,000円 − (380,000円 + 101,500円) = △8,500円（借方差異）
　予定配賦額　　　実際発生額

問題11-4

製造部門別予定配賦率

| 第1製造部門 | 1,200 円 / 時 |
| 第2製造部門 | 800 円 / 時 |

製造指図書別予定配賦額

No.401	1,396,000 円
No.402	1,584,000 円
No.403	980,000 円

製造部門費配賦差異

| 第1製造部門 | （＋）20,000 円 |
| 第2製造部門 | （−）60,000 円 |

(1) 製造部門別予定配賦率

第1製造部門：$\dfrac{3,000,000\,円}{2,500\,時間} = 1,200\,円/時間$

第2製造部門：$\dfrac{1,600,000\,円}{2,000\,時間} = 800\,円/時間$

(2) 製造指図書別予定配賦額

No.401：$\underset{第1製造部門}{\underline{@1,200\,円 \times 750\,時間}} + \underset{第2製造部門}{\underline{@800\,円 \times 620\,時間}}$

$= 1,396,000\,円$

No.402：$\underset{第1製造部門}{\underline{@1,200\,円 \times 840\,時間}} + \underset{第2製造部門}{\underline{@800\,円 \times 720\,時間}}$

$= 1,584,000\,円$

No.403：$\underset{第1製造部門}{\underline{@1,200\,円 \times 510\,時間}} + \underset{第2製造部門}{\underline{@800\,円 \times 460\,時間}}$

$= 980,000\,円$

(3) 製造部門費配賦差異

第1製造部門：@1,200円×2,100時間－2,500,000円
$= 20,000\,円$（貸方差異）

第2製造部門：@ 800円×1,800時間－1,500,000円
$= \triangle 60,000\,円$（借方差異）

問題11-5

製造部門費の予定配賦の仕訳

借方科目	金　額	貸方科目	金　額
仕　掛　品	6,120,000	切削部門費 組立部門費	3,240,000 2,880,000

配賦差異計上の仕訳

借方科目	金　額	貸方科目	金　額
製造部門費配賦差異 組立部門費	80,000 140,000	切削部門費 製造部門費配賦差異	80,000 140,000

---

(1) 予定配賦率

切削部門：$\dfrac{37,800,000\,円}{8,400\,時間} = 4,500\,円/時間$

組立部門：$\dfrac{34,200,000\,円}{9,500\,時間} = 3,600\,円/時間$

(2) 予定配賦額

切削部門：@4,500円×720時間＝3,240,000円
組立部門：@3,600円×800時間＝2,880,000円

(3) 配賦差異

切削部門：$\underset{予\ 定}{\underline{3,240,000\,円}} - \underset{実\ 際}{\underline{3,320,000\,円}}$

$= \triangle 80,000\,円$（借方差異）

組立部門：$\underset{予\ 定}{\underline{2,880,000\,円}} - \underset{実\ 際}{\underline{2,740,000\,円}}$

$= 140,000\,円$（貸方差異）

製造間接費部門別配賦表　　　　　　　（単位：円）

費　目	配賦基準	合　計	製造部門		補助部門		
			切削部門	仕上部門	動力部門	修繕部門	工場事務部門
部門個別費	—	3,460,000	1,356,000	1,202,000	510,000	212,000	180,000
部門共通費	電力消費量	540,000	240,000	120,000	90,000	60,000	30,000
部門費		4,000,000	1,596,000	1,322,000	600,000	272,000	210,000
工場事務部門費	従業員数		140,000	70,000			
修繕部門費	修繕時間		144,000	128,000			
動力部門費	電力消費量		400,000	200,000			
製造部門費		4,000,000	2,280,000	1,720,000			

製造間接費

諸　口	4,000,000	諸　口	4,000,000

工場事務部門費

製造間接費	210,000	切削部門費	(140,000)
		仕上部門費	(70,000)

修繕部門費

製造間接費	272,000	切削部門費	(144,000)
		仕上部門費	(128,000)

動力部門費

製造間接費	600,000	切削部門費	(400,000)
		仕上部門費	(200,000)

切削部門費

製造間接費	1,596,000	仕掛品	(2,200,000)
工場事務部門費	(140,000)	製造部門費配賦差異	(80,000)
修繕部門費	(144,000)		
動力部門費	(400,000)		
	(2,280,000)		(2,280,000)

仕上部門費

製造間接費	1,322,000	仕掛品	(1,760,000)
工場事務部門費	(70,000)		
修繕部門費	(128,000)		
動力部門費	(200,000)		
製造部門費配賦差異	(40,000)		
	(1,760,000)		(1,760,000)

仕掛品

切削部門費	(2,200,000)		
仕上部門費	(1,760,000)		

製造部門費配賦差異

(切削部門費)	(80,000)	(仕上部門費)	(40,000)

解答への道

(1) **第1次集計**：部門個別費の直課及び部門共通費の配賦（本問ではすでに処理済み）

(2) **第2次集計**：補助部門費の配賦（直接配賦法）

・工場事務部門費210,000円を従業員数を基準に配賦します。

$$210,000円 \times \frac{20人}{20人 + 10人} = 140,000円（切削部門）$$

$$210,000円 \times \frac{10人}{20人 + 10人} = 70,000円（仕上部門）$$

・修繕部門費272,000円を修繕時間を基準に配賦します。

$$272,000円 \times \frac{90時間}{90時間 + 80時間} = 144,000円（切削部門）$$

$$272,000円 \times \frac{80時間}{90時間 + 80時間} = 128,000円（仕上部門）$$

・動力部門費600,000円を電力消費量を基準に配賦します。

$$600,000円 \times \frac{800kw}{800kw + 400kw} = 400,000円（切削部門）$$

$$600,000円 \times \frac{400kw}{800kw + 400kw} = 200,000円（仕上部門）$$

(3) **補助部門費配賦額の勘定記入**

上記(2)で求めた数値をそれぞれ補助部門費の各勘定から製造部門費の各勘定に振り替えます。

(切削部門費)	140,000	(工場事務部門費)	210,000
(仕上部門費)	70,000		

(切削部門費)	144,000	(修繕部門費)	272,000
(仕上部門費)	128,000		

(切削部門費)	400,000	(動力部門費)	600,000
(仕上部門費)	200,000		

以上の処理を行うことにより製造間接費がすべて

製造部門費の各勘定に集計されます（結果的に製造間接費勘定の4,000,000円が，切削部門費勘定に2,280,000円，仕上部門費勘定に1,720,000円振り替えられます）。

(4) 製造部門費の配賦

　本問では予定配賦を行っています（切削部門2,200,000円，仕上部門1,760,000円）。

(仕 掛 品)	3,960,000	(切 削 部 門 費)	2,200,000
		(仕 上 部 門 費)	1,760,000

(5) 製造部門費配賦差異の計上

　製造部門費の予定配賦額と実際発生額（集計額）との差額を，製造部門費配賦差異勘定に振り替えます。

(製造部門費配賦差異)	80,000	(切 削 部 門 費)	80,000
(仕 上 部 門 費)	40,000	(製造部門費配賦差異)	40,000

問題11-7

(1)	750 円／時間
(2)	2,400,000 円
(3)	720 円／時間
(4)	600 円／時間
(5)	2,704,800 円

解答への道

(1) 工場1本の配賦率（総括配賦率）の計算

　前期は部門別配賦率を用いていないため，単純に工場全体における製造間接費予算額13,500万円と基準操業度である予定直接作業時間18万時間から求めます。

　13,500万円 ÷ 18万時間 = 750円／時間

(2) 製造指図書No.10に対する製造間接費配賦額

　750円／時間 × (1,040時間 + 2,160時間) = 2,400,000円

　　　総括配賦率　　　実際直接作業時間

(3) 切削部門の部門別予定配賦率（基準操業度は機械運転時間）

　当期は部門別配賦率を用いているため，切削部門における製造間接費予算額7,920万円と切削部門の予定機械運転時間11万時間から求めます。

　7,920万円 ÷ 11万時間 = 720円／時間

(4) 組立部門の部門別予定配賦率（基準操業度は直接作業時間）

　当期は部門別配賦率を用いているため，組立部門における製造間接費予算額8,400万円と組立部門の予定直接作業時間14万時間から求めます。

　8,400万円 ÷ 14万時間 = 600円／時間

(5) 製造指図書No.20に対する製造間接費配賦額

　720円／時間 × 1,840時間 + 600円／時間 × 2,300時間

　　　　　　　実際機械運転時間　　　　　　　実際直接作業時間

　= 2,704,800円

問題11-8

(1)	補助部門費配賦前の甲製造部門費予算額……	9,543,000円
(2)	補助部門費配賦後の乙製造部門費予算額……	25,250,000円
(3)	甲製造部門の予定製造間接費配賦率……	502円／時間
(4)	乙製造部門の予定製造間接費配賦率……	505円／時間
(5)	No.12に対する予定製造間接費配賦額……	1,916,600円

解答への道

　各製造部門費の予定配賦率を求めるには，最終的な製造部門費の予算額を計算しなくてはならないので，予算額による製造間接費部門別配賦表を作成します。

費　目	配賦基準	合　計	製造部門		補助部門	
			甲製造部門	乙製造部門	修繕部門	管理部門
部　門　個　別　費	—	29,738,000	6,213,000	20,330,000	2,418,000	777,000
部　門　共　通　費						
工場減価償却費	床　面　積	5,760,000	2,880,000	2,160,000	432,000	288,000
福利施設負担額	従業員数	1,800,000	450,000	900,000	300,000	150,000
部　　門　　費		37,298,000	9,543,000	23,390,000	3,150,000	1,215,000
管　理　部　門　費	従業員数		405,000	810,000		
修　繕　部　門　費	修繕時間		2,100,000	1,050,000		
製　造　部　門　費		37,298,000	12,048,000	25,250,000		
予定直接作業時間			24,000 時間	50,000 時間		
予　定　配　賦　率			502 円／時間	505 円／時間		

(1)　部門共通費の配賦

　工場減価償却費は床面積を基準に各原価部門に配賦します。

$$甲製造部門：5,760,000 円 \times \frac{400m^2}{800m^2} = 2,880,000 円$$

$$乙製造部門：5,760,000 円 \times \frac{300m^2}{800m^2} = 2,160,000 円$$

$$修 繕 部 門：5,760,000 円 \times \frac{60m^2}{800m^2} = 432,000 円$$

$$管 理 部 門：5,760,000 円 \times \frac{40m^2}{800m^2} = 288,000 円$$

　福利施設負担額は従業員数を基準に各原価部門に配賦します。

$$甲製造部門：1,800,000 円 \times \frac{30 人}{120 人} = 450,000 円$$

$$乙製造部門：1,800,000 円 \times \frac{60 人}{120 人} = 900,000 円$$

$$修 繕 部 門：1,800,000 円 \times \frac{20 人}{120 人} = 300,000 円$$

$$管 理 部 門：1,800,000 円 \times \frac{10 人}{120 人} = 150,000 円$$

(2)　補助部門費の配賦

管理部門費は従業員数を基準に配賦します。

$$甲製造部門：1,215,000 円 \times \frac{30 人}{30 人 + 60 人} = 405,000 円$$

$$乙製造部門：1,215,000 円 \times \frac{60 人}{30 人 + 60 人} = 810,000 円$$

修繕部門費は修繕時間を基準に配賦します。

$$甲製造部門：3,150,000 円 \times \frac{1,000 時間}{1,000 時間 + 500 時間} = 2,100,000 円$$

$$乙製造部門：3,150,000 円 \times \frac{500 時間}{1,000 時間 + 500 時間} = 1,050,000 円$$

(3)　製造部門の予定配賦率の算定

$$甲製造部門：\frac{12,048,000 円}{24,000 時間} = 502 円／時間$$

$$乙製造部門：\frac{25,250,000 円}{50,000 時間} = 505 円／時間$$

(4)　製造指図書No.12への製造間接費配賦額

甲製造部門：
502円／時間×800時間＝401,600円

乙製造部門：
505円／時間×3,000時間＝1,515,000円

} 1,916,600 円

月末仕掛品原価	226,000 円

完 成 品 原 価	1,360,000 円	完成品単位原価@	680 円

解答への道

(1) 月末仕掛品原価

仕掛品－直接材料費

	完　成	
	2,000 個	600,000 円
当月投入		
750,000 円 2,500 個	月　末 500 個	150,000 円

$$750,000 円 \times \frac{500 個}{2,000 個 + 500 個} = 150,000 円$$

仕掛品－加工費

	完　成	
	2,000 個	760,000 円
当月投入		
836,000 円 2,200 個	月　末 500 個×0.4 =200 個	76,000 円

$$836,000 円 \times \frac{200 個}{2,000 個 + 200 個} = 76,000 円$$

合　計
150,000 円 + 76,000 円 = 226,000 円

(2) 完成品原価
750,000 円 + 836,000 円 － 226,000 円 = 1,360,000 円

(3) 完成品単位原価
1,360,000 円 ÷ 2,000 個 = 680 円／個

総合原価計算（Ⅱ）

問題13-1

(1) 平均法

月末仕掛品原価　1,040,000円

完成品原価　6,480,000円　　完成品単位原価@　720.00円

または@　720円

(2) 先入先出法

月末仕掛品原価　980,000円

完成品原価　6,540,000円　　完成品単位原価@　726.67円

解答への道

(1) 平均法

① 直接材料費

仕掛品 − 直接材料費

	月　初 2,500 個	完成品
885,000 円 =		9,000 個
2,635,000 円 =	当月投入 8,500 個	月　末 2,000 個

〈月末仕掛品原価〉

$$\frac{885,000 \text{円} + 2,635,000 \text{円}}{9,000 \text{個} + 2,000 \text{個}} \times 2,000 \text{個} = 640,000 \text{円}$$

〈完成品原価〉

885,000円 + 2,635,000円 − 640,000円 = 2,880,000円

② 加工費

仕掛品 − 加工費

	月　初 2,500個 × 0.2 = 500 個	完成品
580,000 円 =		9,000 個
3,420,000 円 =	当月投入 9,500 個	月　末 2,000個 × 0.5 = 1,000 個

〈月末仕掛品原価〉

$$\frac{580,000 \text{円} + 3,420,000 \text{円}}{9,000 \text{個} + 1,000 \text{個}} \times 1,000 \text{個} = 400,000 \text{円}$$

〈完成品原価〉

580,000円 + 3,420,000円 − 400,000円 = 3,600,000円

③ 合　計

月末仕掛品原価：640,000円 + 400,000円 = 1,040,000円
完成品原価：2,880,000円 + 3,600,000円 = 6,480,000円
完成品単位原価：6,480,000円 ÷ 9,000個 = @720.00円

(2) 先入先出法

① 直接材料費

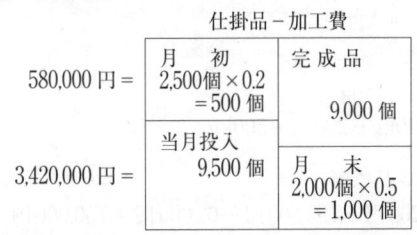

仕掛品 − 直接材料費

	月　初 2,500 個	完成品
885,000 円 =		9,000 個
2,635,000 円 =	当月投入 8,500 個	月　末 2,000 個

〈月末仕掛品原価〉

$$\frac{2,635,000 \text{円}}{9,000 \text{個} - 2,500 \text{個} + 2,000 \text{個}} \times 2,000 \text{個} = 620,000 \text{円}$$

〈完成品原価〉

885,000円 + 2,635,000円 − 620,000円 = 2,900,000円

② 加工費

仕掛品 − 加工費

	月　初 2,500個 × 0.2 = 500 個	完成品
580,000 円 =		9,000 個
3,420,000 円 =	当月投入 9,500 個	月　末 2,000個 × 0.5 = 1,000 個

〈月末仕掛品原価〉

$$\frac{3,420,000 \text{円}}{9,000 \text{個} - 500 \text{個} + 1,000 \text{個}} \times 1,000 \text{個} = 360,000 \text{円}$$

〈完成品原価〉

580,000円 + 3,420,000円 − 360,000円 = 3,640,000円

③ 合　計

月末仕掛品原価：620,000円 + 360,000円 = 980,000円
完成品原価：2,900,000円 + 3,640,000円 = 6,540,000円
完成品単位原価：6,540,000円 ÷ 9,000個 ≒ @726.67円

（円位未満第3位四捨五入）

(1)

総合原価計算表 （単位：円）

摘　要	直接材料費	加工費	合　計
月初仕掛品	19,200	25,200	44,400
当月製造費用	793,800	792,000	1,585,800
合　計	813,000	817,200	1,630,200
月末仕掛品	63,000	13,200	76,200
完成品原価	750,000	804,000	1,554,000

(2)

借方科目	金　額	貸方科目	金　額
製　品	1,554,000	仕掛品	1,554,000

解答への道

(1) 直接材料費

仕掛品 – 直接材料費

	月　初 200kg	当月完成 6,000kg
19,200 円 =		
793,800 円 =	当月投入 6,300kg	月　末 500kg

〈月末仕掛品原価〉

$$\frac{793,800 円}{6,000kg - 200kg + 500kg} \times 500kg = 63,000 円$$

〈完成品原価〉

$19,200 円 + 793,800 円 - 63,000 円 = 750,000 円$

(2) 加工費

仕掛品 – 加工費

	月　初 200kg×0.5 = 100kg	当月完成 6,000kg
25,200 円 =		
792,000 円 =	当月投入 （差引） 6,000kg	月　末 500kg×0.2 = 100kg

〈月末仕掛品原価〉

$$\frac{792,000 円}{6,000kg - 100kg + 100kg} \times 100kg = 13,200 円$$

〈完成品原価〉

$25,200 円 + 792,000 円 - 13,200 円 = 804,000 円$

仕　掛　品 （単位：円）

月初有高：		当月完成高：	
原料費	135,000	原料費	(1,912,500)
加工費	31,000	加工費	(2,550,000)
小　計	166,000	小　計	(4,462,500)
当月製造費用：		月末有高：	
原料費	1,980,000	原料費	(202,500)
加工費	2,654,000	加工費	(135,000)
小　計	4,634,000	小　計	(337,500)
	4,800,000		(4,800,000)

解答への道

(1) 原料費

仕掛品 – 原料費

	月　初 400台	完成品 8,500台
135,000 円 =		
1,980,000 円 =	当月投入 9,000台	月　末 900台

〈月末仕掛品原価〉

$$\frac{135,000 円 + 1,980,000 円}{8,500台 + 900台} \times 900台 = 202,500 円$$

〈完成品原価〉

$135,000 円 + 1,980,000 円 - 202,500 円 = 1,912,500 円$

(2) 加工費

仕掛品 – 加工費

	月　初 400台×0.25 = 100台	完成品 8,500台
31,000 円 =		
2,654,000 円 =	当月投入 （差引） 8,850台	月　末 900台×0.5 = 450台

〈月末仕掛品原価〉

$$\frac{31,000 円 + 2,654,000 円}{8,500台 + 450台} \times 450台 = 135,000 円$$

〈完成品原価〉

$31,000 円 + 2,654,000 円 - 135,000 円 = 2,550,000 円$

(1) 平均法

月末仕掛品原価 | 1,800,000円

完成品原価 | 10,200,000円　完成品単位原価@ | 2,000.00円

または@ | 2,000円

(2) 先入先出法

月末仕掛品原価 | 1,575,000円

完成品原価 | 10,425,000円　完成品単位原価@ | 2,044.12円

解答への道

材料は加工に応じて投入されているため，加工費と同様に加工進捗度を加味して月末仕掛品の評価を行います。

(1) 平均法

① 原料費

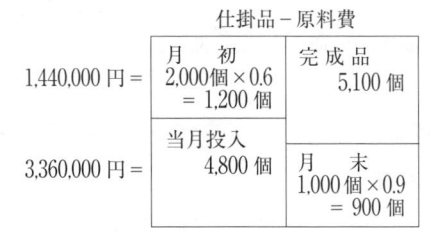

仕掛品 – 原料費

1,440,000円＝ 月初 2,000個×0.6＝1,200個 ／ 完成品 5,100個

3,360,000円＝ 当月投入 4,800個 ／ 月末 1,000個×0.9＝900個

〈月末仕掛品原価〉

$$\frac{1,440,000円 + 3,360,000円}{5,100個 + 900個} \times 900個 = 720,000円$$

〈完成品原価〉

1,440,000円 + 3,360,000円 − 720,000円 = 4,080,000円

② 加工費

仕掛品 – 加工費

2,160,000円＝ 月初 2,000個×0.6＝1,200個 ／ 完成品 5,100個

5,040,000円＝ 当月投入 4,800個 ／ 月末 1,000個×0.9＝900個

〈月末仕掛品原価〉

$$\frac{2,160,000円 + 5,040,000円}{5,100個 + 900個} \times 900個 = 1,080,000円$$

〈完成品原価〉

2,160,000円 + 5,040,000円 − 1,080,000円 = 6,120,000円

③ 合　計

月末仕掛品原価：720,000円 + 1,080,000円 = 1,800,000円
完成品原価：4,080,000円 + 6,120,000円 = 10,200,000円
完成品単位原価：10,200,000円 ÷ 5,100個 = @2,000.00円

(2) 先入先出法

① 原料費

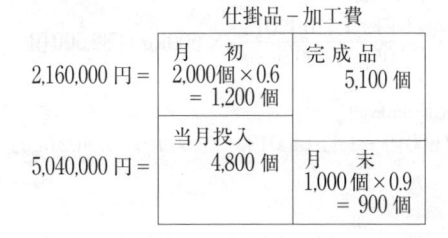

仕掛品 – 原料費

1,440,000円＝ 月初 2,000個×0.6＝1,200個 ／ 完成品 5,100個

3,360,000円＝ 当月投入 4,800個 ／ 月末 1,000個×0.9＝900個

〈月末仕掛品原価〉

$$\frac{3,360,000円}{5,100個 - 1,200個 + 900個} \times 900個 = 630,000円$$

〈完成品原価〉

1,440,000円 + 3,360,000円 − 630,000円 = 4,170,000円

② 加工費

仕掛品 – 加工費

2,160,000円＝ 月初 2,000個×0.6＝1,200個 ／ 完成品 5,100個

5,040,000円＝ 当月投入 4,800個 ／ 月末 1,000個×0.9＝900個

〈月末仕掛品原価〉

$$\frac{5,040,000円}{5,100個 - 1,200個 + 900個} \times 900個 = 945,000円$$

〈完成品原価〉

2,160,000円 + 5,040,000円 − 945,000円 = 6,255,000円

③ 合　計

月末仕掛品原価：630,000円 + 945,000円 = 1,575,000円
完成品原価：4,170,000円 + 6,255,000円 = 10,425,000円
完成品単位原価：10,425,000円 ÷ 5,100個 ≒ @2,044.12円

（円位未満第3位四捨五入）

① 月末仕掛品原価　131,700円

② 完成品原価　3,060,000円

③ 完成品単位原価　@　360円

解答への道

(1)　A原料費

仕掛品 − A原料費

	月　初 400kg	完成品 8,500kg
74,600 円 =		
1,410,400 円 =	当月投入 8,600kg	月　末 500kg

〈月末仕掛品原価〉

$$\frac{74,600\text{円} + 1,410,400\text{円}}{8,500\text{kg} + 500\text{kg}} \times 500\text{kg} = 82,500\text{円}$$

〈完成品原価〉

$$74,600\text{円} + 1,410,400\text{円} - 82,500\text{円} = 1,402,500\text{円}$$

(2)　B原料費

　B原料費は，加工中平均的（＝加工に比例して）に投入されるので，加工費と同様，加工進捗度を考慮した完成品換算量によって計算を行います。

仕掛品 − B原料費

	月　初 400kg×0.5 = 200kg	完成品 8,500kg
18,200 円 =		
404,200 円 =	当月投入 8,600kg	月　末 500kg×0.6 = 300kg

〈月末仕掛品原価〉

$$\frac{18,200\text{円} + 404,200\text{円}}{8,500\text{kg} + 300\text{kg}} \times 300\text{kg} = 14,400\text{円}$$

〈完成品原価〉

$$18,200\text{円} + 404,200\text{円} - 14,400\text{円} = 408,000\text{円}$$

(3)　C原料費

　C原料費は，工程の終点で投入されるので，全額，完成品原価とします。

(4)　加工費

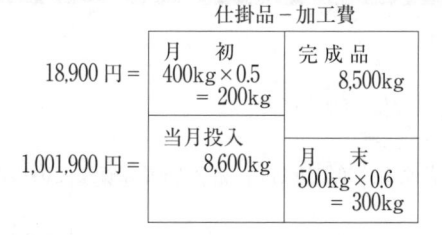

仕掛品 − 加工費

	月　初 400kg×0.5 = 200kg	完成品 8,500kg
18,900 円 =		
1,001,900 円 =	当月投入 8,600kg	月　末 500kg×0.6 = 300kg

〈月末仕掛品原価〉

$$\frac{18,900\text{円} + 1,001,900\text{円}}{8,500\text{kg} + 300\text{kg}} \times 300\text{kg} = 34,800\text{円}$$

〈完成品原価〉

$$18,900\text{円} + 1,001,900\text{円} - 34,800\text{円} = 986,000\text{円}$$

(5)　合　計

月末仕掛品原価：82,500円 + 14,400円 + 34,800円 = 131,700円

完成品原価：1,402,500円 + 408,000円
　　　　　　　+ 263,500円 + 986,000円 = 3,060,000円

完成品単位原価：3,060,000円 ÷ 8,500kg = @360円

問1

(単位：千円)

	借方科目	金額	貸方科目	金額
(1)	仕　掛　品	1,300	原　　　料	1,300
(2)	仕　掛　品	1,650	加　工　費	1,650
(3)	製　　　品	2,900	仕　掛　品	2,900
(4)	加工費配賦差異	50	加　工　費	50

問2

加　工　費　(単位：千円)

賃金・給料消費額	（ 850）	予定配賦額	(1,650)
間接材料費	（ 150）	配賦差異	（ 50）
間接経費	（ 700）		
	(1,700)		(1,700)

仕　掛　品　(単位：千円)

月初有高	400	当月完成高	(2,900)
原料費	(1,300)	月末有高	450
加工費	(1,650)		
	(3,350)		(3,350)

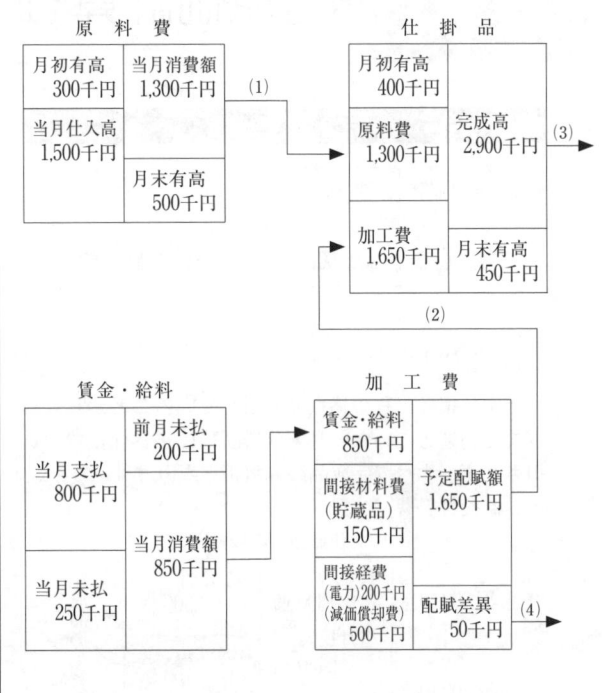

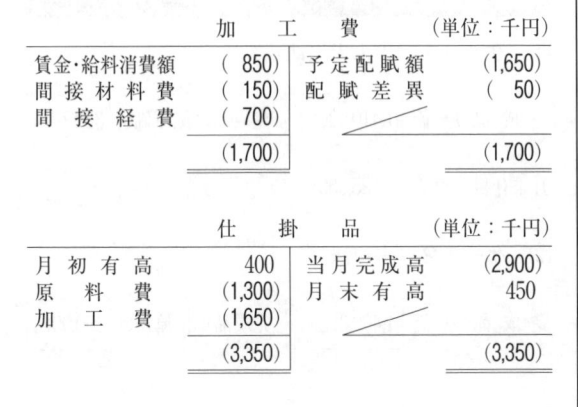

原料費

当月消費額：$\underset{\text{月初有高}}{300\text{千円}} + \underset{\text{当月仕入}}{1,500\text{千円}} - \underset{\text{月末有高}}{500\text{千円}}$

$= 1,300\text{千円}$

加工費

予定配賦率を計算したあとに予定配賦額を算定します。

予定配賦率：$\underset{\text{年間加工費予算額}}{54,000\text{千円}} \div \underset{\text{年間予定直接作業時間}}{36,000\text{時間}}$

$= 1.5\text{千円／時間}$

予定配賦額：$\underset{\text{予定配賦率}}{1.5\text{千円／時間}} \times \underset{\text{実際直接作業時間}}{1,100\text{時間}} = 1,650\text{千円}$

賃金・給料

当月消費額：$\underset{\text{当月支払}}{800\text{千円}} - \underset{\text{前月未払}}{200\text{千円}} + \underset{\text{当月未払}}{250\text{千円}} = 850\text{千円}$

間接材料費

本問では，貯蔵品消費額の150千円のみです。

間接経費

$\underset{\text{電力消費額}}{200\text{千円}} + \underset{\text{減価償却費}}{500\text{千円}} = 700\text{千円}$

配賦差異

$\underset{\text{予定配賦額}}{1,650\text{千円}} - (\underset{\text{実際発生額}}{850\text{千円} + 150\text{千円} + 700\text{千円}})$

$= \triangle 50\text{千円（借方差異）}$

当月完成高

完成高：$\underset{\text{月初有高}}{400\text{千円}} + \underset{\text{原料費}}{1,300\text{千円}} + \underset{\text{加工費}}{1,650\text{千円}} - \underset{\text{月末有高}}{450\text{千円}}$

$= 2,900\text{千円}$

問題14-1

月末仕掛品原価 $\boxed{95{,}750\text{円}}$

完 成 品 原 価 $\boxed{860{,}250\text{円}}$ 完成品単位原価@ $\boxed{573.5\text{円}}$

解答への道

　正常仕損は工程の終点で発生していることから，終点まで到達していない月末仕掛品には正常仕損費を負担させず，すべて完成品のみ負担となります。

(1) 直接材料費

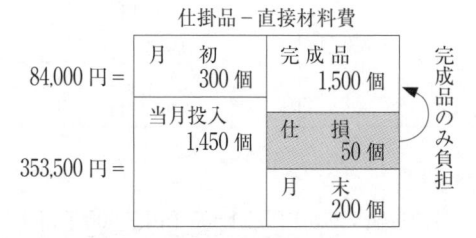

〈月末仕掛品原価〉

$$\frac{84{,}000\text{円}+353{,}500\text{円}}{1{,}500\text{個}+50\text{個}+200\text{個}}\times200\text{個}=50{,}000\text{円}$$

〈完成品原価〉

$$84{,}000\text{円}+353{,}500\text{円}-50{,}000\text{円}=387{,}500\text{円}$$

(2) 加工費

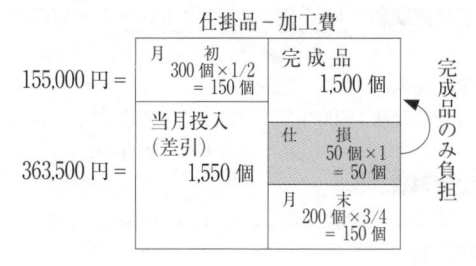

〈月末仕掛品原価〉

$$\frac{155{,}000\text{円}+363{,}500\text{円}}{1{,}500\text{個}+50\text{個}+150\text{個}}\times150\text{個}=45{,}750\text{円}$$

〈完成品原価〉

$$155{,}000\text{円}+363{,}500\text{円}-45{,}750\text{円}=472{,}750\text{円}$$

(3) 合 計

月末仕掛品原価：50,000円 + 45,750円 = 95,750円
完 成 品 原 価：387,500円 + 472,750円 = 860,250円
完成品単位原価：860,250円 ÷ 1,500個 = @573.5円

問題14-2

(1) **ケース1** （先入先出法）

完 成 品 原 価 $\boxed{1{,}410{,}930\text{円}}$ 完成品単位原価@ $\boxed{352.73\text{円}}$

月末仕掛品原価 $\boxed{125{,}350\text{円}}$

(2) **ケース2** （平均法）

完 成 品 原 価 $\boxed{1{,}400{,}000\text{円}}$ 完成品単位原価@ $\boxed{350.00\text{円}}$

または@ $\boxed{350\text{円}}$

月末仕掛品原価 $\boxed{136{,}280\text{円}}$

解答への道

　正常仕損は工程始点で生じていることから，正常仕損費は始点を通過した良品（完成品と月末仕掛品）に負担させます。

1．先入先出法

(1) 原料費

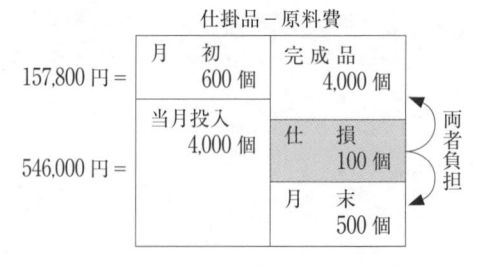

〈月末仕掛品原価〉

$$\frac{546{,}000\text{円}}{4{,}000\text{個}-600\text{個}+500\text{個}}\times500\text{個}=70{,}000\text{円}$$

〈完成品原価〉

$$157{,}800\text{円}+546{,}000\text{円}-70{,}000\text{円}=633{,}800\text{円}$$

(2) 加工費

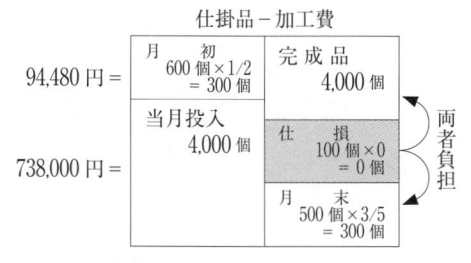

仕掛品 – 加工費

$94,480$円 ＝
月 初
600 個×1/2
＝ 300 個

完成品
4,000 個

$738,000$円 ＝
当月投入
4,000 個

仕 損
100 個×0
＝ 0 個

月 末
500 個×3/5
＝ 300 個

両者負担

〈月末仕掛品原価〉
$$\frac{738,000円}{4,000個 - 300個 + 300個} \times 300個 = 55,350円$$

〈完成品原価〉
$94,480円 + 738,000円 - 55,350円 = 777,130円$

(3) 合 計
月末仕掛品原価：$70,000円 + 55,350円 = 125,350円$
完 成 品 原 価：$633,800円 + 777,130円 = 1,410,930円$
完成品単位原価：$1,410,930円 ÷ 4,000個 ≒ @352.73円$

（円位未満第 3 位四捨五入）

2．平均法

(1) 原料費

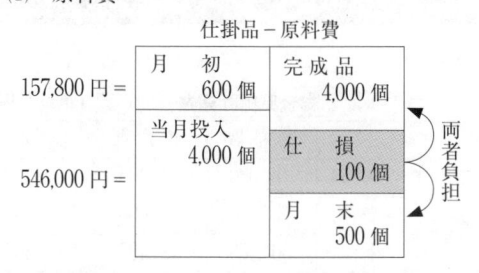

仕掛品 – 原料費

$157,800$円 ＝
月 初
600 個

完成品
4,000 個

$546,000$円 ＝
当月投入
4,000 個

仕 損
100 個

月 末
500 個

両者負担

〈月末仕掛品原価〉
$$\frac{157,800円 + 546,000円}{4,000個 + 500個} \times 500個 = 78,200円$$

〈完成品原価〉
$157,800円 + 546,000円 - 78,200円 = 625,600円$

(2) 加工費

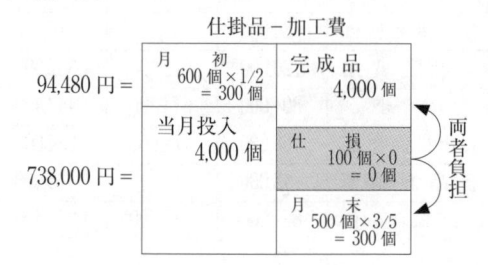

仕掛品 – 加工費

$94,480$円 ＝
月 初
600 個×1/2
＝ 300 個

完成品
4,000 個

$738,000$円 ＝
当月投入
4,000 個

仕 損
100 個×0
＝ 0 個

月 末
500 個×3/5
＝ 300 個

両者負担

〈月末仕掛品原価〉
$$\frac{94,480円 + 738,000円}{4,000個 + 300個} \times 300個 = 58,080円$$

〈完成品原価〉
$94,480円 + 738,000円 - 58,080円 = 774,400円$

3．合 計
月末仕掛品原価：$78,200円 + 58,080円 = 136,280円$
完 成 品 原 価：$625,600円 + 774,400円 = 1,400,000円$
完成品単位原価：$1,400,000円 ÷ 4,000個 = @350.00円$

（ケース１）
完 成 品 原 価 ┃1,078,000円┃　完成品単位原価＠┃539円┃

月末仕掛品原価 ┃268,000円┃

（ケース２）
完 成 品 原 価 ┃1,060,000円┃　完成品単位原価＠┃530円┃

月末仕掛品原価 ┃286,000円┃

解答への道

（ケース１）

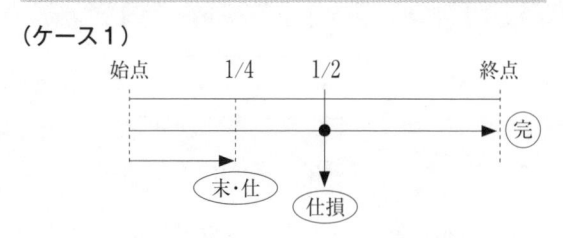

始点　　　1/4　　　1/2　　　　　終点

末・仕　　　　仕損　　　　完

　完成品のみが正常仕損の発生点を通過していることから，正常仕損費は完成品のみが負担します。

(1) 直接材料費

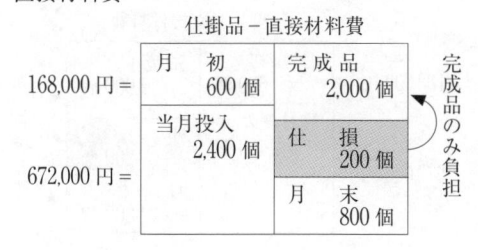

仕掛品 – 直接材料費

$168,000$円 ＝
月 初
600 個

完成品
2,000 個

$672,000$円 ＝
当月投入
2,400 個

仕 損
200 個

月 末
800 個

完成品のみ負担

〈月末仕掛品原価〉
$$\frac{168,000円 + 672,000円}{2,000個 + 200個 + 800個} \times 800個 = 224,000円$$

〈完成品原価〉
$168,000円 + 672,000円 - 224,000円 = 616,000円$

(2) 加工費

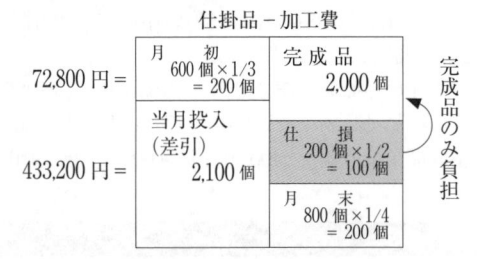

仕掛品－加工費

72,800 円 ＝ | 月　初 600 個×1/3 ＝ 200 個 | 完成品 2,000 個

433,200 円 ＝ | 当月投入 （差引） 2,100 個 | 仕　損 200 個×1/2 ＝ 100 個 ／ 月　末 800 個×1/4 ＝ 200 個

完成品のみ負担

〈月末仕掛品原価〉

$$\frac{72,800\text{円}+433,200\text{円}}{2,000\text{個}+100\text{個}+200\text{個}}\times 200\text{個}=44,000\text{円}$$

〈完成品原価〉

72,800 円 ＋ 433,200 円 － 44,000 円 ＝ 462,000 円

(3) 合　計

月末仕掛品原価：224,000 円 ＋ 44,000 円 ＝ 268,000 円
完　成　品　原　価：616,000 円 ＋ 462,000 円 ＝ 1,078,000 円
完成品単位原価：1,078,000 円 ÷ 2,000 個 ＝ @ 539 円

〈ケース2〉

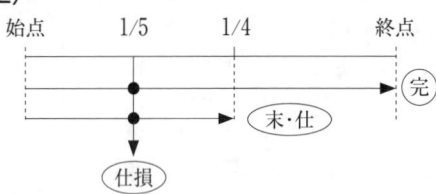

始点　　　1/5　　　1/4　　　　終点

完
末・仕
仕損

正常仕損の発生点を完成品と月末仕掛品の両者が通過していることから，正常仕損費は完成品と月末仕掛品の両者が負担します。

(1) 直接材料費

仕掛品－直接材料費

168,000 円 ＝ | 月　初 600 個 | 完成品 2,000 個

672,000 円 ＝ | 当月投入 2,400 個 | 仕　損 200 個 ／ 月　末 800 個

両者負担

〈月末仕掛品原価〉

$$\frac{168,000\text{円}+672,000\text{円}}{2,000\text{個}+800\text{個}}\times 800\text{個}=240,000\text{円}$$

〈完成品原価〉

168,000 円 ＋ 672,000 円 － 240,000 円 ＝ 600,000 円

(2) 加工費

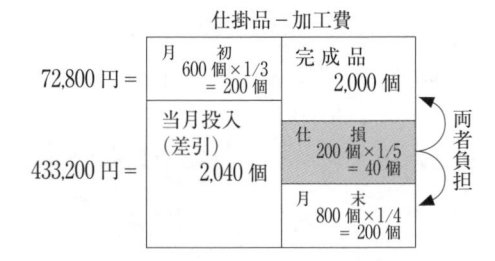

仕掛品－加工費

72,800 円 ＝ | 月　初 600 個×1/3 ＝ 200 個 | 完成品 2,000 個

433,200 円 ＝ | 当月投入 （差引） 2,040 個 | 仕　損 200 個×1/5 ＝ 40 個 ／ 月　末 800 個×1/4 ＝ 200 個

両者負担

〈月末仕掛品原価〉

$$\frac{72,800\text{円}+433,200\text{円}}{2,000\text{個}+200\text{個}}\times 200\text{個}=46,000\text{円}$$

〈完成品原価〉

72,800 円 ＋ 433,200 円 － 46,000 円 ＝ 460,000 円

(3) 合　計

月末仕掛品原価：240,000 円 ＋ 46,000 円 ＝ 286,000 円
完　成　品　原　価：600,000 円 ＋ 460,000 円 ＝ 1,060,000 円
完成品単位原価：1,060,000 円 ÷ 2,000 個 ＝ @ 530 円

問題14-4

1. 平均法

総合原価計算表　　　　（単位：円）

	原料費	加工費	合　計
月初仕掛品原価	84,000	32,400	116,400
当月製造費用	720,000	612,000	1,332,000
合　　計	804,000	644,400	1,448,400
月末仕掛品原価	160,800	71,600	232,400
仕損品評価額	15,000	——	15,000
完成品総合原価	628,200	572,800	1,201,000

2. 先入先出法

総合原価計算表　　　　（単位：円）

	原料費	加工費	合　計
月初仕掛品原価	84,000	32,400	116,400
当月製造費用	720,000	612,000	1,332,000
合　　計	804,000	644,400	1,448,400
月末仕掛品原価	160,000	72,000	232,000
仕損品評価額	15,000	——	15,000
完成品総合原価	629,000	572,400	1,201,400

正常仕損は工程の終点で発生していることから，終点まで到達していない月末仕掛品は正常仕損費を負担せず，全額，完成品のみが負担します。

1．平均法

(1) 原料費

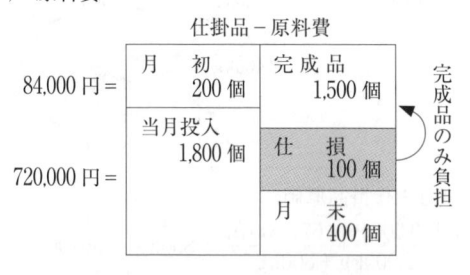

〈月末仕掛品原価〉

$$\frac{84,000 円 + 720,000 円}{1,500 個 + 100 個 + 400 個} \times 400 個 = 160,800 円$$

〈完成品原価〉

84,000 円 + 720,000 円 − 160,800 円 − @ 150 円 × 100 個 = 628,200 円

(2) 加工費

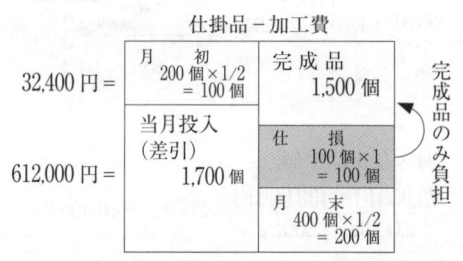

〈月末仕掛品原価〉

$$\frac{32,400 円 + 612,000 円}{1,500 個 + 100 個 + 200 個} \times 200 個 = 71,600 円$$

〈完成品原価〉

32,400 円 + 612,000 円 − 71,600 円 = 572,800 円

2．先入先出法

(1) 原料費

〈月末仕掛品原価〉

$$\frac{720,000 円}{1,500 個 − 200 個 + 100 個 + 400 個} \times 400 個 = 160,000 円$$

〈完成品原価〉

84,000 円 + 720,000 円 − 160,000 円 − @ 150 円 × 100 個 = 629,000 円

(2) 加工費

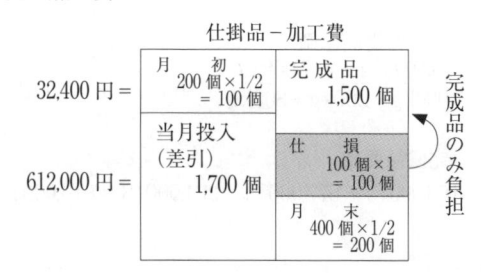

〈月末仕掛品原価〉

$$\frac{612,000 円}{1,500 個 − 100 個 + 100 個 + 200 個} \times 200 個 = 72,000 円$$

〈完成品原価〉

32,400 円 + 612,000 円 − 72,000 円 = 572,400 円

問題14-5

（ケース1）

完成品原価 1,078,000円　完成品単位原価@ 539円

月末仕掛品原価 268,000円

（ケース2）

完成品原価 1,060,000円　完成品単位原価@ 530円

月末仕掛品原価 286,000円

（ケース1）

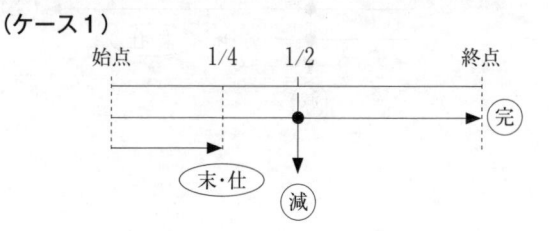

完成品のみが正常減損の発生点を通過していることから，正常減損費は完成品のみが負担します。

(1) 直接材料費

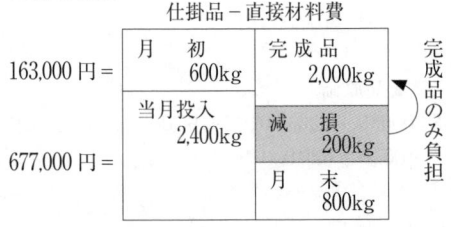

〈月末仕掛品原価〉
$$\frac{163,000円 + 677,000円}{2,000kg + 200kg + 800kg} \times 800kg = 224,000円$$

〈完成品原価〉
163,000円 + 677,000円 − 224,000円 = 616,000円

(2) 加工費

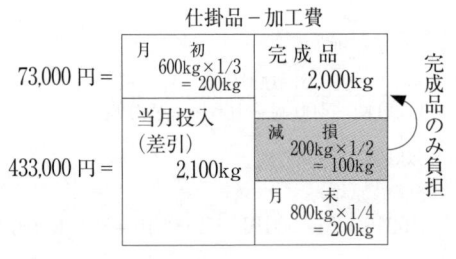

〈月末仕掛品原価〉
$$\frac{73,000円 + 433,000円}{2,000kg + 100kg + 200kg} \times 200kg = 44,000円$$

〈完成品原価〉
73,000円 + 433,000円 − 44,000円 = 462,000円

(3) 合　計
月末仕掛品原価：224,000円 + 44,000円 = 268,000円
完 成 品 原 価：616,000円 + 462,000円 = 1,078,000円
完成品単位原価：1,078,000円 ÷ 2,000kg ＝ @539円

〈ケース2〉

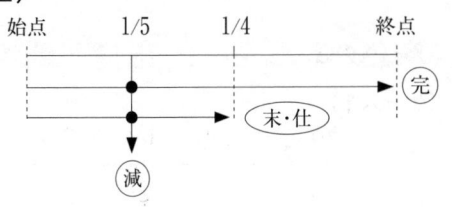

　正常減損の発生点を完成品と月末仕掛品の両者が通過していることから，正常減損費は完成品と月末仕掛品の両者が負担します。

(1) 直接材料費

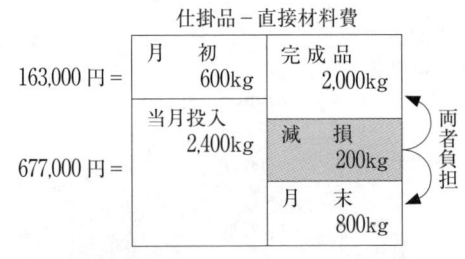

〈月末仕掛品原価〉
$$\frac{163,000円 + 677,000円}{2,000kg + 800kg} \times 800kg = 240,000円$$

〈完成品原価〉
163,000円 + 677,000円 − 240,000円 = 600,000円

(2) 加工費

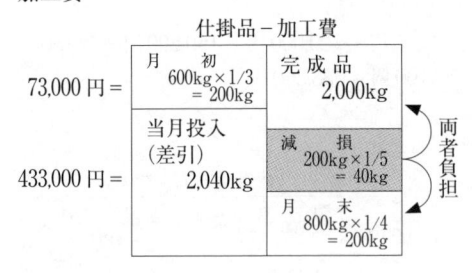

〈月末仕掛品原価〉
$$\frac{73,000円 + 433,000円}{2,000kg + 200kg} \times 200kg = 46,000円$$

〈完成品原価〉
73,000円 + 433,000円 − 46,000円 = 460,000円

(3) 合　計
月末仕掛品原価：240,000円 + 46,000円 = 286,000円
完 成 品 原 価：600,000円 + 460,000円 = 1,060,000円
完成品単位原価：1,060,000円 ÷ 2,000kg ＝ @530円

	原 料 費	加 工 費
月末仕掛品原価	12,000 円	5,600 円
完 成 品 原 価	164,000 円	117,600 円

解答への道

　副産物の発生点は工程終点であり，すべて完成品から生じたといえることから，その評価額は完成品原価から控除します。

(1) 原料費

仕掛品－原料費

20,000 円 =	月　初 500kg
	完 成 品 4,000kg
160,000 円 =	当月投入 4,000kg
	副 産 物 200kg
	月　末 300kg

〈月末仕掛品原価〉

$$\frac{20,000\,円 + 160,000\,円}{4,000kg + 200kg + 300kg} \times 300kg = 12,000\,円$$

〈完成品原価〉

$$20,000\,円 + 160,000\,円 - \underset{月\ 末}{\underline{12,000\,円}} - \underset{副産物評価額}{\underline{20\,円 \times 200kg}}$$

$$= 164,000\,円$$

(2) 加工費

仕掛品－加工費

3,200 円 =	月　初 500kg×1/5 = 100kg
	完 成 品 4,000kg
120,000 円 =	当月投入 （差引） 4,300kg
	副 産 物 200kg×1 = 200kg
	月　末 300kg×2/3 = 200kg

〈月末仕掛品原価〉

$$\frac{3,200\,円 + 120,000\,円}{4,000kg + 200kg + 200kg} \times 200kg = 5,600\,円$$

〈完成品原価〉

$$3,200\,円 + 120,000\,円 - \underset{月\ 末}{\underline{5,600\,円}} = 117,600\,円$$

15 総合原価計算（Ⅳ）

第1工程完了品	直接材料費	4,060千円
	加工費	5,240千円
第2工程完成品	前工程費	7,480千円
	加工費	8,320千円

解答への道

1．第1工程の計算（先入先出法）

(1) 直接材料費

仕掛品－直接材料費

$1,260千円 =$ 月初 30kg ／ 完了品 100kg

$3,600千円 =$ 当月投入 90kg ／ 月末 20kg

〈月末仕掛品原価〉

$$\frac{3,600千円}{100kg - 30kg + 20kg} \times 20kg = 800千円$$

〈完了品原価〉

$1,260千円 + 3,600千円 - 800千円 = 4,060千円$

(2) 加工費

仕掛品－加工費

$560千円 =$ 月初 $30kg \times 1/3 = 10kg$ ／ 完了品 100kg

$5,200千円 =$ 当月投入（差引）100kg ／ 月末 $20kg \times 1/2 = 10kg$

〈月末仕掛品原価〉

$$\frac{5,200千円}{100kg - 10kg + 10kg} \times 10kg = 520千円$$

〈完了品原価〉

$560千円 + 5,200千円 - 520千円 = 5,240千円$

(3) 合計

月末仕掛品原価：$800千円 + 520千円 = 1,320千円$
完了品原価：$4,060千円 + 5,240千円 = \underline{9,300千円}$

第2工程へ

2．第2工程の計算（先入先出法）

(1) 前工程費

仕掛品－前工程費

$1,900千円 =$ 月初 20kg ／ 完成品 80kg

$9,300千円 =$（第1工程から）当月投入 100kg ／ 月末 40kg

〈月末仕掛品原価〉

$$\frac{9,300千円}{80kg - 20kg + 40kg} \times 40kg = 3,720千円$$

〈完成品原価〉

$1,900千円 + 9,300千円 - 3,720千円 = 7,480千円$

(2) 加工費

仕掛品－加工費

$1,920千円 =$ 月初 $20kg \times 4/5 = 16kg$ ／ 完成品 80kg

$7,400千円 =$ 当月投入（差引）74kg ／ 月末 $40kg \times 1/4 = 10kg$

〈月末仕掛品原価〉

$$\frac{7,400千円}{80kg - 16kg + 10kg} \times 10kg = 1,000千円$$

〈完成品原価〉

$1,920千円 + 7,400千円 - 1,000千円 = 8,320千円$

(3) 合計

月末仕掛品原価：$3,720千円 + 1,000千円 = 4,720千円$
完成品原価：$7,480千円 + 8,320千円 = 15,800千円$

問題15-2

(1)

工程別総合原価計算表
×1年10月
(単位：円)

	第 1 工 程			第 2 工 程		
	原 料 費	加 工 費	合 計	前工程費	加 工 費	合 計
月初仕掛品原価	720,000	510,000	1,230,000	1,425,000	234,200	1,659,200
当月製造費用	7,020,000	4,110,000	11,130,000	10,575,000	5,960,000	16,535,000
合　　計	7,740,000	4,620,000	12,360,000	12,000,000	6,194,200	18,194,200
差引：月末仕掛品原価	1,290,000	495,000	1,785,000	2,961,000	417,200	3,378,200
完成品総合原価	6,450,000	4,125,000	10,575,000	9,039,000	5,777,000	14,816,000
完成品単位原価	@ 258	@ 165	@ 423	@ 451.95	@ 288.85	@ 740.8

(2)

	借方科目	金　　額	貸方科目	金　　額
①	第2工程仕掛品	10,575,000	第1工程仕掛品	10,575,000
②	製　　品	14,816,000	第2工程仕掛品	14,816,000

解答への道

工程別計算では、工程毎に「仕掛品」勘定を設定し、工程毎に月末仕掛品原価および完成品（完了品）原価を算定します。

1．第1工程の計算（平均法）および仕訳

(1) 原料費

仕掛品－原料費

720,000円＝　月　初　3,000kg　／　完了品　25,000kg

7,020,000円＝　当月投入　27,000kg　／　月　末　5,000kg

〈月末仕掛品原価〉
$$\frac{720,000円＋7,020,000円}{25,000kg＋5,000kg}×5,000kg＝1,290,000円$$

〈完了品原価〉
720,000円＋7,020,000円－1,290,000円＝6,450,000円

(2) 加工費

仕掛品－加工費

510,000円＝　月　初　3,000kg×0.2＝600kg　／　完了品　25,000kg

4,110,000円＝　当月投入（差引）27,400kg　／　月　末　5,000kg×0.6＝3,000kg

〈月末仕掛品原価〉
$$\frac{510,000円＋4,110,000円}{25,000kg＋3,000kg}×3,000kg＝495,000円$$

〈完了品原価〉
510,000円＋4,110,000円－495,000円＝4,125,000円

(3) 合　計

月末仕掛品原価：1,290,000円＋495,000円＝1,785,000円

完了品原価：6,450,000円＋4,125,000円＝ 10,575,000円
　　　　　　　　　　　　　　　　　　第2工程へ

(4) 仕　訳

（第2工程仕掛品）10,575,000　（第1工程仕掛品）10,575,000

2．第2工程の計算（先入先出法）および仕訳

(1) 前工程費

仕掛品－前工程費

1,425,000円＝　月　初　2,000kg　／　完成品　20,000kg

10,575,000円＝（第1工程から）当月投入　25,000kg　／　月　末　7,000kg

〈月末仕掛品原価〉
$$\frac{10,575,000円}{20,000kg－2,000kg＋7,000kg}×7,000kg＝2,961,000円$$

〈完成品原価〉
1,425,000円＋10,575,000円－2,961,000円＝9,039,000円

(2) 加工費

仕掛品－加工費

234,200円＝　月　初　2,000kg×0.7＝1,400kg　／　完成品　20,000kg

5,960,000円＝　当月投入（差引）20,000kg　／　月　末　7,000kg×0.2＝1,400kg

〈月末仕掛品原価〉
$$\frac{5,960,000円}{20,000kg－1,400kg＋1,400kg}×1,400kg＝417,200円$$

〈完成品原価〉
234,200円＋5,960,000円－417,200円＝5,777,000円

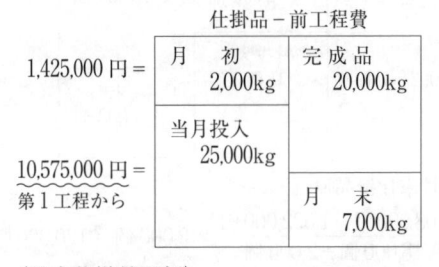

(3) 合　計

月末仕掛品原価：2,961,000円＋417,200円＝3,378,200円

完成品原価：9,039,000円＋5,777,000円＝14,816,000円

(4) 仕　訳

（製　　　品）14,816,000　（第2工程仕掛品）14,816,000

問題15-3

工程別総合原価計算表
×2年5月

（単位：円）

	第 1 工 程			第 2 工 程		
	原　料　費	加　工　費	合　　　計	前工程費	加　工　費	合　　　計
月初仕掛品原価	108,000	78,000	186,000	280,000	49,500	329,500
当月製造費用	1,092,000	1,442,000	2,534,000	2,520,000	1,831,500	4,351,500
合　　　計	1,200,000	1,520,000	2,720,000	2,800,000	1,881,000	4,681,000
差引：月末仕掛品原価	120,000	80,000	200,000	560,000	297,000	857,000
完成品総合原価	1,080,000	1,440,000	2,520,000	2,240,000	1,584,000	3,824,000
完成品単位原価	@ 60	@ 80	@ 140	@ 149.3	@ 105.6	@ 254.9

解答への道

1．第1工程（平均法）

(1) 原料費

仕掛品－原料費

	月　初 2,000 個	完了品 18,000 個
108,000 円 =		
1,092,000 円 =	当月投入 18,000 個	月　末 2,000 個

〈月末仕掛品原価〉

$$\frac{108,000円 + 1,092,000円}{18,000個 + 2,000個} \times 2,000個 = 120,000円$$

〈完了品原価〉

108,000円 ＋ 1,092,000円 － 120,000円 ＝ 1,080,000円

(2) 加工費

仕掛品－加工費

	月　初 2,000 個×1/2 = 1,000 個	完了品 18,000 個
78,000 円 =		
1,442,000 円 =	当月投入 （差引） 18,000 個	月　末 2,000 個×1/2 = 1,000 個

〈月末仕掛品原価〉

$$\frac{78,000円 + 1,442,000円}{18,000個 + 1,000個} \times 1,000個 = 80,000円$$

〈完了品原価〉

78,000円 ＋ 1,442,000円 － 80,000円 ＝ 1,440,000円

2．第2工程（平均法）

　正常仕損はすべて工程の終点で発生しているため，正常仕損費は完成品のみが負担します。

(1) 前工程費

仕掛品－前工程費

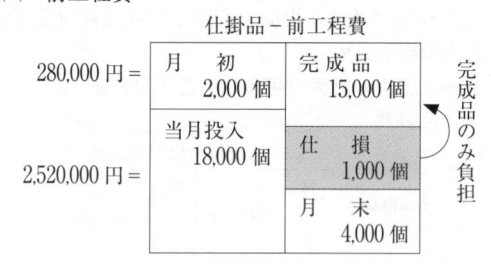

〈月末仕掛品原価〉

$$\frac{280,000円 + 2,520,000円}{15,000個 + 1,000個 + 4,000個} \times 4,000個 = 560,000円$$

〈完成品原価〉

280,000円 ＋ 2,520,000円 － 560,000円 ＝ 2,240,000円

(2) 加工費

仕掛品－加工費

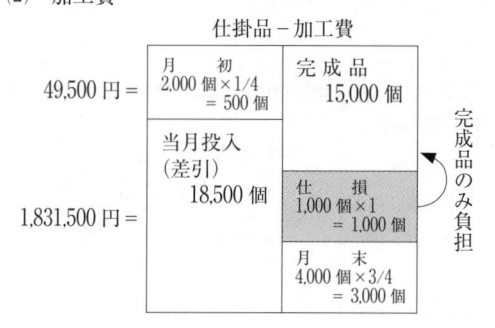

〈月末仕掛品原価〉

$$\frac{49,500円 + 1,831,500円}{15,000個 + 1,000個 + 3,000個} \times 3,000個 = 297,000円$$

〈完成品原価〉

49,500円 ＋ 1,831,500円 － 297,000円 ＝ 1,584,000円

仕掛品－第1工程			（単位：円）
月初有高：		次工程振替高：	
原 料 費	295,760	原 料 費	（ 987,200）
加 工 費	36,920	加 工 費	（ 246,800）
小 計	332,680	小 計	（1,234,000）
当月製造費用：		月末有高：	
原 料 費	888,880	原 料 費	（ 197,440）
加 工 費	222,220	加 工 費	（ 12,340）
小 計	1,111,100	小 計	（ 209,780）
	（1,443,780）		（1,443,780）

仕掛品－第2工程			（単位：円）
月初有高：		当月完成高：	
前工程費	496,000	前工程費	（1,236,400）
加 工 費	244,400	加 工 費	（1,132,880）
小 計	740,400	小 計	（2,369,280）
当月製造費用：		月末有高：	
前工程費	（1,234,000）	前工程費	（ 493,600）
加 工 費	1,110,600	加 工 費	（ 222,120）
小 計	（2,344,600）	小 計	（ 715,720）
	（3,085,000）		（3,085,000）

解答への道

1．第1工程（平均法）

（1） 原料費

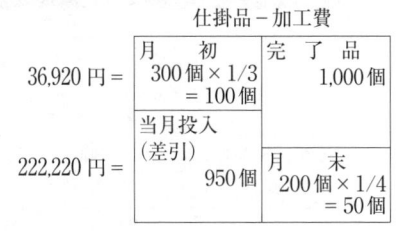

仕掛品－原料費

〈月末仕掛品原価〉

$$\frac{295,760\text{円} + 888,880\text{円}}{1,000\text{個} + 200\text{個}} \times 200\text{個} = 197,440\text{円}$$

〈完了品原価〉

$$295,760\text{円} + 888,880\text{円} - 197,440\text{円} = 987,200\text{円}$$

（2） 加工費

仕掛品－加工費

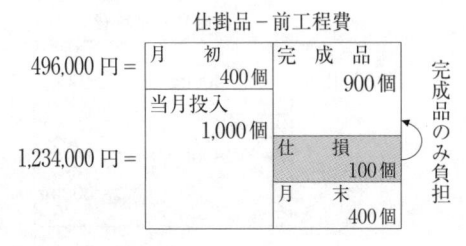

〈月末仕掛品原価〉

$$\frac{36,920\text{円} + 222,220\text{円}}{1,000\text{個} + 50\text{個}} \times 50\text{個} = 12,340\text{円}$$

〈完了品原価〉

$$36,920\text{円} + 222,220\text{円} - 12,340\text{円} = 246,800\text{円}$$

2．第2工程（先入先出法）

（1） 前工程費

仕掛品－前工程費

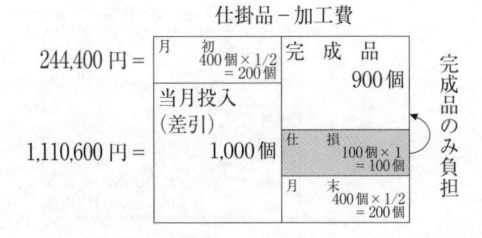

〈月末仕掛品原価〉

$$\frac{1,234,000\text{円}}{900\text{個} - 400\text{個} + 100\text{個} + 400\text{個}} \times 400\text{個} = 493,600\text{円}$$

〈完成品原価〉

$$496,000\text{円} + 1,234,000\text{円} - 493,600\text{円} = 1,236,400\text{円}$$

（2） 加工費

仕掛品－加工費

〈月末仕掛品原価〉

$$\frac{1,110,600\text{円}}{900\text{個} - 200\text{個} + 100\text{個} + 200\text{個}} \times 200\text{個} = 222,120\text{円}$$

〈完成品原価〉

$$244,400\text{円} + 1,110,600\text{円} - 222,120\text{円} = 1,132,880\text{円}$$

工程別総合原価計算表 （単位：円）

	第　1　工　程			第　2　工　程		
	原　料　費	加　工　費	合　　　計	前工程費	加　工　費	合　　　計
月初仕掛品原価	40,800	18,400	59,200	100,000	11,000	111,000
当月製造費用	194,400	252,000	446,400	470,000	208,000	678,000
合　　　計	235,200	270,400	505,600	570,000	219,000	789,000
月末仕掛品原価	25,200	10,400	35,600	90,000	24,000	114,000
完成品総合原価	210,000	260,000	470,000	480,000	195,000	675,000

解答への道

1．第1工程（平均法）

(1) 原料費

仕掛品－原料費

40,800 円 ＝ ／ 月　初 400kg ／ 完　了　品 2,500kg

194,400 円 ＝ ／ 当月投入 2,400kg ／ 月　末 300kg

〈月末仕掛品原価〉

$$\frac{40{,}800\text{円} + 194{,}400\text{円}}{2{,}500\text{kg} + 300\text{kg}} \times 300\text{kg} = 25{,}200\text{円}$$

〈完了品原価〉

$$40{,}800\text{円} + 194{,}400\text{円} - 25{,}200\text{円} = 210{,}000\text{円}$$

(2) 加工費

仕掛品－加工費

18,400 円 ＝ ／ 月　初 400kg × 1/2 ＝ 200kg ／ 完　了　品 2,500kg

252,000 円 ＝ ／ 当月投入（差引）2,400kg ／ 月　末 300kg × 1/3 ＝ 100kg

〈月末仕掛品原価〉

$$\frac{18{,}400\text{円} + 252{,}000\text{円}}{2{,}500\text{kg} + 100\text{kg}} \times 100\text{kg} = 10{,}400\text{円}$$

〈完了品原価〉

$$18{,}400\text{円} + 252{,}000\text{円} - 10{,}400\text{円} = 260{,}000\text{円}$$

2．第2工程（先入先出法）

正常減損が工程の途中で発生した場合は，計算の便宜上，両者負担で計算します。

(1) 前工程費

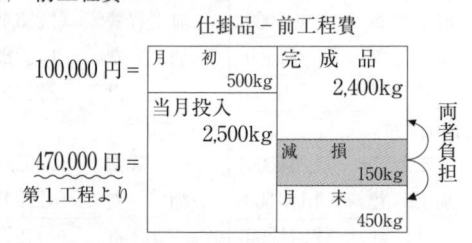

〈月末仕掛品原価〉

$$\frac{470{,}000\text{円}}{2{,}400\text{kg} - 500\text{kg} + 450\text{kg}} \times 450\text{kg} = 90{,}000\text{円}$$

〈完成品原価〉

$$100{,}000\text{円} + 470{,}000\text{円} - 90{,}000\text{円} = 480{,}000\text{円}$$

(2) 加工費

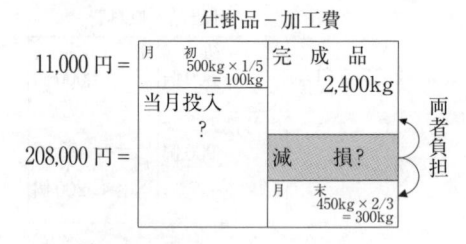

〈月末仕掛品原価〉

$$\frac{208{,}000\text{円}}{2{,}400\text{kg} - 100\text{kg} + 300\text{kg}} \times 300\text{kg} = 24{,}000\text{円}$$

〈完成品原価〉

$$11{,}000\text{円} + 208{,}000\text{円} - 24{,}000\text{円} = 195{,}000\text{円}$$

工程別総合原価計算表　　　　　　　　　　　　（単位：円）

	第　　1　　工　　程			第　　2　　工　　程			
	原　料　費	加　工　費	合　　　計	前工程費	原　料　費	加　工　費	合　　　計
月初仕掛品原価	0	0	0	54,000	0	5,000	59,000
当月製造費用	100,000	76,000	176,000	162,000	2,400	64,000	228,400
合　　　計	100,000	76,000	176,000	216,000	2,400	69,000	287,400
月末仕掛品原価	10,000	4,000	14,000	36,000	400	9,000	45,400
完成品総合原価	90,000	72,000	162,000	180,000	2,000	60,000	242,000

解答への道

1. 第1工程の計算（平均法）

　第1工程では，正常仕損が工程の終点で発生しています。したがって，正常仕損費はすべて完了品に負担させることになります。

（1）原料A

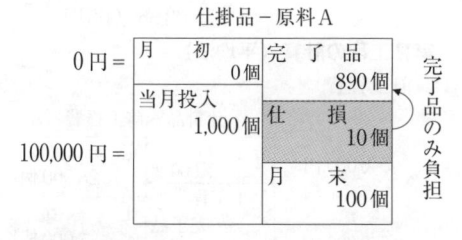

〈月末仕掛品原価〉

$$\frac{100,000 \text{円}}{890 \text{個} + 10 \text{個} + 100 \text{個}} \times 100 \text{個} = 10,000 \text{円}$$

〈完了品原価〉

$$0 \text{円} + 100,000 \text{円} - 10,000 \text{円} = 90,000 \text{円}$$

（2）加工費

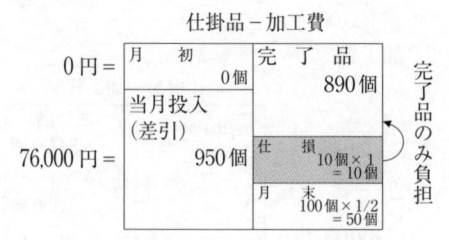

〈月末仕掛品原価〉

$$\frac{76,000 \text{円}}{890 \text{個} + 10 \text{個} + 50 \text{個}} \times 50 \text{個} = 4,000 \text{円}$$

〈完了品原価〉

$$0 \text{円} + 76,000 \text{円} - 4,000 \text{円} = 72,000 \text{円}$$

（3）合　計

　月末仕掛品原価：10,000円 + 4,000円 = 14,000円

　完了品総合原価：90,000円 + 72,000円 = 162,000円

（第2工程へ振替）

2. 第2工程の計算（平均法）

（1）前工程費

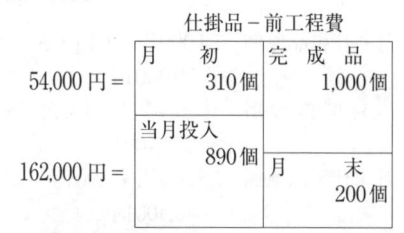

〈月末仕掛品原価〉

$$\frac{54,000 \text{円} + 162,000 \text{円}}{1,000 \text{個} + 200 \text{個}} \times 200 \text{個} = 36,000 \text{円}$$

〈完成品原価〉

$$54,000 \text{円} + 162,000 \text{円} - 36,000 \text{円} = 180,000 \text{円}$$

（2）原料B

　原料Bは加工進捗度50％の時点で投入されます。このため，加工進捗度1/5の月初仕掛品には原料Bは投入されておらず，月初仕掛品換算量は0個となります。また，月末仕掛品は加工進捗度3/4であり，原料Bの投入点を通過済であることから，月末仕掛品換算量は200個となります。

〈月末仕掛品原価〉

$$\frac{2,400 \text{円}}{1,000 \text{個} + 200 \text{個}} \times 200 \text{個} = 400 \text{円}$$

〈完成品原価〉

$$0 \text{円} + 2,400 \text{円} - 400 \text{円} = 2,000 \text{円}$$

(3) 加工費

仕掛品－加工費

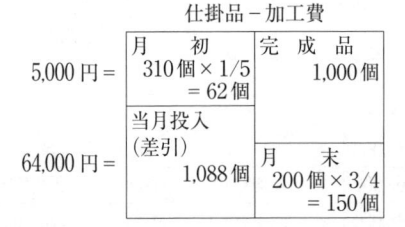

	月　初 310個×1/5 ＝62個	完 成 品 1,000個
5,000円＝		
64,000円＝	当月投入 (差引) 1,088個	月　末 200個×3/4 ＝150個

〈月末仕掛品原価〉

$$\frac{5,000円+64,000円}{1,000個+150個}×150個=9,000円$$

〈完成品原価〉

5,000円＋64,000円－9,000円＝60,000円

(4) 合　計

月初仕掛品原価：54,000円＋0円＋5,000円
　　　　　　　＝59,000円

当月製造費用：162,000円＋2,400円＋64,000円
　　　　　　　＝228,400円

月末仕掛品原価：36,000円＋400円＋9,000円
　　　　　　　＝45,400円

完成品総合原価：180,000円＋2,000円＋60,000円
　　　　　　　＝242,000円

問題15-7

第 1 工 程 月 末 仕 掛 品 原 価	170,000 円
第 1 工 程 完 了 品 原 価	3,660,000 円
第 2 工 程 月 末 仕 掛 品 原 価	155,000 円
仕 損 品 評 価 額	135,000 円
完 成 品 原 価	5,600,000 円

解答への道

1．第1工程の計算（平均法）

(1) 直接材料費

仕掛品－直接材料費

	月　初 3,000個	完 了 品 30,000個
125,000円＝		
	当月投入 29,500個	減損　500個
1,500,000円＝		月　末 2,000個

〈月末仕掛品原価〉

$$\frac{125,000円+1,500,000円}{(30,000個+500個)+2,000個}×2,000個$$

$$=100,000円$$

〈完了品原価〉

125,000円＋1,500,000円－100,000円＝1,525,000円

(2) 加工費

仕掛品－加工費

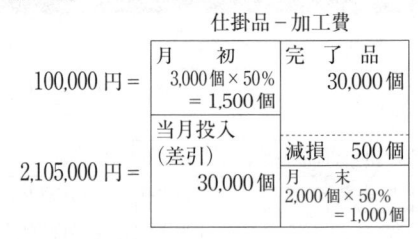

	月　初 3,000個×50% ＝1,500個	完 了 品 30,000個
100,000円＝		
2,105,000円＝	当月投入 (差引) 30,000個	減損　500個 月　末 2,000個×50% ＝1,000個

〈月末仕掛品原価〉

$$\frac{100,000円+2,105,000円}{(30,000個+500個)+1,000個}×1,000個$$

$$=70,000円$$

〈完了品原価〉

100,000円＋2,105,000円－70,000円＝2,135,000円

(3) 合　計

第1工程月末仕掛品原価：100,000円＋70,000円
　　　　　　　　　　　＝170,000円

第1工程完了品原価：1,525,000円＋2,135,000円
　　　　　　　　　　＝3,660,000円

2．第2工程の計算（平均法）

(1) 前工程費

仕掛品－前工程費

	月　初 2,000個	完 成 品 28,000個
340,000円＝		
	第1工程 完了品 30,000個	仕　損 3,000個
3,660,000円＝		月　末 1,000個

〈月末仕掛品原価〉

$$\frac{340,000円+3,660,000円}{(28,000個+3,000個)+1,000個}×1,000個$$

$$=125,000円$$

(2) 加工費

仕掛品－加工費

	月　初 2,000個×50% ＝1,000個	完 成 品 28,000個
50,000円＝		
	第1工程 完了品 (差引) 30,500個	仕　損 3,000個
1,840,000円＝		月　末 1,000個×50% ＝500個

〈月末仕掛品原価〉

$$\frac{50,000円+1,840,000円}{(28,000個+3,000個)+500個}×500個=30,000円$$

(3) 合　計

第2工程月末仕掛品原価：

125,000円 + 30,000円 = 155,000円

仕損品評価額：

@45円 × 3,000個 = 135,000円

完成品原価：

(340,000円 + 50,000円 + 3,660,000円

+ 1,840,000円 − 155,000円) − $\underset{仕損品評価額}{135,000円}$

= 5,600,000円

問題15-8

第1工程	完 了 品 原 価	1,584,000 円
	月 末 仕 掛 品 原 価	342,000 円
第2工程	月 末 仕 掛 品 前 工 程 費	396,000 円
	月 末 仕 掛 品 加 工 費	34,000 円
	完 成 品 原 価	1,853,000 円

1．第1工程の計算（平均法）

(1) 直接材料費

仕掛品 − 直接材料費

	月　初 300kg	完了品 1,600kg
180,000円 =		
828,000円 =	当月投入 1,800kg	月　末 500kg

〈月末仕掛品原価〉

$$\frac{180,000円 + 828,000円}{1,600kg + 500kg} × 500kg = 240,000円$$

〈完了品原価〉

180,000円 + 828,000円 − 240,000円 = 768,000円

(2) 加工費

仕掛品 − 加工費

	月　初 300kg × 1/3 = 100kg	完了品 1,600kg
34,000円 =		
884,000円 =	当月投入 1,700kg	月　末 500kg × 2/5 = 200kg

〈月末仕掛品原価〉

$$\frac{34,000円 + 884,000円}{1,600kg + 200kg} × 200kg = 102,000円$$

〈完了品原価〉

34,000円 + 884,000円 − 102,000円 = 816,000円

(3) 合　計

月末仕掛品原価：240,000円 + 102,000円 = 342,000円

完了品原価：768,000円 + 816,000円 = 1,584,000円

※ 第2工程振替高は，次のようになる。

$$1,584,000円 × \frac{1,400kg}{1,600kg} = 1,386,000円$$

2．第2工程の計算（先入先出法）

(1) 前工程費

仕掛品 − 前工程費

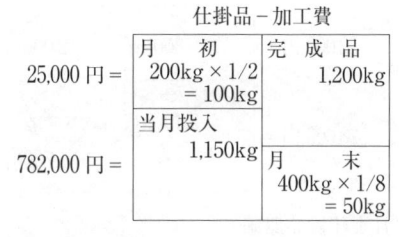

	月　初 200kg	完成品 1,200kg
90,000円 =		
$\underset{第1工程から}{1,386,000円 =}$	当月投入 1,400kg	月　末 400kg

〈月末仕掛品原価〉

$$\frac{1,386,000円}{1,200kg − 200kg + 400kg} × 400kg = 396,000円$$

〈完成品原価〉

90,000円 + 1,386,000円 − 396,000円 = 1,080,000円

(2) 加工費

仕掛品 − 加工費

	月　初 200kg × 1/2 = 100kg	完　成　品 1,200kg
25,000円 =		
782,000円 =	当月投入 1,150kg	月　末 400kg × 1/8 = 50kg

〈月末仕掛品原価〉

$$\frac{782,000円}{1,200kg − 100kg + 50kg} × 50kg = 34,000円$$

〈完成品原価〉

25,000円 + 782,000円 − 34,000円 = 773,000円

(3) 合　計

完成品原価：1,080,000円 + 773,000円 = 1,853,000円

問題16-1

A組製品
月末仕掛品原価 280,000 円
完 成 品 原 価 1,164,000 円 完成品単位原価@ 582 円
B組製品
月末仕掛品原価 196,000 円
完 成 品 原 価 660,000 円 完成品単位原価@ 440 円

解答への道

1．組間接費の配賦

A組製品：$\dfrac{645,000\text{円}}{2,500\text{時}+1,800\text{時}} \times 2,500\text{時} = 375,000\text{円}$

B組製品： 〃 $\times 1,800\text{時} = 270,000\text{円}$

2．A組製品の計算（先入先出法）

(1) 直接材料費

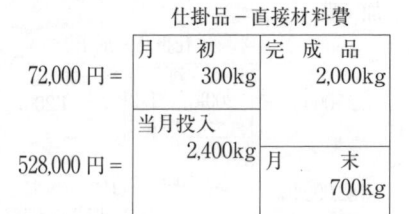

仕掛品−直接材料費

	月　　初 300kg	完成品 2,000kg
72,000 円 =		
	当月投入 2,400kg	
528,000 円 =		月　　末 700kg

〈月末仕掛品原価〉

$\dfrac{528,000\text{円}}{2,000\text{kg}-300\text{kg}+700\text{kg}} \times 700\text{kg} = 154,000\text{円}$

〈完成品原価〉

72,000 円 + 528,000 円 − 154,000 円 = 446,000 円

(2) 加工費

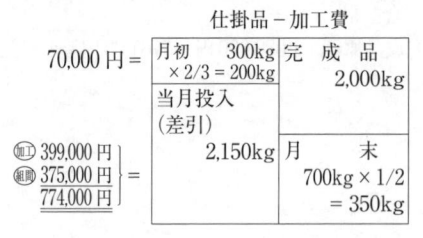

仕掛品−加工費

	月初 300kg × 2/3 = 200kg	完成品 2,000kg
70,000 円 =		
	当月投入（差引） 2,150kg	
加材 399,000 円 加工 375,000 円 774,000 円 =		月　　末 700kg × 1/2 = 350kg

〈月末仕掛品原価〉

$\dfrac{774,000\text{円}}{2,000\text{kg}-200\text{kg}+350\text{kg}} \times 350\text{kg} = 126,000\text{円}$

〈完成品原価〉

70,000 円 + 774,000 円 − 126,000 円 = 718,000 円

(3) 合　計

月末仕掛品原価：154,000 円 + 126,000 円 = 280,000 円
完 成 品 原 価：446,000 円 + 718,000 円 = 1,164,000 円
完成品単位原価：1,164,000 円 ÷ 2,000kg = @ 582 円

3．B組製品の計算（平均法）

(1) 直接材料費

仕掛品−直接材料費

	月　　初 200kg	完成品 1,500kg
38,500 円 =		
	当月投入 1,800kg	月　　末 500kg
361,500 円 =		

〈月末仕掛品原価〉

$\dfrac{38,500\text{円}+361,500\text{円}}{1,500\text{kg}+500\text{kg}} \times 500\text{kg} = 100,000\text{円}$

〈完成品原価〉

38,500 円 + 361,500 円 − 100,000 円 = 300,000 円

(2) 加工費

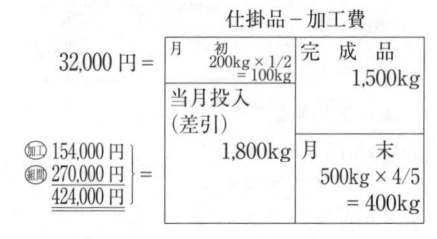

仕掛品−加工費

	月　　初 200kg × 1/2 = 100kg	完成品 1,500kg
32,000 円 =		
	当月投入（差引） 1,800kg	月　　末 500kg × 4/5 = 400kg
加材 154,000 円 加工 270,000 円 424,000 円 =		

〈月末仕掛品原価〉

$\dfrac{32,000\text{円}+424,000\text{円}}{1,500\text{kg}+400\text{kg}} \times 400\text{kg} = 96,000\text{円}$

〈完成品原価〉

32,000 円 + 424,000 円 − 96,000 円 = 360,000 円

(3) 合　計

月末仕掛品原価：100,000 円 + 96,000 円 = 196,000 円
完 成 品 原 価：300,000 円 + 360,000 円 = 660,000 円
完成品単位原価：660,000 円 ÷ 1,500kg = @ 440 円

問題16-2

(1)

組別総合原価計算表　　（単位：円）

摘　　要	製品X	製品Y	合　　計
月初仕掛品原価	(168,400)	(82,240)	(250,640)
当月製造費用			
直接材料費	414,000	426,650	840,650
直接労務費	450,000	675,000	1,125,000
組間接費	(90,000)	(135,000)	225,000
合　　計	(1,122,400)	(1,318,890)	(2,441,290)
月末仕掛品原価	(176,400)	(132,390)	(308,790)
完成品原価	(946,000)	(1,186,500)	(2,132,500)
完成品単位原価	(@ 430)	(@ 339)	──────

(2)

借方科目	金　額	貸方科目	金　額
X 組製品	946,000	X 組仕掛品	946,000
Y 組製品	1,186,500	Y 組仕掛品	1,186,500

解答への道

　組別総合原価計算では組製品毎に仕掛品勘定を設定し、月末仕掛品原価および完成品原価を算定します。なお、本問では、月初仕掛品の加工進捗度がわからないため、先入先出法の計算方法では計算できません。よって、平均法で計算します。

1. 組間接費の配賦

$$\frac{225,000 円}{450,000 円 + 675,000 円} \times 450,000 円$$
$$= 90,000 円（製品X）$$

$$\frac{225,000 円}{450,000 円 + 675,000 円} \times 675,000 円$$
$$= 135,000 円（製品Y）$$

2. 製品Xの計算および仕訳

(1)　直接材料費

仕掛品 − 直接材料費

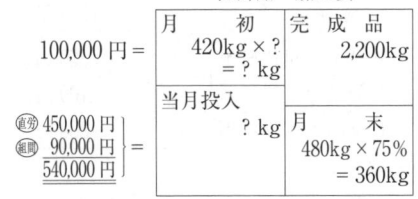

〈月末仕掛品原価〉

$$\frac{68,400 円 + 414,000 円}{2,200kg + 480kg} \times 480kg = 86,400 円$$

〈完成品原価〉

$$68,400 円 + 414,000 円 - 86,400 円 = 396,000 円$$

(2)　加工費

仕掛品 − 加工費

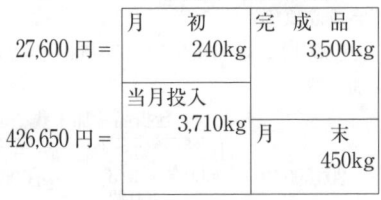

〈月末仕掛品原価〉

$$\frac{100,000 円 + 540,000 円}{2,200kg + 360kg} \times 360kg = 90,000 円$$

〈完成品原価〉

$$100,000 円 + 540,000 円 - 90,000 円 = 550,000 円$$

(3)　合　計

月末仕掛品原価：86,400円 + 90,000円 = 176,400円
完成品原価：396,000円 + 550,000円 = 946,000円
完成品単位原価：946,000円 ÷ 2,200kg = @ 430円
（X 組製品）946,000　（X組仕掛品）946,000

3. 製品Yの計算および仕訳

(1)　直接材料費

仕掛品 − 直接材料費

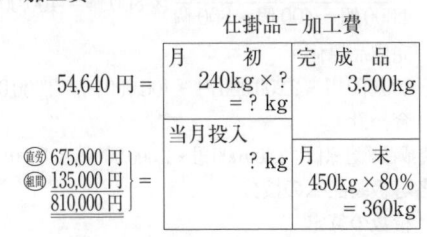

〈月末仕掛品原価〉

$$\frac{27,600 円 + 426,650 円}{3,500kg + 450kg} \times 450kg = 51,750 円$$

〈完成品原価〉

$$27,600 円 + 426,650 円 - 51,750 円 = 402,500 円$$

(2)　加工費

仕掛品 − 加工費

〈月末仕掛品原価〉

$$\frac{54,640 円 + 810,000 円}{3,500kg + 360kg} \times 360kg = 80,640 円$$

〈完成品原価〉

$$54,640 円 + 810,000 円 - 80,640 円 = 784,000 円$$

(3)　合　計

月末仕掛品原価：51,750円 + 80,640円 = 132,390円
完成品原価：402,500円 + 784,000円 = 1,186,500円
完成品単位原価：1,186,500円 ÷ 3,500kg = @ 339円
（Y 組製品）1,186,500　（Y組仕掛品）1,186,500

Theme

16

解答　総合原価計算（V）

問題16-3

完成品総合原価		4,400,000 円
A 級品の単位原価	@	1,320 円
B 級品の単位原価	@	1,100 円
C 級品の単位原価	@	880 円

解答への道

1．完成品総合原価の計算（先入先出法）

(1) 原料費

仕掛品－原料費

〈月末仕掛品原価〉

$$\frac{3,050,000 円}{4,000 個 - 600 個 + 1,600 個} \times 1,600 個 = 976,000 円$$

〈完成品原価〉

326,000 円 + 3,050,000 円 - 976,000 円 = 2,400,000 円

(2) 加工費

仕掛品－加工費

	月　初	完 成 品	
200,000 円 =	600 個 × 2/3 = 400 個	4,000 個	
	当月投入		
2,200,000 円 =	4,400 個	月　末 1,600 個 × 1/2 = 800 個	

〈月末仕掛品原価〉

$$\frac{2,200,000 円}{4,000 個 - 400 個 + 800 個} \times 800 個 = 400,000 円$$

〈完成品原価〉

200,000 円 + 2,200,000 円 - 400,000 円 = 2,000,000 円

(3) 合計

完成品総合原価：2,400,000 円 + 2,000,000 円 = 4,400,000 円

2．各等級製品への按分

(1) 積数の算定

A 級品：1,500 個 × 120kg = 180,000

B 級品：1,000 個 × 100kg = 100,000

C 級品：1,500 個 × 80kg = 120,000

(2) 按分

A 級品：$\frac{4,400,000 円}{180,000 + 100,000 + 120,000} \times 180,000 = 1,980,000 円$

B 級品：〃 × 100,000 = 1,100,000 円

C 級品：〃 × 120,000 = 1,320,000 円

(3) 単位原価

A 級品：1,980,000 円 ÷ 1,500 個 = @ 1,320 円

B 級品：1,100,000 円 ÷ 1,000 個 = @ 1,100 円

C 級品：1,320,000 円 ÷ 1,500 個 = @ 880 円

問題16-4

(1)

	製品 X	製品 Y
完成品総合原価	238,400 円	178,800 円
完成品単位原価	119.2 円／個	89.4 円／個
月末仕掛品原価	97,500 円	

(2)

借 方 科 目	金 額	貸 方 科 目	金 額
X 製 品	238,400	仕 掛 品	417,200
Y 製 品	178,800		

解答への道

等級別総合原価計算では、等級製品を単一製品とみなし、1つの仕掛品勘定で原価を集計して月末仕掛品原価および完成品原価（完成品総合原価）を算定します。その後、完成品原価を各等級製品の「積数（等価係数×生産量）」の割合で按分し、各等級製品の完成品原価を算定します。

1．正常仕損費の負担関係

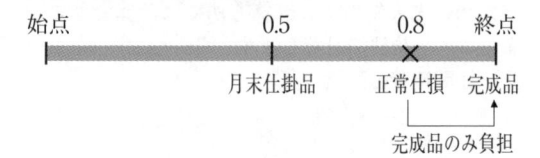

完成品のみ負担

2．原価の按分計算（平均法）

(1) 直接材料費

仕掛品－直接材料費

月　初 1,500 個 56,250 円	完成品 4,000 個	(4,000 個 + 500 個)
当月投入 4,500 個	正常仕損 500 個	162,000 円
159,750 円	月　末 1,500 個 54,000 円	

〈月末仕掛品〉

$$\frac{56,250 円 + 159,750 円}{(4,000 個 + 500 個) + 1,500 個} \times 1,500 個 = 54,000 円$$

〈完成品〉

56,250 円 + 159,750 円 - 54,000 円 = 162,000 円

(2) 加工費

仕掛品－加工費

月　初　900個 49,650円	完成品　4,000個	（4,000個 + 400個） 255,200円
当月投入 4,250個 （貸借差引） 249,050円	正常仕損　400個	
	月　末　750個 43,500円	

〈月末仕掛品〉

$$\frac{49,650円 + 249,050円}{(4,000個 + 400個) + 750個} \times 750個 = 43,500円$$

〈完成品〉

49,650円 + 249,050円 − 43,500円 = 255,200円

(3) まとめ

月末仕掛品原価：54,000円 + 43,500円 = 97,500円

完成品総合原価：162,000円 + 255,200円 = 417,200円

3. 完成品総合原価の各等級製品への按分と完成品単位原価の計算

$$製品X：\frac{417,200円}{2,000個 + \underbrace{2,000個 \times 0.75}_{製品X 1,500個分}} \times 2,000個$$

$$= 238,400円$$

製品Y：　　　〃　　　　　× 2,000個 × 0.75

$$= 178,800円$$

完成品単位原価：

〈製品X〉238,400円 ÷ 2,000個 = 119.2円 / 個

〈製品Y〉178,800円 ÷ 2,000個 = 89.4円 / 個

(注) 完成品単位原価は積数で割らないように注意しましょう。

4. 完成品原価の振替え

（X　製　品）	238,400	（仕　掛　品）	417,200
（Y　製　品）	178,800		

Theme 17 財務諸表

問題17-1

(1)

	製 造 原 価 報 告 書	（単位：万円）
Ⅰ	直接材料費……………………………	（ 540）
Ⅱ	直接労務費……………………………	（ 320）
Ⅲ	製造間接費	
	間 接 材 料 費………… （ 226）	
	間 接 労 務 費………… （ 264）	
	間 接 経 費………… （ 310）	（ 800）
	当 期 総 製 造 費 用……………………	（ 1,660）
	期首仕掛品棚卸高……………………	（ 520）
	合 計 ……………………	（ 2,180）
	期末仕掛品棚卸高……………………	（ 540）
	当期製品製造原価…………………………	（ 1,640）

(2)

	製 造 原 価 報 告 書	（単位：万円）
Ⅰ	材 料 費……………………	（ 766）
Ⅱ	労 務 費……………………	（ 584）
Ⅲ	経 費……………………	（ 310）
	当 期 総 製 造 費 用…………………	（ 1,660）
	期首仕掛品棚卸高…………………	（ 520）
	合 計 …………………	（ 2,180）
	期末仕掛品棚卸高…………………	（ 540）
	当期製品製造原価…………………	（ 1,640）

（単位：万円）

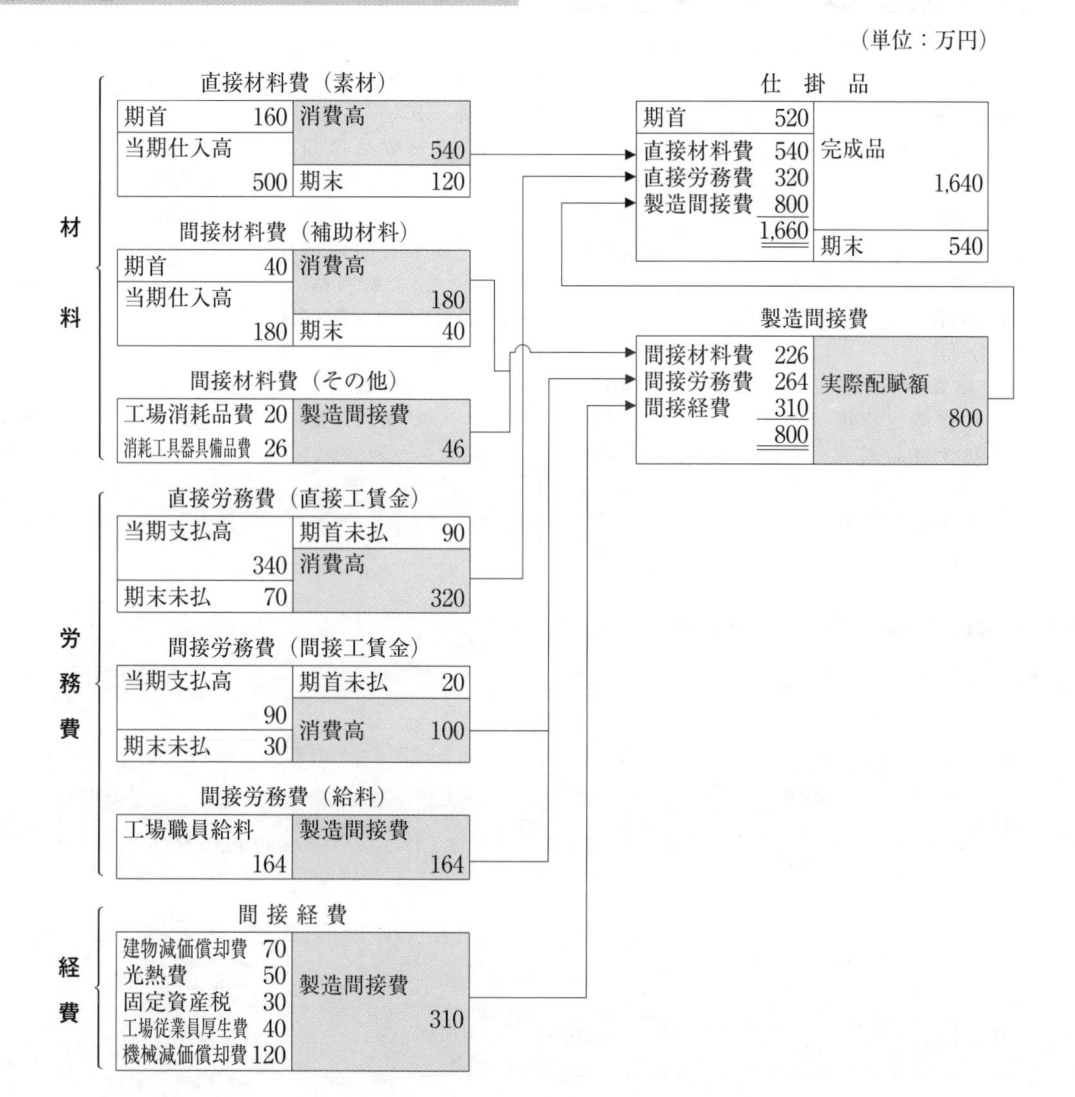

製 造 原 価 報 告 書	（単位：万円）
I　直接材料費	
月初材料棚卸高	（　　420）
当月材料仕入高	（　3,020）
合　　　計	（　3,440）
月末材料棚卸高	（　　500）　（　2,940）
II　直接労務費	（　1,865）
III　製造間接費	
間接材料費	（　1,264）
間接労務費	（　1,060）
間接経費	（　2,296）　（　4,620）
当月総製造費用	（　9,425）
月初仕掛品原価	（　　450）
合　　　計	（　9,875）
月末仕掛品原価	（　　380）
当月製品製造原価	（　9,495）

損 益 計 算 書	（単位：万円）
I　売　　上　　高	12,000
II　売　上　原　価	
1．月初製品棚卸高	（　　820）
2．当月製品製造原価	（　9,495）
合　　　計	（　10,315）
3．月末製品棚卸高	（　　745）　（　9,570）
売上総利益	（　2,430）
III　販売費及び一般管理費	
1．販　　売　　費	733
2．一　般　管　理　費	（　　667）　（　1,400）
営　業　利　益	（　1,030）

解答への道

（単位：万円）

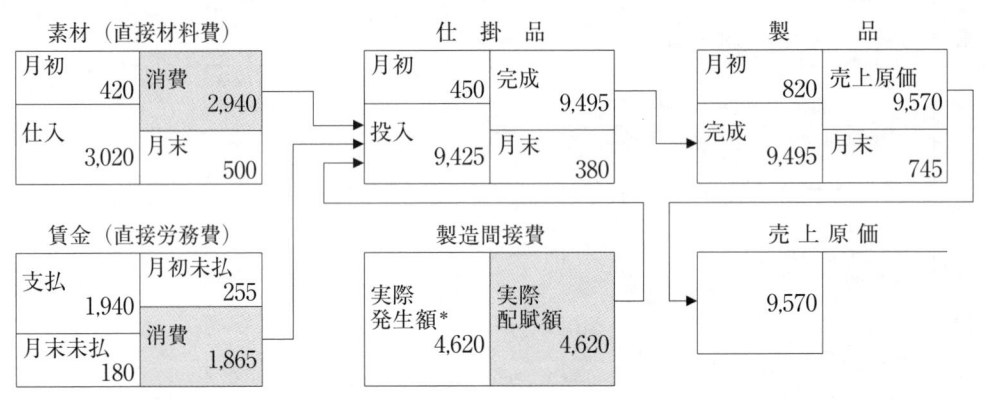

＊　**製造間接費実際発生額**
  1．間接材料費
    ⑴　補助材料費　　　　　　　　　　　　　　　$55 + 580 - 35 = 600$
    ⑸　工場消耗品費　　　　　　　　　　　　　　　　　　350
    ⑿　消耗工具器具備品費　　　　　　　　　　　　　　　314
    　　　　　　　　　　　　　　　　　　　　　　　　　　1,264

  2．間接労務費
    ⑵　間接工賃金　　　　　　　　　　　　　　$560 - 30 + 40 = 570$
    ⑺　工場職員給料　　　　　　　　　　　　　　　　　　490
    　　　　　　　　　　　　　　　　　　　　　　　　　　1,060

  3．間接経費
    ⑶　工場建物の減価償却費　　　　　　　　　　　　　　870
    ⑷　工場の運動会費　　　　　　　　　　　　　　　　　 22
    ⑹　工場建物の損害保険料　　　　　　　　　　　　　　 60
    ⑽　工員用社宅など福利施設負担額　　　　　　　　　　215
    ⒀　工場従業員厚生費　　　　　　　　　　　　　　　　300
    ⒇　工場機械の減価償却費　　　　　　　　　　　　　　470
    ㉑　工場の光熱費　　　　　　　　　　　　　　　　　　229
    ㉒　工場の固定資産税　　　　　　　　　　　　　　　　 42
    ㉓　工場の通信交通費　　　　　　　　　　　　　　　　 88
    　　　　　　　　　　　　　　　　　　　　　　　　　　2,296

　一般管理費は製造間接費以外の諸経費を集計し，その合計額1,400から販売費733を差し引いて667と求めます。
    ⑻　本社企画部費　　　　　　　　　　　　　　　　　　 75
    ⑼　重役室費　　　　　　　　　　　　　　　　　　　　 46
    ⑾　広告費　　　　　　　　　　　　　　　　　　　　　165
    ⒁　本社役員給料　　　　　　　　　　　　　　　　　　102
    ⒂　掛売集金費　　　　　　　　　　　　　　　　　　　 24
    ⒃　販売員手数料　　　　　　　　　　　　　　　　　　 72
    ⒄　営業所職員給料　　　　　　　　　　　　　　　　　176
    ⒅　営業所建物の減価償却費　　　　　　　　　　　　　260
    ⒆　本社職員給料　　　　　　　　　　　　　　　　　　190
    ㉔　本社建物の減価償却費　　　　　　　　　　　　　　210
    ㉕　その他の販売費　　　　　　　　　　　　　　　　　 36
    ㉖　その他の一般管理費　　　　　　　　　　　　　　　 44
    　　合　　　　計　　　　　　　　　　　　　　　　　1,400

問題17-3

問1

	借方科目	金 額	貸方科目	金 額
(1)	仕 掛 品	1,240,000	主 要 材 料	1,240,000
	製造間接費	350,000	補 助 材 料	350,000
(2)	仕 掛 品	960,000	直接工賃金	960,000
	製造間接費	740,000	間接工賃金	260,000
			給 料	480,000
(3)	仕 掛 品	1,200,000	製造間接費	1,200,000
(4)	製 品	3,500,000	仕 掛 品	3,500,000
(5)	製造間接費配賦差異	70,000	製造間接費	70,000

問2

製 造 原 価 報 告 書		（単位：円）
材 料 費		
主 要 材 料 費	（ 1,240,000）	
補 助 材 料 費	（ 350,000）	（ 1,590,000）
労 務 費		
直 接 工 賃 金	（ 960,000）	
間 接 工 賃 金	（ 260,000）	
給 料	（ 480,000）	（ 1,700,000）
経 費		
電 力 料	（ 36,000）	
保 険 料	（ 52,000）	
減 価 償 却 費	（ 92,000）	（ 180,000）
合 計		（ 3,470,000）
製造間接費配賦差異	〔－〕	（ 70,000）
当 期 総 製 造 費 用		（ 3,400,000）
期 首 仕 掛 品 原 価		（ 450,000）
合 計		（ 3,850,000）
期 末 仕 掛 品 原 価		（ 350,000）
当 期 製 品 製 造 原 価		（ 3,500,000）

解答への道

1．当期総製造費用（製造間接費配賦差異を調整する前）

材料費：

主要材料消費額1,240,000円

＋補助材料消費額350,000円 ＝ 1,590,000円

労務費：

直接工消費額960,000円＋間接工消費額260,000円

＋給料消費額480,000円 ＝ 1,700,000円

経費：

電力36,000円＋保険52,000円＋減費92,000円

＝ 180,000円

2．製造間接費配賦差異の計算

製造間接費予定配賦額：

直接労務費×125％ ＝ 960,000円×125％

＝ 1,200,000円

製造間接費実際発生額：

間接材料費＋間接労務費＋間接経費

＝ 350,000円＋260,000円＋480,000円＋36,000円

＋52,000円＋92,000円 ＝ 1,270,000円

製造間接費配賦差異：

予定配賦額 − 実際発生額

＝ 1,200,000円 − 1,270,000円

＝△70,000円（不利差異）

3．当月総製造費用（製造間接費配賦差異を調整した後）

材料費1,590,000円＋労務費1,700,000円

＋経費180,000円＋製造間接費配賦差異△70,000円

＝ 3,400,000円

4．当期総製造費用の内訳

直接材料費＋直接労務費＋製造間接費（予定配賦額）

＝ 1,240,000円＋960,000円＋1,200,000円 ＝ 3,400,000円

問題17-4

製造原価報告書　（単位：円）

原材料費		
月初棚卸高……（ 28,000)	
当月購入高……（ 252,000)	
計　……（ 280,000)	
月末棚卸高……（ 30,000)	（ 250,000)
直接賃金………………………………	（ 409,000)
製造間接費	
間接賃金・給料……（ 117,000)	
補助材料費……（ 12,000)	
水道光熱費……（ 7,000)	
減価償却費……（ 21,000)	
小計……（ 157,000)	
製造間接費配賦差異……（ 47,500)	
製造間接費配賦額……………………	（ 204,500)
当月製造費用…………………………	（ 863,500)
月初仕掛品棚卸高……………………	（ 173,000)
計　………………	（1,036,500)
月末仕掛品棚卸高……………………	（ 116,500)
当月製品製造原価……………………	（ 920,000)

損益計算書　（単位：円）

Ⅰ　売上高……………………		（ 950,000)
Ⅱ　売上原価		
1．月初製品棚卸高……（ 140,000)		
2．当月製品製造原価……（ 920,000)		
計　……（1,060,000)		
3．月末製品棚卸高……（ 112,000)		
差引　……（ 948,000)		
4．原価差異……（ 47,500)	（ 900,500)	
売上総利益　……………		（ 49,500)
Ⅲ　販売費及び一般管理費…………………		（ 35,000)
営業利益…………………		（ 14,500)

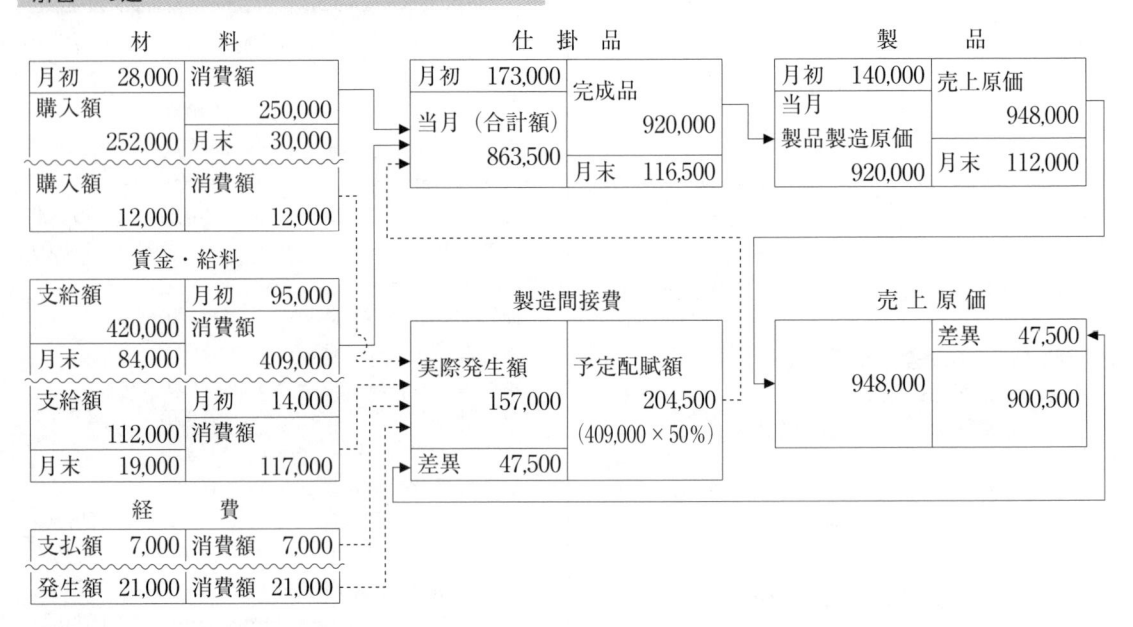

問題17-5

月次製造原価報告書	（単位：万円）
Ⅰ 直接材料費	
1．月初原料棚卸高	（　400）
2．当月原料仕入高	（　2,000）
合　　　計	（　2,400）
3．月末原料棚卸高	（　600）　（　1,800）
Ⅱ 直接労務費	
1．直 接 工 賃 金	（　1,600）
Ⅲ 直接経費	
1．外 注 加 工 賃	（　600）
Ⅳ 製造間接費	
1．補 助 材 料 費	（　1,400）
2．間 接 工 賃 金	（　3,100）
3．給　　　　　料	（　900）
4．電 　力 　料	（　100）
5．減 価 償 却 費	（　1,000）
合　　　計	（　6,500）
製造間接費配賦差異	（　500）　（　6,000）
当月総製造費用	（10,000）
月初仕掛品棚卸高	（　2,000）
合　　　計	（12,000）
月末仕掛品棚卸高	（　4,000）
（当月製品製造原価）	（　8,000）

月次損益計算書	（単位：万円）
Ⅰ 売　　上　　高	10,000
Ⅱ 売　上　原　価	
1．月初製品棚卸高	（　1,000）
2．当月製品製造原価	（　8,000）
合　　　計	（　9,000）
3．月末製品棚卸高	（　2,000）
差　　　引	（　7,000）
4．原　価　差　異	（　500）　（　7,500）
売 上 総 利 益	（　2,500）
Ⅲ 販売費及び一般管理費	1,500
営　業　利　益	（　1,000）

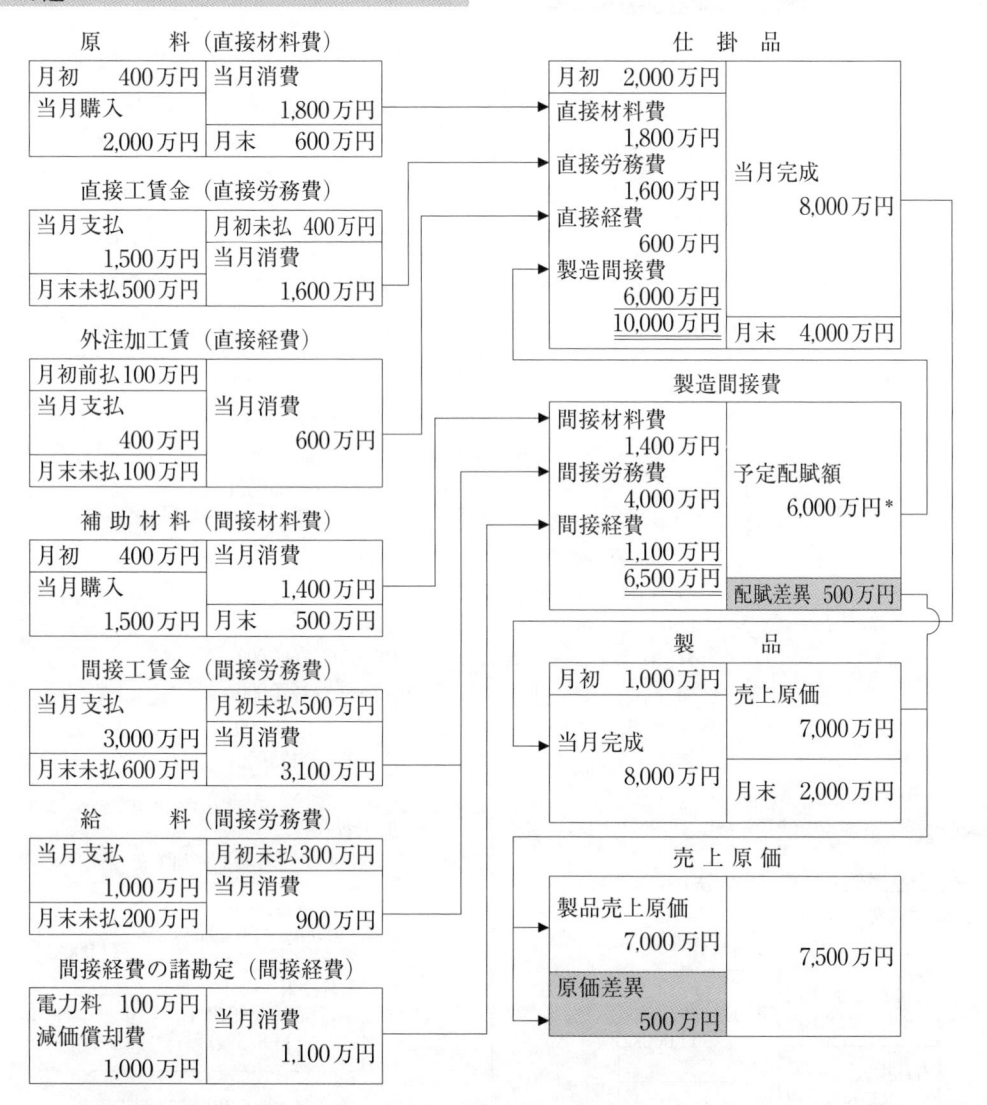

*　製造間接費配賦差異が生じていることから，製造間接費を予定配賦していることがわかります。したがって，予定配賦額を次のように逆算できます。

　実際発生額6,500万円－配賦差異500万円（借方差異）＝予定配賦額6,000万円

総 合 原 価 計 算 表 （単位：千円）

	数　量	直接材料費	換　算　量	加 工 費	合　計
月初仕掛品	500kg（50％）	7,500	（　250）kg	39,125	46,625
当 月 投 入	12,000	255,000	（11,875）	555,000	810,000
計	12,500kg	262,500	（12,125）kg	594,125	856,625
月末仕掛品	1,500　（75％）	（ 31,500）	（ 1,125）	（ 55,125）	（ 86,625）
差引完成品	11,000kg	（231,000）	（11,000）kg	（539,000）	（770,000）
完成品単位原価…………………		@（ 21 ）		@（ 49 ）	@（ 70 ）

月 次 損 益 計 算 書 （単位：千円）

```
Ⅰ　売　　　　　上　　　　　高 ……………………（900,000）
Ⅱ　売　　上　　原　　価
　　　月 初 製 品 棚 卸 高　　　　（120,000）
　　　当 月 製 品 製 造 原 価　　　（770,000）
　　　　　　　　計　　　　　　　　（890,000）
　　　月 末 製 品 棚 卸 高　　　　（210,000）　（680,000）
　　　売　　上　　総　　利　　益 ……………………（220,000）
Ⅲ　販 売 費 及 び 一 般 管 理 費　　　 85,000
　　　営　　業　　利　　益 ……………………（135,000）
```

解答への道

1．月末仕掛品原価の計算（平均法）

(1) 直接材料費

仕掛品－直接材料費

月初　7,500千円 　　　（500kg）	完 成 品 　　　　11,000kg
当月投入 　255,000千円 　（12,000kg）	月　　末 　　　（1,500kg）

月末仕掛品：$\dfrac{7,500千円＋255,000千円}{11,000kg＋1,500kg} \times 1,500kg$

$\qquad\qquad = 31,500千円$

完成品原価：$7,500千円＋255,000千円－31,500千円$

$\qquad\qquad = 231,000千円$

完成品単位原価：$\dfrac{231,000千円}{11,000kg} ＝ @21千円$

(2) 加工費

仕掛品－加工費

月初 39,125千円 （500kg×50％）	完 成 品 　　　11,000kg
当月投入 　555,000千円 　（11,875kg）	月　　末 （1,500kg×75％）

月末仕掛品：$\dfrac{39,125千円＋555,000千円}{11,000kg＋1,500kg×75\%} \times 1,500kg×75\%$

$\qquad\qquad = 55,125千円$

完成品原価：$39,125千円＋555,000千円－55,125千円$

$\qquad\qquad = 539,000千円$

完成品単位原価：$\dfrac{539,000千円}{11,000kg} ＝ @49千円$

2．当月製品製造原価

$\underbrace{231,000千円}_{直接材料費} ＋ \underbrace{539,000千円}_{加工費} ＝ 770,000千円$

完成品単位原価 $＝ \dfrac{770,000千円}{11,000kg} ＝ @70千円$

3. 売上原価の計算（先入先出法）

製　　品

月初120,000千円 　　　　(2,000kg)	売上原価 　　　　10,000kg
完　成　品 770,000千円 　　　　(11,000kg)	月　　末 　　　　(3,000kg)

月末製品：$\dfrac{770{,}000 千円}{11{,}000\mathrm{kg}} \times 3{,}000\mathrm{kg} = 210{,}000 千円$

売上原価：$120{,}000 千円 + 770{,}000 千円 - 210{,}000 千円$
$= 680{,}000 千円$

問題17-7

原　価　計　算　表　　　　　（単位：円）

	数　量	T材料費	S材料費	加工費	合　計
月初仕掛品	400個 (0.5)	820,000	———	430,000	1,250,000
当月投入	1,200個	3,180,000	672,000	2,600,000	6,452,000
合　計	1,600個	4,000,000	672,000	3,030,000	7,702,000
月末仕掛品	200個 (0.5)	500,000	———	202,000	702,000
差引：完成品	1,400個	3,500,000	672,000	2,828,000	7,000,000
完成品単位原価		@ 2,500	@ 480	@ 2,020	@ 5,000

月　次　損　益　計　算　書　　　　（単位：円）

Ⅰ　売　　　　上　　　　高			(7,500,000)
Ⅱ　売　　上　　原　　価			
月初製品棚卸高	(984,000)		
当月製品製造原価	(7,000,000)		
計	(7,984,000)		
月末製品棚卸高	(2,000,000)	(5,984,000)	
売　上　総　利　益		(1,516,000)	
Ⅲ　販売費及び一般管理費			
販　　売　　費	(516,000)		
一　般　管　理　費	(500,000)	(1,016,000)	
営　業　利　益		(500,000)	

解答への道

1. 月末仕掛品原価の計算（平均法）

(1) T材料費

仕掛品 – T材料費

820,000 円 =	月　　初 　　　400個	完　成　品 　　　1,400個	
3,180,000 円 =	当月投入 　　　1,200個	月　　末 　　　200個	

〈月末仕掛品原価〉

$$\dfrac{820{,}000 円 + 3{,}180{,}000 円}{1{,}400 個 + 200 個} \times 200 個 = 500{,}000 円$$

〈完成品原価〉

　820,000円 + 3,180,000円 − 500,000円 = 3,500,000円

〈完成品単位原価〉

　3,500,000円 ÷ 1,400個 = @2,500円

(2) S材料費

　　工程の終点で投入しているので，全額（672,000円）を完成品原価とする。

〈完成品単位原価〉

　672,000円 ÷ 1,400個 = @480円

(3) 加工費

仕掛品－加工費

$430,000\,円 =$　月　初　400個×0.5＝200個　完　成　品　1,400個

$2,600,000\,円 =$　当月投入　（差引）1,300個　月　末　200個×0.5＝100個

〈月末仕掛品原価〉

$$\frac{430,000\,円 + 2,600,000\,円}{1,400個 + 100個} \times 100個 = 202,000\,円$$

〈完成品原価〉

$$430,000\,円 + 2,600,000\,円 - 202,000\,円 = 2,828,000\,円$$

〈完成品単位原価〉

$$2,828,000\,円 \div 1,400個 = @2,020\,円$$

(4) 合　計

月末仕掛品原価：$\underset{\text{T材料費}}{500,000\,円} + \underset{\text{加工費}}{202,000\,円} = 702,000\,円$

完 成 品 原 価：$\underset{\text{T材料費}}{3,500,000\,円} + \underset{\text{S材料費}}{672,000\,円} + \underset{\text{加工費}}{2,828,000\,円}$
$= 7,000,000\,円$

完成品単位原価：$7,000,000\,円 \div 1,400個 = @5,000\,円$

２．売上高の計算

$$@6,250\,円 \times 1,200個 = 7,500,000\,円$$

３．売上原価の計算（先入先出法）

製　品

$984,000\,円 =$　月　初　@4,920円　200個　売上原価　1,200個

$7,000,000\,円 =$　当月完成　1,400個　月　末　400個

〈月末製品原価〉

$$\frac{7,000,000\,円}{1,200個 - 200個 + 400個} \times 400個 = 2,000,000\,円$$

〈売上原価〉

$$984,000\,円 + 7,000,000\,円 - 2,000,000\,円 = 5,984,000\,円$$

問題17-8

損　益　計　算　書	（単位：円）
Ⅰ　売　　　　上　　　　高	（　2,400,000）
Ⅱ　売　　上　　原　　価	
1．期首製品棚卸高　（　350,000）	
2．(当期製品製造原価)　（　1,300,000）	
合　　　計　（　1,650,000）	
3．期末製品棚卸高　（　250,000）	
差　　　引　（　1,400,000）	
4．原　価　差　異　（　12,000）	（　1,412,000）
売上総利益	（　988,000）
Ⅲ　販売費及び一般管理費	（　538,000）
営　業　利　益	（　450,000）

1. 勘定連絡図

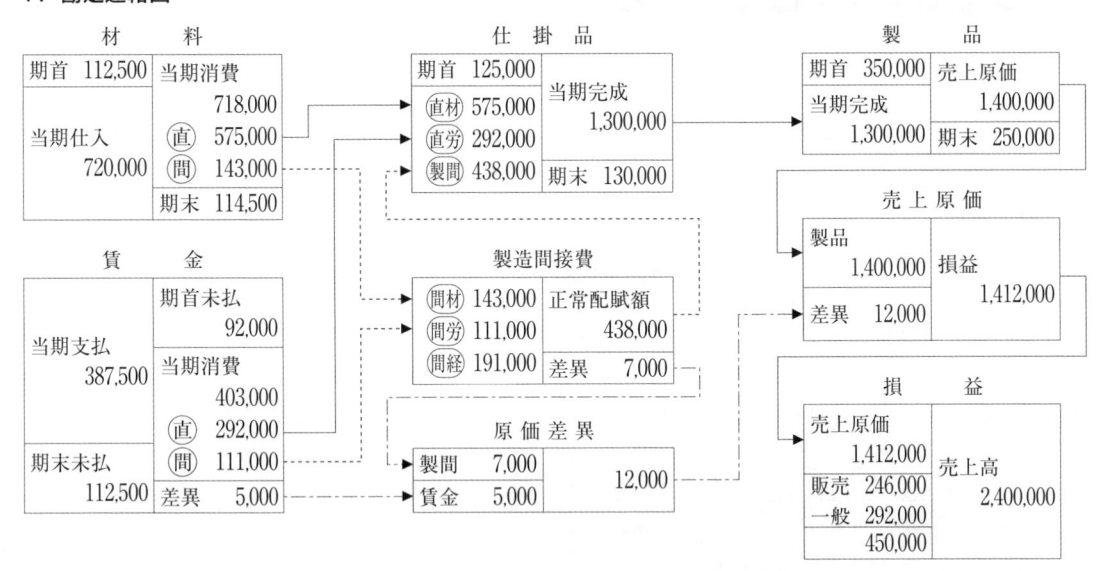

(具体的計算)

材料の当期消費高（材料勘定の貸借差額より）:

832,500円 − 114,500円 = 718,000円

直接材料費：718,000円 − 143,000円（間接材料費）
= 575,000円

当期完成高（製品勘定貸借差額より）:

1,400,000円 + 250,000円 − 350,000円
= 1,300,000円

直接労務費と製造間接費正常配賦額の合計:

（仕掛品勘定の貸借差額より）

1,300,000円 + 130,000円 − 125,000円 − 575,000円
= 730,000円

製造間接費は直接労務費の150％を予定配賦（正常配賦）していることから，730,000円を直接労務費と製造間接費正常配賦額に1：1.5の割合で按分します。

直接労務費：$730,000円 \times \dfrac{1}{1+1.5} = 292,000円$

製造間接費正常配賦額:

$730,000円 \times \dfrac{1.5}{1+1.5} = 438,000円$または，

292,000円 × 1.5 = 438,000円

賃金の当期消費高:

292,000円 + 111,000円（間接労務費）= 403,000円

賃率差異（賃金勘定の貸借差額より）:

500,000円 − 92,000円 − 403,000円 = 5,000円（借方差異）

配賦差異（製造間接費勘定の貸借差額より）:

445,000円 − 438,000円 = 7,000円（借方差異）

原価差異：5,000円 + 7,000円 = 12,000円（借方差異）

損益勘定への振り替え:

1,400,000円 + 12,000円 = 1,412,000円

営業利益：2,400,000円 − (1,412,000円 + 246,000円 + 292,000円)
= 450,000円

2. 損益計算書の作成

損益計算書は損益勘定から作成されますが，そのなかで「Ⅱ　売上原価」の内訳は製品勘定と対応しています。

なお，賃率差異と製造間接費配賦差異はともに不利差異（借方差異）ですから，売上原価に加算します。

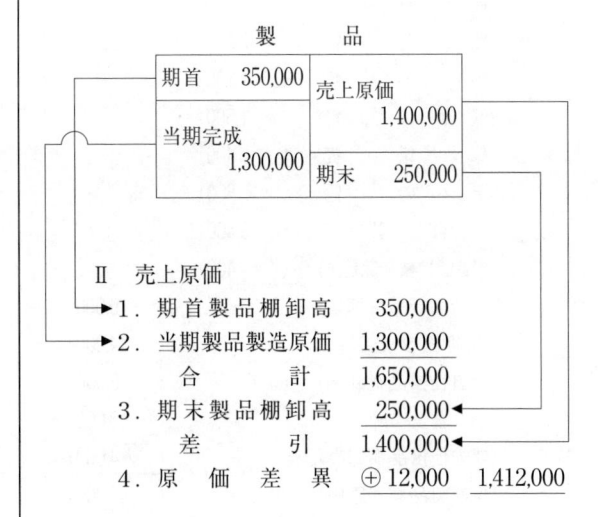

損 益 計 算 書　　（単位：円）

自×3年4月1日　至×4年3月31日

Ⅰ	売　　上　　高		（ 70,000）
Ⅱ	売　上　原　価		
	1．期首製品棚卸高	（ 5,000）	
	2．（当期製品製造原価）	（ 45,000）	
	合　　　　計	（ 50,000）	
	3．期末製品棚卸高	（ 3,000）	
	差　　　　引	（ 47,000）	
	4．原　価　差　異	（（＋）900）	（ 47,900）
	売 上 総 利 益		（ 22,100）

製 造 原 価 報 告 書　　（単位：円）

自×3年4月1日　至×4年3月31日

Ⅰ	直 接 材 料 費		
	期首材料棚卸高	700	
	当期材料仕入高	20,300	
	合　　　計	21,000	
	期末材料棚卸高	2,000	（ 19,000）
Ⅱ	直 接 労 務 費		（ 15,000）
Ⅲ	直 接 経 費		（ 1,000）
Ⅳ	製 造 間 接 費		
	間 接 材 料 費	（ 3,000）	
	間 接 労 務 費	（ 2,500）	
	動　 力　 費	（ 1,200）	
	減 価 償 却 費	（ 1,500）	
	修　 繕　 費	（ 400）	
	そ　 の　 他	（ 800）	
	合　　　計	（ 9,400）	
	（製造間接費配賦差異）	（ 400）	
	製造間接費配賦額		（ 9,000）
	当 期 総 製 造 費 用		（ 44,000）
	（期首仕掛品棚卸高）		（ 5,000）
	合　　　計		（ 49,000）
	（期末仕掛品棚卸高）		（ 4,000）
	（当期製品製造原価）		（ 45,000）

1. 勘定連絡図

各勘定の推定をしたうえで，勘定の流れを示すと次のようになります。

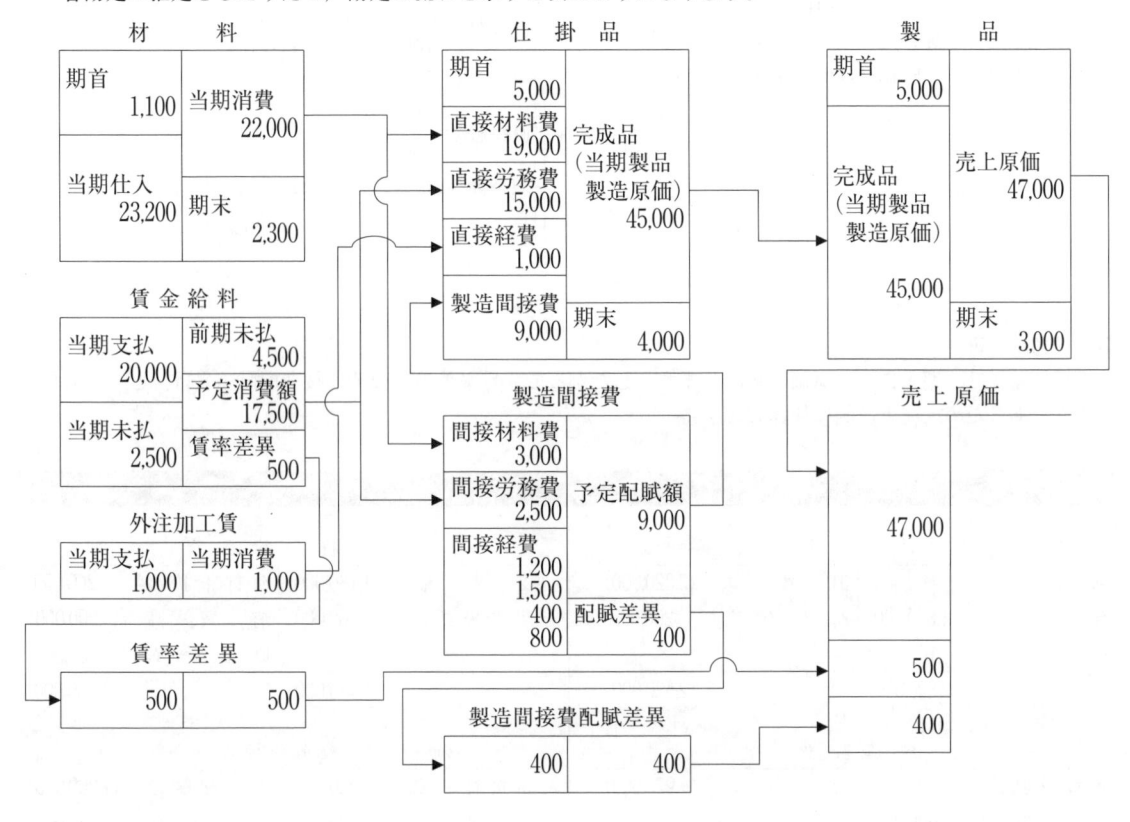

2. 製造原価報告書

(1) 製造間接費の部分

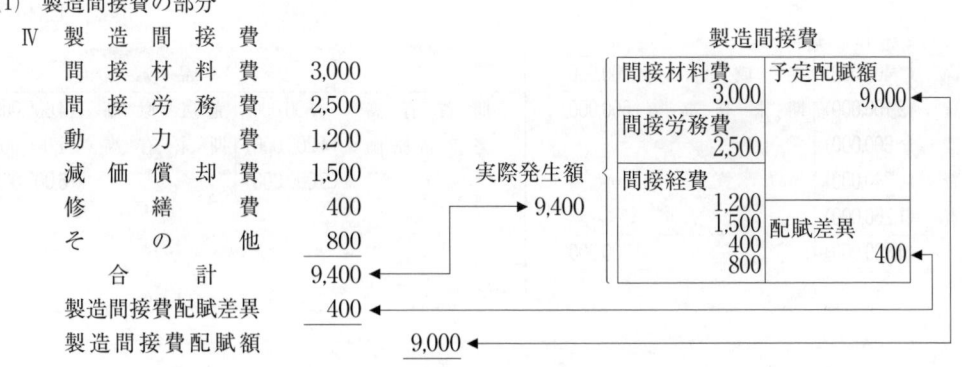

Ⅳ 製 造 間 接 費	
間 接 材 料 費	3,000
間 接 労 務 費	2,500
動 力 費	1,200
減 価 償 却 費	1,500
修 繕 費	400
そ の 他	800
合 計	9,400
製造間接費配賦差異	400
製 造 間 接 費 配 賦 額	9,000

実際発生額 → 9,400

(注) 製造間接費実際発生額9,400円から配賦差異400円を差し引いた金額9,000円が，製造間接費予定配賦額になります。

(2) 製造原価報告書の末尾部分

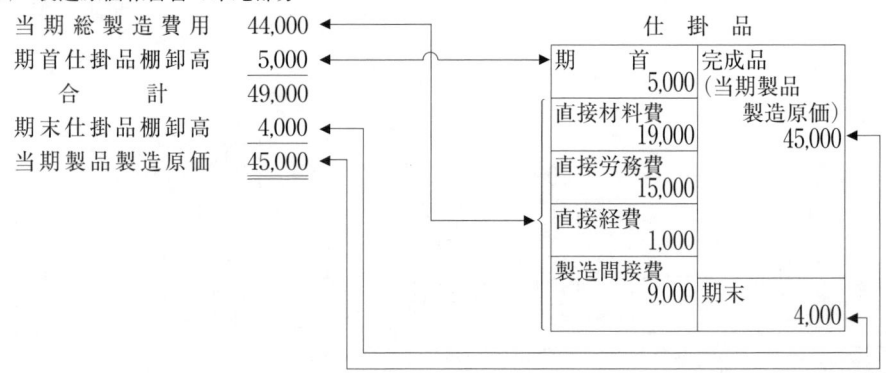

当期総製造費用	44,000
期首仕掛品棚卸高	5,000
合　　計	49,000
期末仕掛品棚卸高	4,000
当期製品製造原価	45,000

仕　掛　品

期　　　首 5,000	完成品 (当期製品 製造原価) 45,000
直接材料費 19,000	
直接労務費 15,000	
直接経費 1,000	
製造間接費 9,000	期末 4,000

3. 損益計算書

　　原価差異は，期末に売上原価に賦課します。したがって，賃率差異，製造間接費配賦差異は，どちらも借方
差異であるため，売上原価に加算します。

問題17-10

材　　　料

期 首 有 高	600,000	消　費　高	(2,320,000)
仕　入　高	1,820,000	期 末 有 高	200,000
原 価 差 異	(100,000)		
	(2,520,000)		(2,520,000)

賃　金　給　料

支　　払　　高	1,180,000	期 首 未 払 高	260,000
期 末 未 払 高	300,000	消　費　高	(1,200,000)
		原 価 差 異	(20,000)
	1,480,000		1,480,000

製　造　経　費

各 種 支 払 高	320,000	消　費　高	(920,000)
減 価 償 却 費	(600,000)		
	(920,000)		(920,000)

製　造　間　接　費

間 接 材 料 費	220,000	予 定 配 賦 額	(1,260,000)
間 接 労 務 費	400,000	原 価 差 異	(40,000)
間 接 経 費	680,000		
	1,300,000		1,300,000

仕　掛　品

期 首 有 高	(400,000)	完　成　高	(4,200,000)
直 接 材 料 費	(2,100,000)	期 末 有 高	(600,000)
直 接 労 務 費	(800,000)		
直 接 経 費	(240,000)		
製 造 間 接 費	(1,260,000)		
	(4,800,000)		(4,800,000)

製　　　品

期 首 有 高	800,000	売 上 原 価	(4,000,000)
完 成 品 原 価	(4,200,000)	期 末 有 高	1,000,000
	(5,000,000)		(5,000,000)

1．製造原価報告書と仕掛品勘定の対応関係

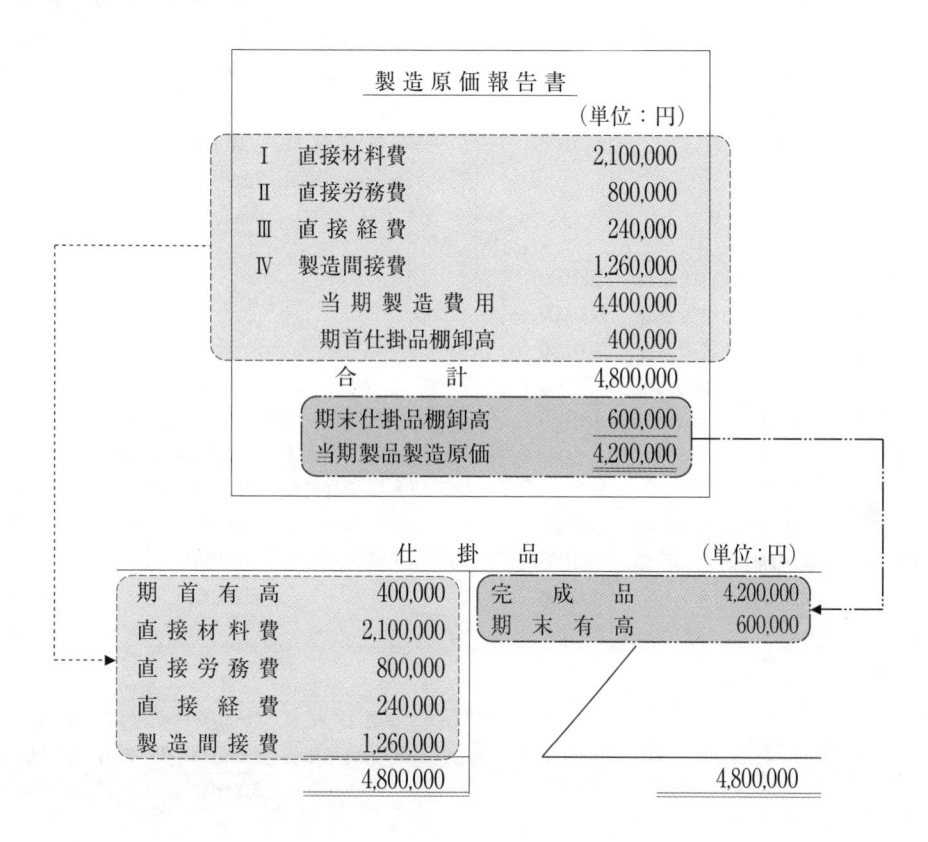

製　造　原　価　報　告　書

（単位：円）

Ⅰ	直接材料費	2,100,000
Ⅱ	直接労務費	800,000
Ⅲ	直接経費	240,000
Ⅳ	製造間接費	1,260,000
	当期製造費用	4,400,000
	期首仕掛品棚卸高	400,000
	合　　計	4,800,000
	期末仕掛品棚卸高	600,000
	当期製品製造原価	4,200,000

仕　　掛　　品　（単位：円）

期首有高	400,000	完成品	4,200,000
直接材料費	2,100,000	期末有高	600,000
直接労務費	800,000		
直接経費	240,000		
製造間接費	1,260,000		
	4,800,000		4,800,000

　本問は製造原価報告書上に原価差異が表記されていないため，製造原価報告書の直接材料費，直接労務費および製造間接費はすべて予定価格，予定賃率および予定配賦率で計算された予定額が記載されていることとなります。

２．勘定連絡図

(単位：円)

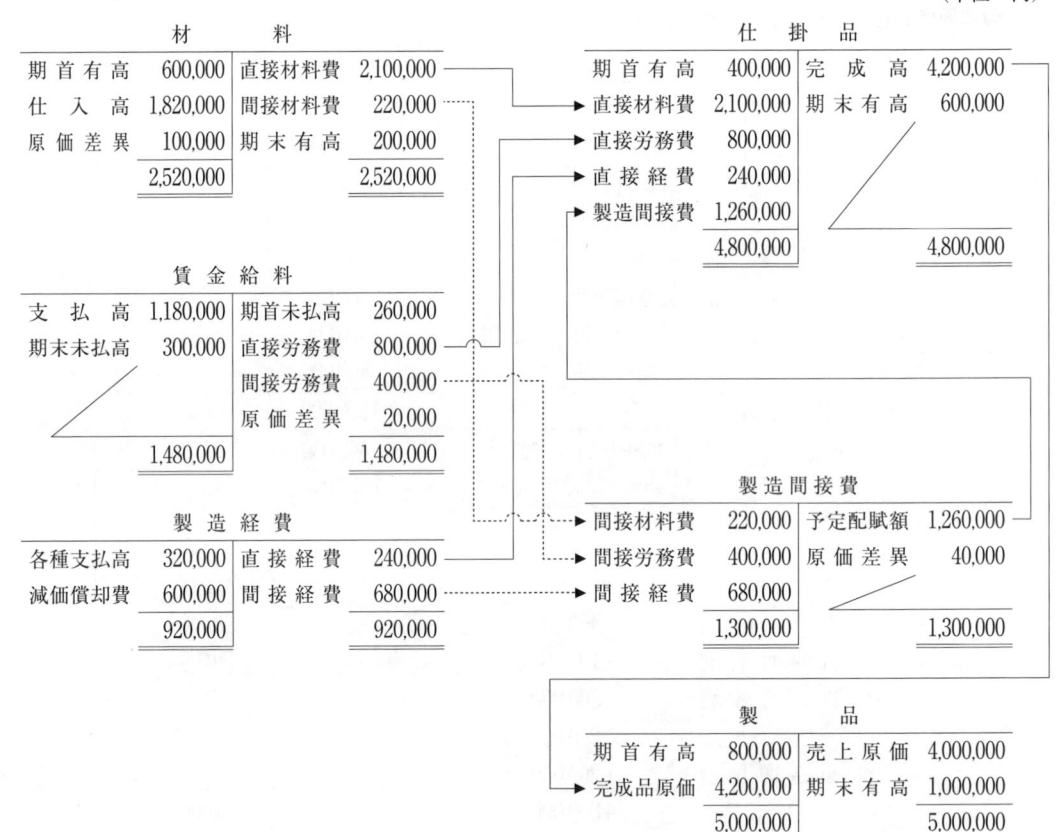

材　料

期首有高	600,000	直接材料費	2,100,000
仕入高	1,820,000	間接材料費	220,000
原価差異	100,000	期末有高	200,000
	2,520,000		2,520,000

賃金給料

支払高	1,180,000	期首未払高	260,000
期末未払高	300,000	直接労務費	800,000
		間接労務費	400,000
		原価差異	20,000
	1,480,000		1,480,000

製造経費

各種支払高	320,000	直接経費	240,000
減価償却費	600,000	間接経費	680,000
	920,000		920,000

仕掛品

期首有高	400,000	完成高	4,200,000
直接材料費	2,100,000	期末有高	600,000
直接労務費	800,000		
直接経費	240,000		
製造間接費	1,260,000		
	4,800,000		4,800,000

製造間接費

間接材料費	220,000	予定配賦額	1,260,000
間接労務費	400,000	原価差異	40,000
間接経費	680,000		
	1,300,000		1,300,000

製品

期首有高	800,000	売上原価	4,000,000
完成品原価	4,200,000	期末有高	1,000,000
	5,000,000		5,000,000

３．諸数値の算定

〈仕掛品勘定〉

　　問題資料の製造原価報告書から仕掛品勘定の記入を行います。

〈製造間接費勘定〉

　予定配賦額：仕掛品勘定への振替高 1,260,000 円

　原価差異：貸借差額で 40,000 円

〈材料勘定〉

　消費高：直接材料費 2,100,000 円＋間接材料費 220,000 円＝2,320,000 円

　原価差異：貸借差額で 100,000 円

〈賃金給料勘定〉

　消費高：直接労務費 800,000 円＋間接労務費 400,000 円＝1,200,000 円

　原価差異：貸借差額で 20,000 円

〈製造経費勘定〉

　消費高：直接経費 240,000 円＋間接経費 680,000 円＝920,000 円

　減価償却費：貸借差額で 600,000 円

〈製品勘定〉

　完成品原価：仕掛品勘定からの振替高 4,200,000 円

　売上原価：貸借差額で 4,000,000 円

18 標準原価計算（Ⅰ）

問題18-1

問1

借 方 科 目	金 額	貸 方 科 目	金 額
製　　　品	712,500	仕　掛　品	712,500

問2

	仕　掛　品	（単位：円）	
前 月 繰 越	（ 86,250）	製　　　　品	（ 712,500）
材　　　料	（ 162,500）	次 月 繰 越	（ 115,000）
賃　　　金	（ 241,500）	原 価 差 異	（ 23,300）
製 造 間 接 費	（ 360,550）		
	（ 850,800）		（ 850,800）

解答への道

1. 生産データ

仕掛品－直接材料費

月初 150個	当月完成 750個
当月投入 800個	月末 200個

仕掛品－加工費

月初 150個×50%＝75個	当月完成 750個
当月投入 （差引） 775個	月末 200個×50%＝100個

2. 完成品原価の振替え

標準原価計算では、製品原価（完成品原価および仕掛品原価）はすべて「標準原価」で算定します。

完成品原価：＠950円×750個＝712,500円

3. 仕掛品勘定の記入

月初有高：＠200円×150個＋（＠300円＋＠450円）×75個
　　　　　＝86,250円

材　　料：162,500円（実際消費額）⎱
賃　　金：241,500円（実際消費額）⎰ 計764,550円
製造間接費：360,550円（実際発生額）

製　　品：＠950円×750個＝712,500円

月末有高：＠200円×200個＋（＠300円＋＠450円）×100個
　　　　　＝115,000円

4. 標準原価差異の計算 （貸借差額で計算してもよい）

標準原価：＠200円×800個＋＠300円×775個
　　　　　　　　　直接材料費　　　　直接労務費
　　　　　＋＠450円×775個＝741,250円
　　　　　　　　製造間接費

原価差異：741,250円－764,550円＝△23,300円（借方差異）

パーシャル・プランによると，仕掛品勘定の記入は次のようになります。

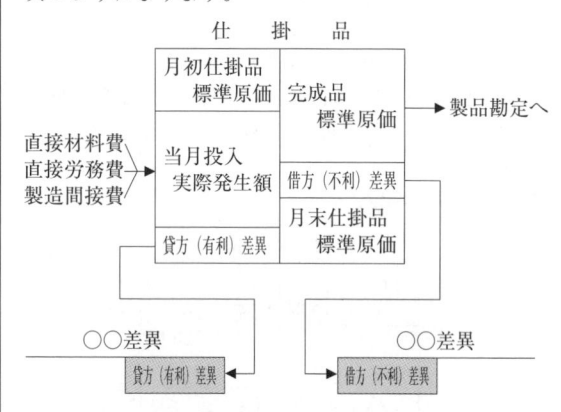

（注）借方差異（不利差異）は○○差異勘定の借方に，貸方差異（有利差異）は○○差異勘定の貸方に振り替えられます。仕掛品勘定ではないことに注意してください。

問題18-2

	仕　掛　品	（単位：円）	
前 月 繰 越	（ 274,000）	製　　　　品	（ 7,560,000）
材　　　料	（ 2,314,000）	次 月 繰 越	（ 776,000）
賃　　　金	（ 1,555,000）	原 価 差 異	（ 17,000）
製 造 間 接 費	（ 4,210,000）		
	（ 8,353,000）		（ 8,353,000）

	製　　　品	（単位：円）	
前 月 繰 越	（ 810,000）	売 上 原 価	（ 6,480,000）
仕　掛　品	（ 7,560,000）	次 月 繰 越	（ 1,890,000）
	（ 8,370,000）		（ 8,370,000）

解答への道

1. 仕掛品勘定の記入

仕掛品－直接材料費

月初 10個	完成 140個
当月投入 150個	月末 20個

仕掛品－加工費

月初 10個×30%＝3個	完成 140個
当月投入 （差引） 149個	月末 20個×60%＝12個

前月繰越……@ 16,000円 × 10個 + @ 10,000円 × 3個
　　　　　+ @ 28,000円 × 3個 = 274,000円

当月投入……実際発生額を記入

製　　品……@ 54,000円 × 140個 = 7,560,000円

次月繰越……@ 16,000円 × 20個 + @ 10,000円 × 12個
　　　　　+ @ 28,000円 × 12個 = 776,000円

原価差異……仕掛品勘定の貸借差額又は次の計算式
　　　　　により求まります。

当月投入標準原価 − 当月投入実際原価 = 原価差異

(@ 16,000円 × 150個 + @ 10,000円 × 149個 + @ 28,000円 × 149個)
− (2,314,000円 + 1,555,000円 + 4,210,000円) = △ 17,000円 (借方差異)

2. 製品勘定の記入

製　　品

月初		販売	
	15個		120個
完成		月末	
	140個		35個

前月繰越　@54,000円 ×　15個 =　 810,000円
仕 掛 品　@54,000円 × 140個 = 7,560,000円
売上原価　@54,000円 × 120個 = 6,480,000円
次月繰越　@54,000円 ×　35個 = 1,890,000円

材　　料

買　掛　金	264,500	仕　掛　品	260,000
		直接材料費差異	4,500
	264,500		264,500

賃　　金

現　　金	151,500	仕　掛　品	153,000
直接労務費差異	1,500		
	153,000		153,000

製造間接費

諸　　口	312,000	仕　掛　品	306,000
		製造間接費差異	6,000
	312,000		312,000

仕　掛　品

前 月 繰 越	19,000	製　　品	700,000
材　　料	260,000	次 月 繰 越	38,000
賃　　金	153,000		
製 造 間 接 費	306,000		
	738,000		738,000

直接材料費差異

材　　料	4,500		

直接労務費差異

		賃　　金	1,500

製造間接費差異

製 造 間 接 費	6,000		

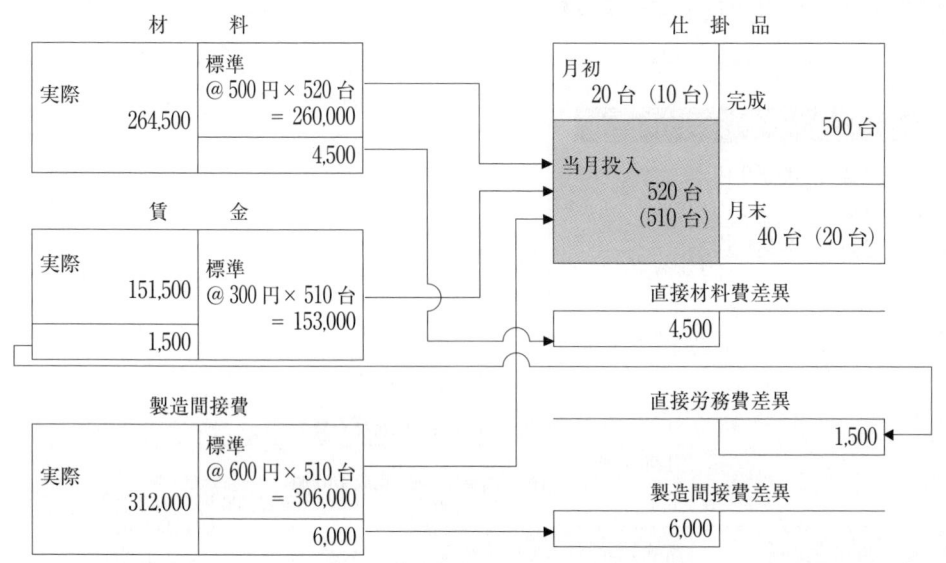

仕掛品勘定は，すべて標準原価で計算されます。なお，（　　）内の数値は，完成品換算数量です。

問題19-1

直接材料費差異	（貸）	86,000 円
直接労務費差異	（借）	65,000 円
製造間接費差異	（借）	38,000 円

解答への道

(1) **直接材料費**

仕掛品 − 直接材料費

月初 10 個 @ 16,000 円× 10 個 = 160,000 円	完成 140 個 @ 16,000 円× 140 個 = 2,240,000 円
当月 150 個 2,314,000 円	
直接材料費差異	月末 20 個 @ 16,000 円× 20 個 = 320,000 円

当月 150 個
@ 16,000 円× 150 個
= 2,400,000 円

直接材料費差異：2,400,000 円 − 2,314,000 円 = 86,000 円（貸方差異）

(2) **直接労務費**

仕掛品 − 直接労務費

月初 10 個× 0.3 = 3 個 @ 10,000 円× 3 個 = 30,000 円	完成 140 個 @ 10,000 円× 140 個 = 1,400,000 円
当月 149 個 1,555,000 円	月末 20 個× 0.6 = 12 個 @ 10,000 円× 12 個 = 120,000 円
	｝ 直接労務費差異

当月 149 個（差引）
@ 10,000 円× 149 個
= 1,490,000 円

直接労務費差異：1,490,000 円 − 1,555,000 円 = △ 65,000 円（借方差異）

(3) **製造間接費**

仕掛品 − 製造間接費

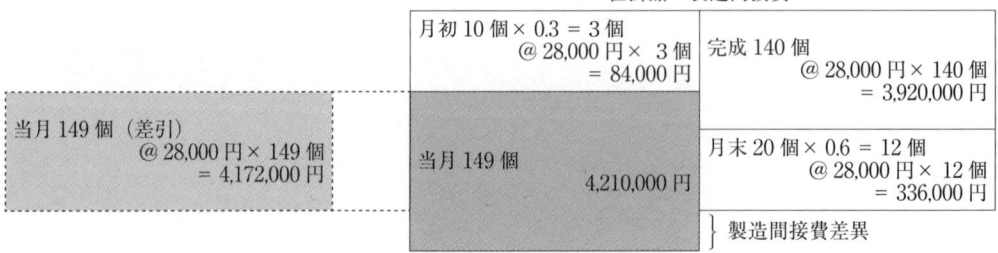

月初 10 個× 0.3 = 3 個 @ 28,000 円× 3 個 = 84,000 円	完成 140 個 @ 28,000 円× 140 個 = 3,920,000 円
当月 149 個 4,210,000 円	月末 20 個× 0.6 = 12 個 @ 28,000 円× 12 個 = 336,000 円
	｝ 製造間接費差異

当月 149 個（差引）
@ 28,000 円× 149 個
= 4,172,000 円

製造間接費差異：4,172,000 円 − 4,210,000 円 = △ 38,000 円（借方差異）

仕　掛　品			（単位：円）
前 月 繰 越	（ 147,600)	製　　　　品	（ 1,116,000)
材　　　料	（ 388,800)	次 月 繰 越	（ 110,700)
賃　　　金	（ 324,600)	材 料 費 差 異	（ 46,800)
製 造 間 接 費	（ 412,100)	労 務 費 差 異	（ 8,700)
間 接 費 差 異	（ 9,100)		
	（ 1,282,200)		（ 1,282,200)

解答への道

1. 生産データの整理

仕掛品－直接材料費

月初 24 個	完成品 120 個
当月投入 114 個	月末 18 個

仕掛品－加工費

月初 24 個× 1/2 = 12 個	完成品 120 個
当月投入 117 個	月末 18 個× 1/2 = 9 個

2. 勘定記入

仕　掛　品

月　初

直材	3,000 円× 24 個＝ 72,000 円
直労	2,700 円× 12 個＝ 32,400 円
製間	3,600 円× 12 個＝ 43,200 円
	147,600 円

完成品

直材	3,000 円× 120 個＝ 360,000 円
直労	2,700 円× 120 個＝ 324,000 円
製間	3,600 円× 120 個＝ 432,000 円
	1,116,000 円

当月投入

直材	388,800 円*1
直労	324,600 円*2
製間	412,100 円

月　末

直材	3,000 円× 18 個＝ 54,000 円
直労	2,700 円× 9 個＝ 24,300 円
製間	3,600 円× 9 個＝ 32,400 円
	110,700 円

材料費差異

46,800 円*3

間接費差異

9,100 円*5

労務費差異

8,700 円*4

＊1　実際消費額（直接材料費）
　　　64,000 円 + 396,900 円 − 72,100 円 = 388,800 円
＊2　実際消費額（直接労務費）
　　　333,200 円 − 40,600 円 + 32,000 円 = 324,600 円
＊3　材料費差異
　　　3,000 円× 114 個 − 388,800 円 = △ 46,800 円（不利差異）
＊4　労務費差異
　　　2,700 円× 117 個 − 324,600 円 = △ 8,700 円（不利差異）
＊5　間接費差異
　　　3,600 円× 117 個 − 412,100 円 = 9,100 円（有利差異）

直接材料費差異	（借）	26,750	円
価 格 差 異	（貸）	15,750	円
消 費 量 差 異	（借）	42,500	円

解答への道

1. 直接材料費差異：@1,700円×2,600個 − 4,446,750円
$$= \triangle 26,750円（借方差異）$$

2. 差異分析

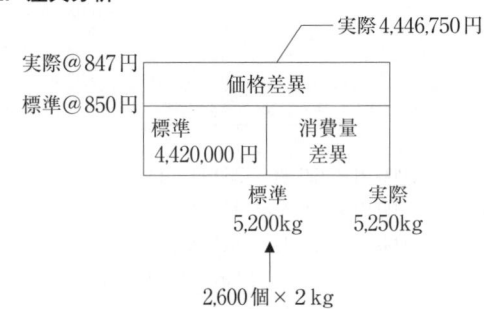

価格差異：（@850円 − @847円）× 5,250kg
$$= 15,750円（貸方差異）$$
消費量差異：@850円×（5,200kg − 5,250kg）
$$= \triangle 42,500円（借方差異）$$

問題19-4

直接労務費差異	（貸）	15,600	円
賃 率 差 異	（借）	104,400	円
作業時間差異	（貸）	120,000	円

解答への道

1. 生産データ

仕掛品 − 直接労務費

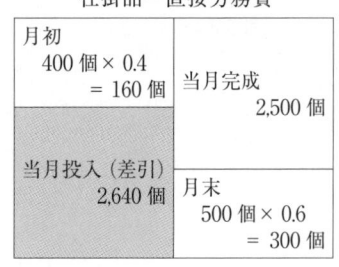

2. 直接労務費差異：@4,000円×2,640個 − 10,534,000円
$$= 26,000円（貸方差異）$$

3. 差異分析

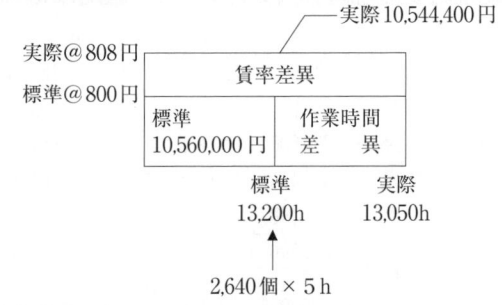

賃率差異：（@800円 − @808円）× 13,050h
$$= \triangle 104,400円（借方差異）$$
作業時間差異：@800円×（13,200h − 13,050h）
$$= 120,000円（貸方差異）$$

問題19-5

(1)	総 差 異 ＝	57,600	千円	（借）
	材料価格差異 ＝	67,600	千円	（借）
	材料数量差異 ＝	10,000	千円	（貸）
(2)	総 差 異 ＝	30,200	千円	（借）
	労働賃率差異 ＝	17,700	千円	（借）
	労働時間差異 ＝	12,500	千円	（借）

解答への道

(1) 直接材料費

総差異：@100千円×2,700個 − 327,600千円
$$= \triangle 57,600千円（借方差異）$$

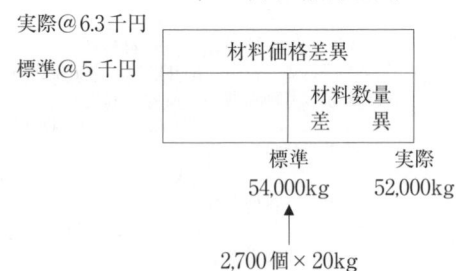

材料価格差異：(@ 5 千円 − @ 6.3 千円) × 52,000kg
  　 = △ 67,600 千円（借方差異）
材料数量差異：@ 5 千円 × (54,000kg − 52,000kg)
  　 = 10,000 千円（貸方差異）

(2) **直接労務費**

総差異：@ 50 千円 × 2,700 個 − 165,200 千円
  　 = △ 30,200 千円（借方差異）

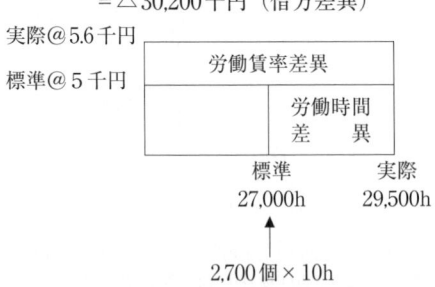

実際 @ 5.6 千円

標準 @ 5 千円

	労働賃率差異
	労働時間 差　異

標準　　　　　実際
27,000h　　　29,500h

↑
2,700 個 × 10h

労働賃率差異：(@ 5 千円 − @ 5.6 千円) × 29,500h
  　 = △ 17,700 千円（借方差異）
労働時間差異：@ 5 千円 × (27,000h − 29,500h)
  　 = △ 12,500 千円（借方差異）

(3) **結　論**

差異分析の結果，材料の消費能率は良かったが，労働力の消費能率が悪かったため，第 1 製造部長の説明は適切ではないといえます。

問題19-6

製造間接費差異	（−）	220,000	円
予 算 差 異	（−）	80,000	円
能 率 差 異	（＋）	100,000	円
操 業 度 差 異	（−）	240,000	円

解答への道

1. 生産データ

仕掛品−製造間接費

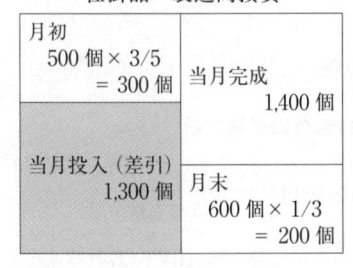

月初 500 個 × 3/5 = 300 個	当月完成 1,400 個
当月投入（差引） 1,300 個	月末 600 個 × 1/3 = 200 個

2. **製造間接費差異**：@ 5,000 円 × 1,300 個 − 6,720,000 円
  　 = △ 220,000 円（借方差異）

3. **差異分析（三分法）**

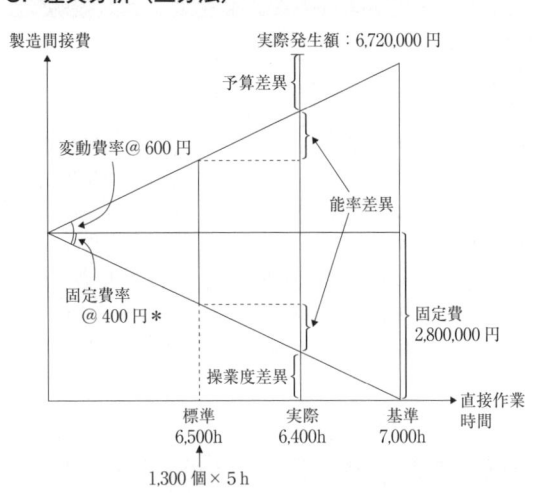

＊ 固定費率：2,800,000 円 ÷ 7,000h = 400 円 / 時間

予算差異：@ 600 円 × 6,400h + 2,800,000 円 − 6,720,000 円
  　 = △ 80,000 円（借方差異）
能率差異：(@ 600 円 + @ 400 円) × (6,500h − 6,400h)
  　 = ＋ 100,000 円（貸方差異）
操業度差異：@ 400 円 × (6,400h − 7,000h)
  　 = △ 240,000 円（借方差異）

（参　考）

なお，本問の製造間接費予算を固定予算によった場合の差異分析は次のようになる。

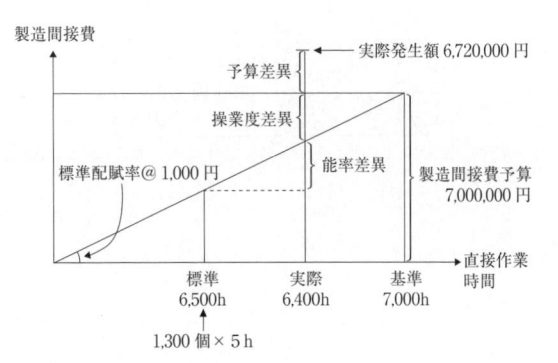

予算差異：7,000,000 円 − 6,720,000 円 = 280,000 円（貸方差異）
操業度差異：@ 1,000 円 × (6,400 h − 7,000 h)
  　 = △ 600,000 円（借方差異）
能率差異：@ 1,000 円 × (6,500 h − 6,400 h)
  　 = 100,000 円（貸方差異）

問題19-7

〔設問1〕 | 200 | 円/時 |
〔設問2〕 | 100 | 円 |
〔設問3〕 |（借） 45,500 | 円 |

〔設問4〕	予 算 差 異	（借）	9,900	円
	能 率 差 異	（借）	14,000	円
	操 業 度 差 異	（借）	21,600	円
〔設問5〕	予 算 差 異	（借）	9,900	円
	変動費能率差異	（借）	5,600	円
	固定費能率差異	（借）	8,400	円
	操 業 度 差 異	（借）	21,600	円

解答への道

〔設問1〕製造間接費標準配賦率：

$$@80円 + \frac{240,000円}{2,000時間} = 200円／時間$$

〔設問2〕製品C1個当たりの製造間接費：

$$@200円 × 0.5時間 = 100円$$

〔設問3〕製造間接費差異：

$$@100円 × 3,500個 - 395,500円$$
$$= △45,500円（借方差異）$$

仕掛品 − 製造間接費

月初 600個×0.2 =120個	当月完成 3,300個
当月投入（差引） 3,500個	月末 400個×0.8 =320個

〔設問4・5〕差異分析

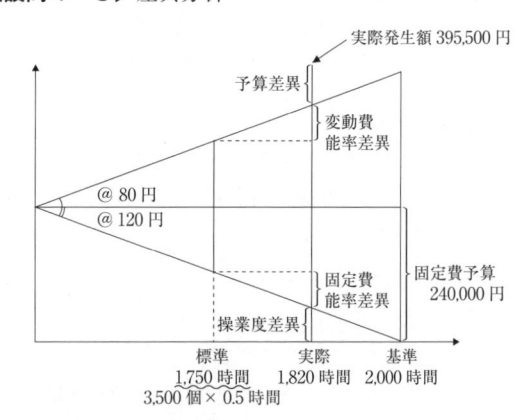

(1) 予算差異：@80円 × 1,820h + 240,000円 − 395,500円
$$= △9,900円（借方差異）$$

(2) 能率差異
変動費能率差異：
$$@80円 × (1,750h - 1,820h) = △5,600円（借方差異）$$
固定費能率差異：
$$@120円 × (1,750h - 1,820h) = △8,400円（借方差異）$$
$$△14,000円（借方差異）$$

(3) 操業度差異：
$$@120円 × (1,820h - 2,000h) = △21,600円（借方差異）$$

問題19-8

(1)	総 差 異 =	6,600	円	（貸）
	材料数量差異 =	11,000	円	（貸）
	材料価格差異 =	4,400	円	（借）
(2)	総 差 異 =	6,700	円	（貸）
	労働時間差異 =	2,500	円	（貸）
	労働賃率差異 =	4,200	円	（貸）
(3)	総 差 異 =	2,000	円	（借）
	予 算 差 異 =	3,400	円	（借）
	能 率 差 異 =	3,000	円	（貸）
	操 業 度 差 異 =	1,600	円	（借）

解答への道

1. 直接材料費の差異分析

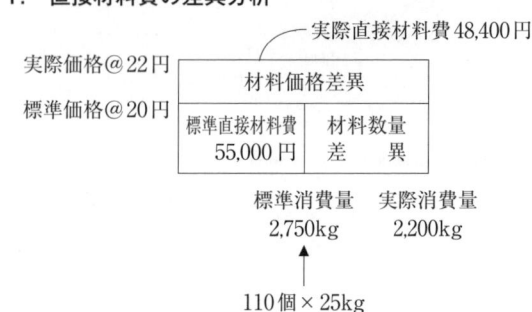

直接材料費の総差異：55,000円 − 48,400円

$\qquad$ ＝（＋）6,600円（貸方差異）

材料数量差異：＠20円×（2,750kg − 2,200kg）

$\qquad$ ＝（＋）11,000円（貸方差異）

材料価格差異（＠20円 − ＠22円）×2,200kg

$\qquad$ ＝（−）4,400円（借方差異）

2. 直接労務費の差異分析

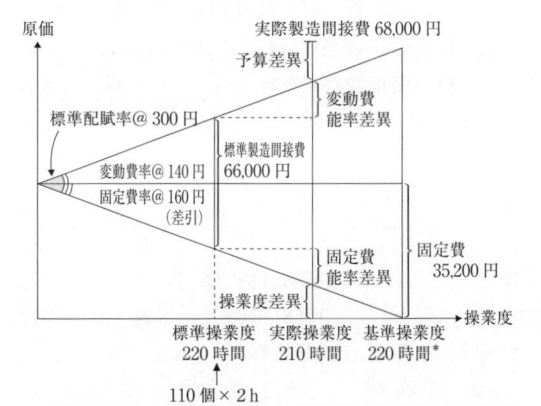

実際直接労務費 48,300円

実際賃率＠230円

標準賃率＠250円

労働賃率差異

標準直接労務費 55,000円　労働時間差異

標準作業時間　実際作業時間
220時間　　　210時間

110個 × 2 h

直接労務費の総差異：55,000円 − 48,300円

$\qquad$ ＝（＋）6,700円（貸方差異）

労働時間差異：＠250円×（220時間 − 210時間）

$\qquad$ ＝（＋）2,500円（貸方差異）

労働賃率差異：（＠250円 − ＠230円）×210時間

$\qquad$ ＝（＋）4,200円（貸方差異）

3. 製造間接費の差異分析

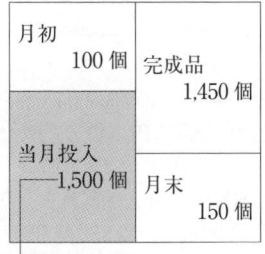

原価

実際製造間接費 68,000円

予算差異

標準配賦率＠300円

変動費能率差異

変動費率＠140円

固定費率＠160円（差引）

標準製造間接費 66,000円

固定費能率差異

固定費 35,200円

操業度差異

標準操業度　実際操業度　基準操業度
220時間　　210時間　　220時間＊

110個 × 2 h

＊基準操業度＝固定費 35,200円÷固定費率＠160円＝220時間

製造間接費の総差異：66,000円 − 68,000円

$\qquad$ ＝（−）2,000円（借方差異）

予 算 差 異：＠140円×210時間＋35,200円 − 68,000円

$\qquad$ ＝（−）3,400円（借方差異）

変動費能率差異：＠140円×（220時間 − 210時間）

$\qquad$ ＝（＋）1,400円（貸方差異）

固定費能率差異：＠160円×（220時間 − 210時間）

$\qquad$ ＝（＋）1,600円（貸方差異）

能率差異（＋）3,000円

操 業 度 差 異：＠160円×（210時間 − 220時間）

$\qquad$ ＝（−）1,600円（借方差異）

問題19-9

〔設問1〕	総　　差　　異 ＝	162,500	円	（借）
	数　量　差　異 ＝	60,000	円	（貸）
	価　格　差　異 ＝	222,500	円	（借）
〔設問2〕	総　　差　　異 ＝	58,500	円	（借）
	時　間　差　異 ＝	84,000	円	（貸）
	賃　率　差　異 ＝	142,500	円	（借）
〔設問3〕	総　　差　　異 ＝	140,000	円	（借）
〔設問4〕	予　算　差　異 ＝	110,000	円	（借）
	変動費能率差異 ＝	42,000	円	（貸）
	固定費能率差異 ＝	63,000	円	（貸）
	操　業　度　差　異 ＝	135,000	円	（借）

解答への道

1. 直接材料費の差異分析

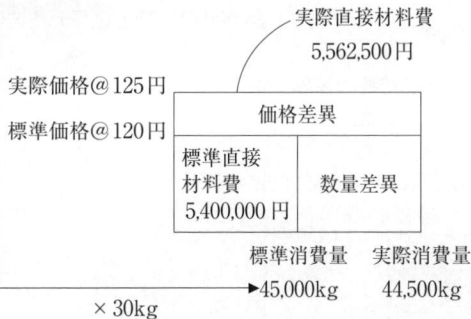

仕掛品 − 直接材料費

月初　100個　完成品　1,450個

当月投入　1,500個　月末　150個

実際直接材料費 5,562,500円

実際価格＠125円

標準価格＠120円

価格差異

標準直接材料費 5,400,000円　数量差異

標準消費量　実際消費量
45,000kg　　44,500kg

× 30kg

直接材料費の総差異：5,400,000円 − 5,562,500円

$\qquad$ ＝（−）162,500円（借方差異）

価格差異：（＠120円 − ＠125円）×44,500kg

$\qquad$ ＝（−）222,500円（借方差異）

数量差異：＠120円×（45,000kg − 44,500kg）

$\qquad$ ＝（＋）60,000円（貸方差異）

2. 直接労務費の差異分析

仕掛品−直接労務費

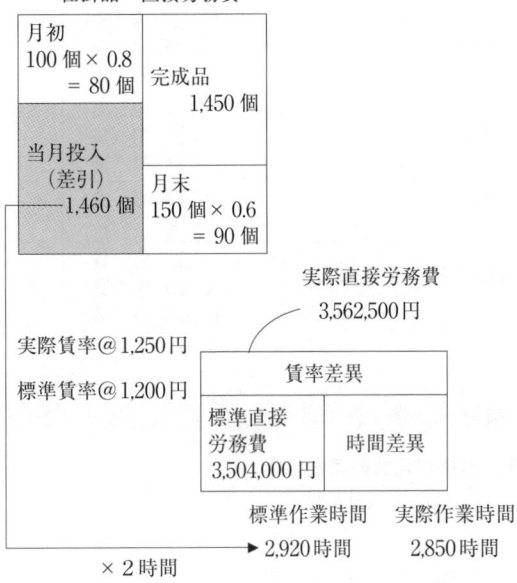

| 月初
100 個 × 0.8
= 80 個 | 完成品
1,450 個 |
| 当月投入
（差引）
1,460 個 | 月末
150 個 × 0.6
= 90 個 |

実際直接労務費
3,562,500 円

実際賃率@ 1,250 円
標準賃率@ 1,200 円

| 賃率差異 | |
| 標準直接
労務費
3,504,000 円 | 時間差異 |

標準作業時間　実際作業時間
2,920 時間　2,850 時間

× 2 時間

直接労務費の総差異：3,504,000 円 − 3,562,500 円
　　　　　　　　　　= （−）58,500 円（借方差異）

賃率差異：（@ 1,200 円 − @ 1,250 円）× 2,850 時間
　　　　= （−）142,500 円（借方差異）

時間差異：@ 1,200 円 × （2,920 時間 − 2,850 時間）
　　　　= （+）84,000 円（貸方差異）

3. 製造間接費の差異分析

仕掛品−製造間接費

| 月初
100 個 × 0.8
= 80 個 | 完成品
1,450 個 |
| 当月投入
（差引）
1,460 個 | 月末
150 個 × 0.6
= 90 個 |

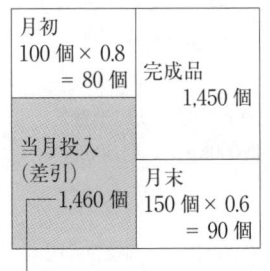

原価

実際製造間接費 4,520,000 円

予算差異

標準配賦率@ 1,500 円

変動費
能率差異

標準製造間接費
4,380,000 円

変動費率@ 600 円
固定費率@ 900 円
（差引）

固定費
能率差異

固定費
2,700,000 円

操業度差異

操業度

× 2 時間
標準操業度　実際操業度　基準操業度
2,920 時間　2,850 時間　3,000 時間*

＊基準操業度＝固定費 2,700,000 円 ÷ 固定費率@ 900 円 = 3,000 時間

製造間接費の総差異：4,380,000 円 − 4,520,000 円
　　　　　　　　　　= （−）140,000 円（借方差異）

予 算 差 異：@ 600 円 × 2,850 時間 + 2,700,000 円 − 4,520,000 円
　　　　　　= （−）110,000 円（借方差異）

変動費能率差異：@ 600 円 × （2,920 時間 − 2,850 時間）
　　　　　　　= （+）42,000 円（貸方差異）

固定費能率差異：@ 900 円 × （2,920 時間 − 2,850 時間）
　　　　　　　= （+）63,000 円（貸方差異）

操 業 度 差 異：@ 900 円 × （2,850 時間 − 3,000 時間）
　　　　　　　= （−）135,000 円（借方差異）

問題19-10

月次損益計算書（一部）		（単位：千円）
Ⅰ　売　　上　　高		19,000
Ⅱ　売　上　原　価		
月初製品棚卸高	（　300）	
当月製品製造原価	（ 5,880）	
合　　　　計	（ 6,180）	
月末製品棚卸高	（　480）	
差　　　　引	（ 5,700）	
直接材料費差異（有・(不)）	（　48）	
直接労務費差異（(有)・不）	（　12）	
製造間接費差異（有・(不)）	（　142）	（ 5,878）
売　上　総　利　益		（13,122）

	仕　　掛　　品		（単位：千円）	
繰　　　　越	（　140）	製　　　　品	（ 5,880）
材　　　　料	（ 1,048）	原 価 差 異	（　178）
賃　　　　金	（ 1,968）	繰　　　　越	（　210）
製 造 間 接 費	（ 3,112）		
原 価 差 異	（　−）		
	（ 6,268）		（ 6,268）

解答への道

1. 生産データの整理

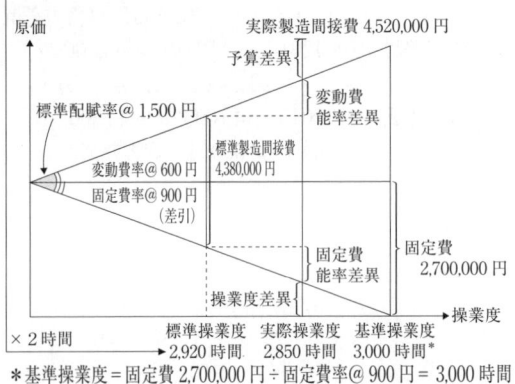

仕掛品−直接材料費

| 月初
4台 | 完成品
98台 |
| 当月投入
100台 | 月末
6台 |

仕掛品−加工費

| 月初
4台 × 1/2
= 2台 | 完成品
98台 |
| 当月投入
99台 | 月末
6台 × 1/2
= 3台 |

2. 勘定記入

仕 掛 品

月 初 [直材] 10 千円 × 4 台 = 40 千円 [直労] 20 千円 × 2 台 = 40 千円 [製間] 30 千円 × 2 台 = 60 千円 <div align="right">140 千円</div>	完成品 [直材] 10 千円 × 98 台 = 980 千円 [直労] 20 千円 × 98 台 = 1,960 千円 [製間] 30 千円 × 98 台 = 2,940 千円 <div align="right">5,880 千円</div>
当月投入 [直材] 1,048 千円[*1] [直労] 1,968 千円 [製間] 3,112 千円	原価差異　　178 千円[*2] 月 末 [直材] 10 千円 × 6 台 = 60 千円 [直労] 20 千円 × 3 台 = 60 千円 [製間] 30 千円 × 3 台 = 90 千円 <div align="right">210 千円</div>

* 1　実際消費額（直接材料費）

月初分　@ 10 千円 × 6 トン　　　　　　　　　＝　　60 千円

当月分　@ 10.4 千円 ×（101 トン − 6 トン）　＝　　988 千円

1,048 千円

* 2　原価差異

直接材料費差異 = 10 千円 × 100 台 − 1,048 千円 = △ 48 千円（不利差異）

……売上原価に加算

直接労務費差異 = 20 千円 × 99 台 − 1,968 千円 = 　 12 千円（有利差異）

……売上原価から控除

製造間接費差異 = 30 千円 × 99 台 − 3,112 千円 = △ 142 千円（不利差異）

……売上原価に加算　　　　　　　　合計　　△ 178 千円（不利差異）

3. 損益計算書の記入

Ⅰ　売　　上　　高　　　　19,000

Ⅱ　売　上　原　価

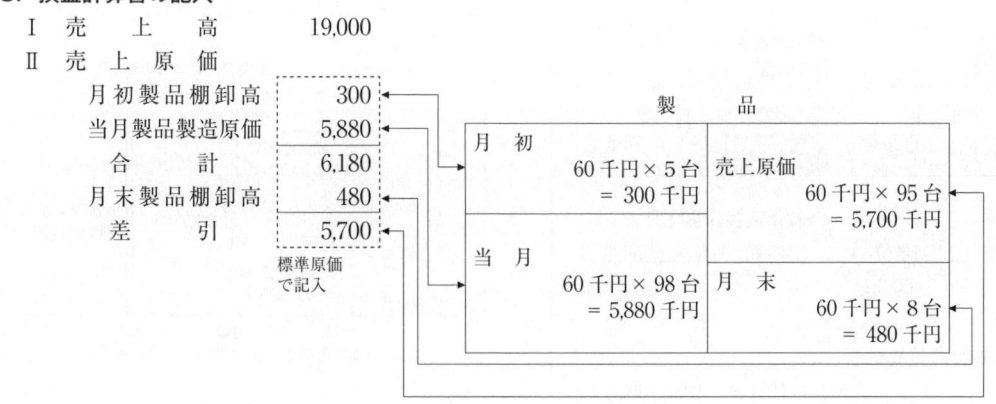

月 初 製 品 棚 卸 高	300
当 月 製 品 製 造 原 価	5,880
合　　　　計	6,180
月 末 製 品 棚 卸 高	480
差　　　引	5,700

標準原価で記入

製　　品

月 初 60 千円 × 5 台 = 300 千円	売上原価 60 千円 × 95 台 = 5,700 千円
当 月 60 千円 × 98 台 = 5,880 千円	月 末 60 千円 × 8 台 = 480 千円

(1)	5,000	円／単位	
(2)	292,000	円（貸方）	
(3)	84,000	円（借方）	
(4)	11,000	円（貸方）	

仕 掛 品	（単位：円）
直接材料費 （ 3,986,160）	完 成 高 （10,000,000）
直接労務費 （ 2,945,000）	月末有高 （ 350,000）
製造間接費 （ 3,429,000）	原価差異 （ 10,160）
（10,360,160）	（10,360,160）

解答への道

1. 原価標準（単位あたり標準原価）の算定

直接材料費：200円／kg　　× 10kg／単位 = 2,000円
直接労務費：700円／時間　× 2時間／単位 = 1,400円
製造間接費：800円／時間* × 2時間／単位 = 1,600円
　　　　　製品T単位あたり標準原価 　5,000円

＊製造間接費標準配賦率

$\underset{\text{製造間接費月次予算}}{3,440,000円} \div \underset{\text{月間基準操業度}}{4,300時間} = 800円／時間$

2. 差異分析

仕掛品―直接材料費	仕掛品―加工費

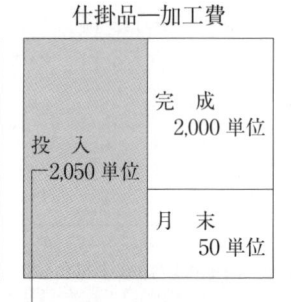

▶標準消費量
10kg／単位× 2,100 単位
　　　　　= 21,000kg

▶標準直接作業時間
2時間／単位× 2,050 単位
　　　　　= 4,100時間

(1) 直接材料費の差異分析

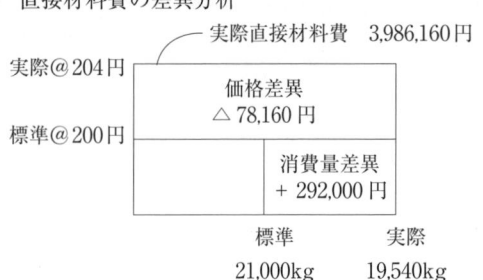

価 格 差 異：
　(200円／kg − 204円／kg)× 19,540kg =（−）78,160円〔借方〕
消費量差異：
　200円／kg ×（21,000kg − 19,540kg）=（+）292,000円〔貸方〕
　直接材料費総差異　　　　　　　　　　（+）213,840円〔貸方〕

(2) 直接労務費の差異分析

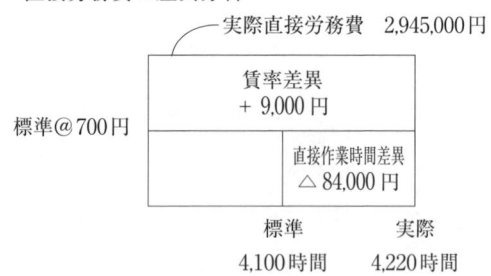

賃 率 差 異：
　700円／時間× 4,220時間 − 2,945,000円 =（+）9,000円〔貸方〕
(注) 実際賃率が割り切れない場合は，賃率差異を面積の差し引きで計算します。
直接作業時間差異：
　700円／時間×（4,100時間 − 4,220時間）=（−）84,000円〔借方〕
　直接労務費総差異　　　　　　　　　　（−）75,000円〔借方〕

(3) 製造間接費の差異分析
　本問は製造間接費月次予算額が変動費と固定費に分解できないため，公式法変動予算でなく固定予算によって差異分析せざるをえません。

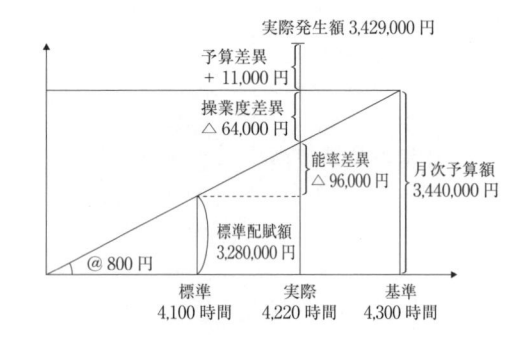

予 算 差 異：
　3,440,000円 − 3,429,000円 　　　　　　　 =（+）11,000円〔貸方〕
操業度差異：
　800円／時間×（4,220時間 − 4,300時間）=（−）64,000円〔借方〕
能 率 差 異：
　800円／時間×（4,100時間 − 4,220時間）=（−）96,000円〔借方〕
　製造間接費総差異　　　　　　　　　　　（−）149,000円〔借方〕

3. 仕掛品勘定の記入（パーシャル・プラン）

直接材料費：3,986,160円
直接労務費：2,945,000円
製造間接費：3,429,000円

完 成 高：5,000円/単位〈1単位あたりの標準原価〉
　　　　　× 2,000単位 = 10,000,000円
月末有高：2,000円/単位 × 100単位 +
　　　　　<u>直接材料費</u>
　　　　　(1,400円/単位 + 1,600円/単位) × 50単位
　　　　　<u>直接労務費と製造間接費</u>
　　　　　= 350,000円
原 価 差 異：仕掛品勘定貸借差額で10,160円〔借方〕

問題19-12

月次損益計算書（一部）		（単位：円）
Ⅰ　売　上　高		(378,000)
Ⅱ　売上原価		
月初製品棚卸高	(80,500)	
当月製品製造原価	(225,400)	
合　　計	(305,900)	
月末製品棚卸高	(57,500)	
差　　引	(248,400)	
直接材料費差異	(8,300)	
直接労務費差異	(△1,700)	
製造間接費差異	(18,600)	(273,600)
売上総利益		(104,400)

（注）△は控除を示す。

解答への道

1.　損益計算書の記入

Ⅰ　売　上　高　　　378,000 ⟵── @ 3,500円 × 108個
Ⅱ　売上原価

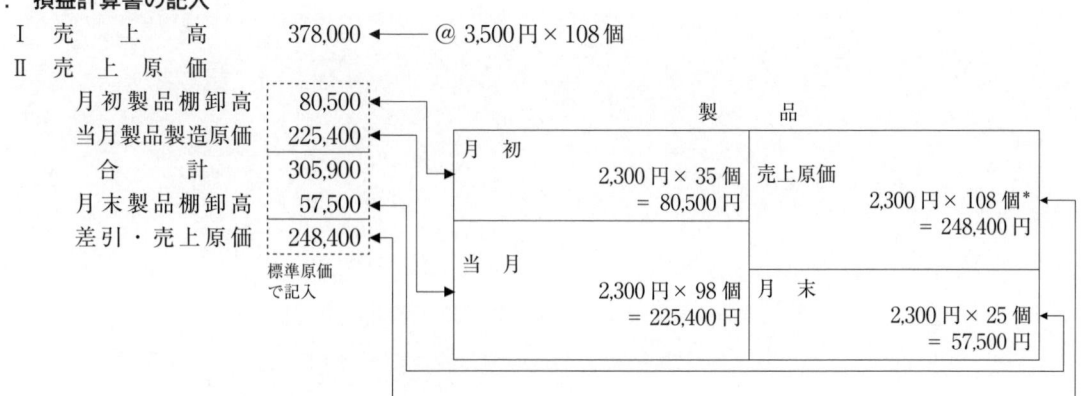

* 販売数量は製品勘定の貸借差額で求めます。

2. 差異の計算

(1) 生産データの整理

　材料は加工の進行に応じて投入するので，直接材料費も加工費と同様に加工進捗度を加味します。

仕掛品－直接材料費・加工費

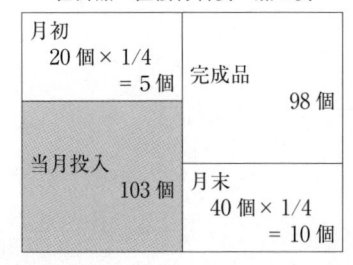

(2) 差異の計算

① 直接材料費差異：500円×103個 － 59,800円
　　　　　　　　　＝△ 8,300円（不利差異）

② 直接労務費差異：800円×103個 － 80,700円
　　　　　　　　　＝ 1,700円（有利差異）

③ 製造間接費差異：1,000円×103個 － 121,600円
　　　　　　　　　＝△18,600円（不利差異）

　なお，不利差異の場合には売上原価に加算し，有利差異の場合には売上原価から控除します。

20 直接原価計算（Ⅰ）

問題20-1

月次損益計算書（直接原価計算方式）

（単位：円）

Ⅰ．売　上　高		(1,554,000)
Ⅱ．変動売上原価		
1．月初製品棚卸高	(144,000)	
2．当月製品製造原価	(1,110,000)	
合　　　計	(1,254,000)	
3．月末製品棚卸高	(168,000)	(1,086,000)
変動製造マージン		(468,000)
Ⅲ．変動販売費		(156,000)
貢　献　利　益		(312,000)
Ⅳ．固　　定　　費		
1．固定製造間接費	(96,000)	
2．固定販売費	(15,000)	
3．固定一般管理費	(63,000)	(174,000)
営　業　利　益		(138,000)

解答への道

当月製品製造原価：522,000円 ＋ 378,000円 ＋ 210,000円
　　　　　　　　　直接材料費　　直接労務費　変動製造間接費
　　　　　　　　＝ 1,110,000円

問題20-2

損益計算書（全部原価計算）　　（単位：円）

	第 1 期	第 2 期	第 3 期
売　　上　　高	(7,500,000)	(7,500,000)	(7,350,000)
売　上　原　価	(4,200,000)	(4,000,000)	(4,370,000)
売上総利益	(3,300,000)	(3,500,000)	(2,980,000)
販売費・一般管理費	(1,700,000)	(1,700,000)	(1,690,000)
営　業　利　益	(1,600,000)	(1,800,000)	(1,290,000)

損益計算書（直接原価計算）　　（単位：円）

	第 1 期	第 2 期	第 3 期
売　　上　　高	(7,500,000)	(7,500,000)	(7,350,000)
変動売上原価	(1,500,000)	(1,500,000)	(1,470,000)
変動製造マージン	(6,000,000)	(6,000,000)	(5,880,000)
変　動　販　売　費	(500,000)	(500,000)	(490,000)
貢　献　利　益	(5,500,000)	(5,500,000)	(5,390,000)
固　　定　　費	(3,900,000)	(3,900,000)	(3,900,000)
営　業　利　益	(1,600,000)	(1,600,000)	(1,490,000)

〈全部・第1期〉

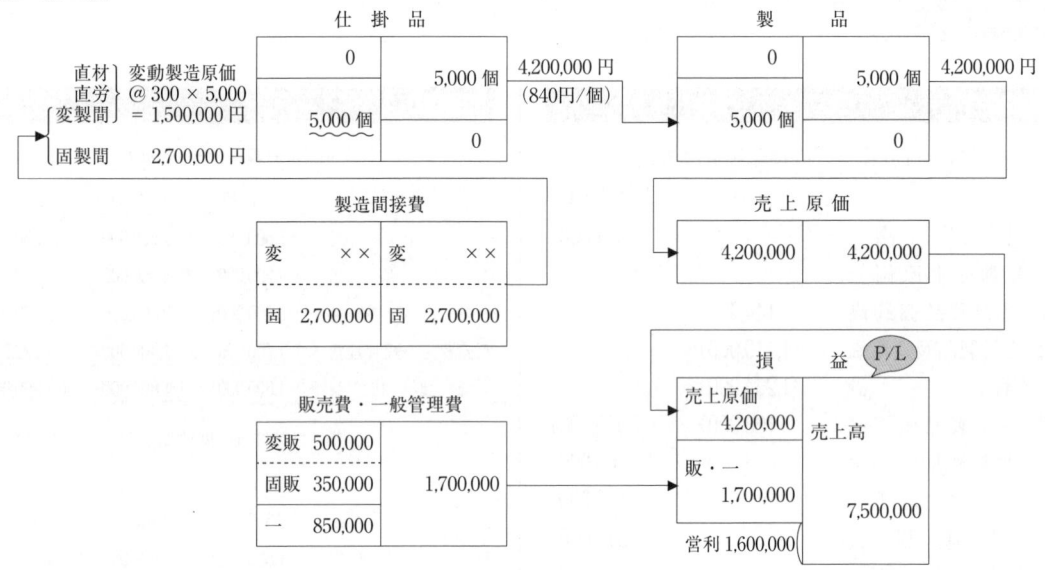

《直接・第1期》

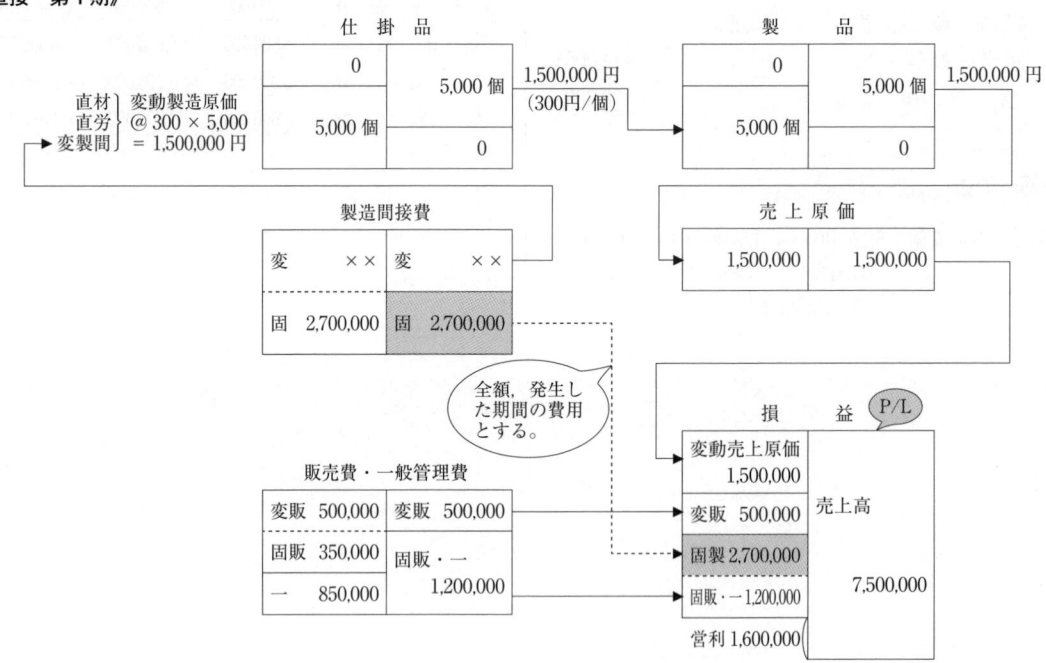

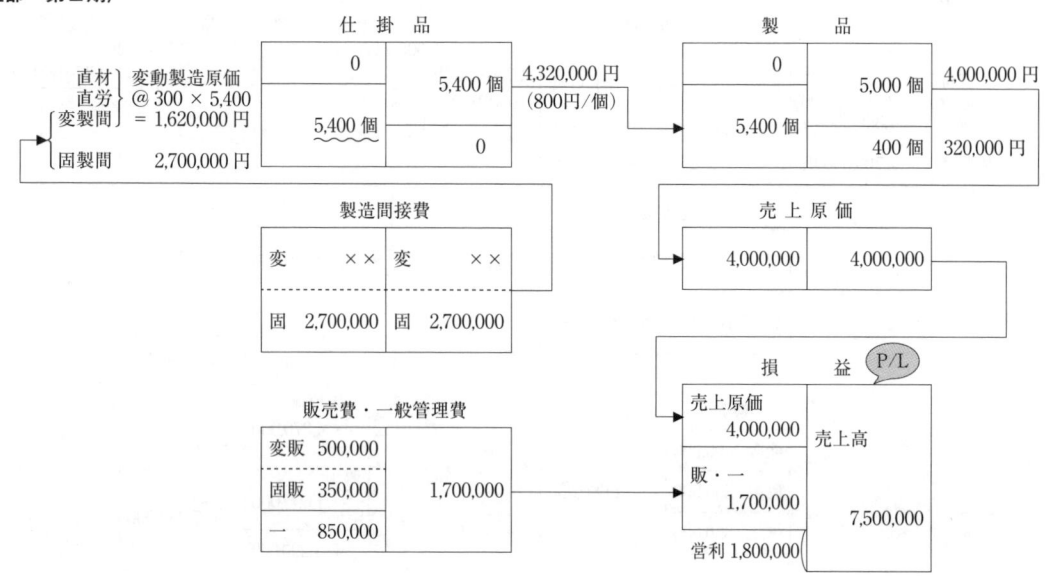

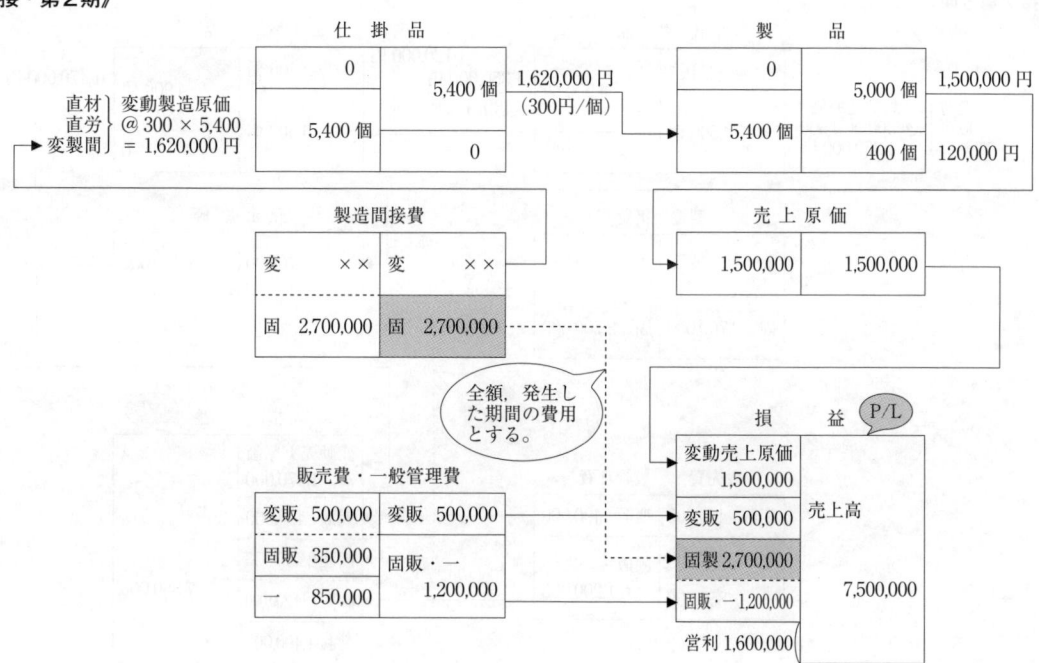

〈全部・第3期〉

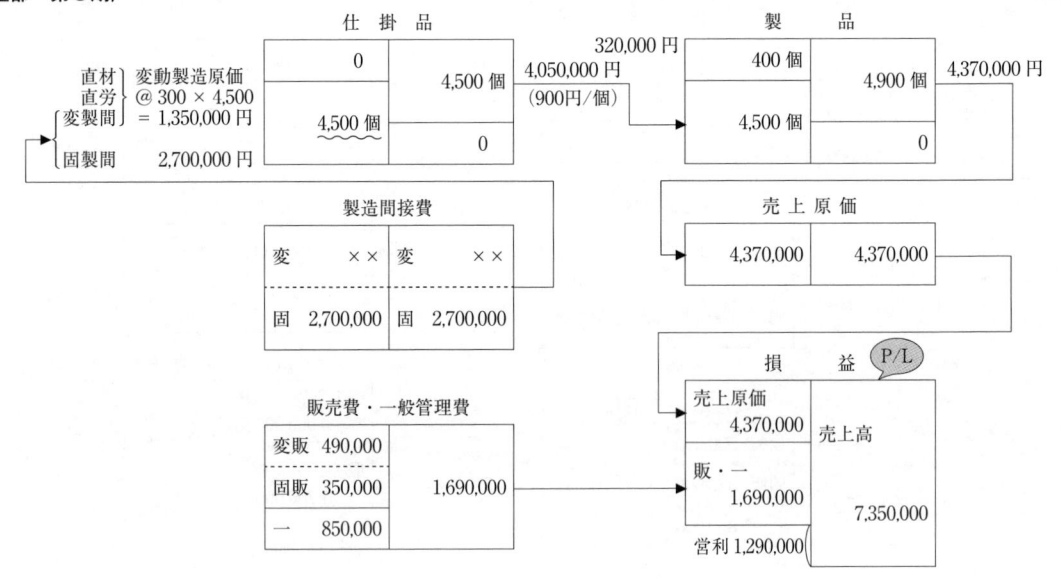

《直接・第3期》

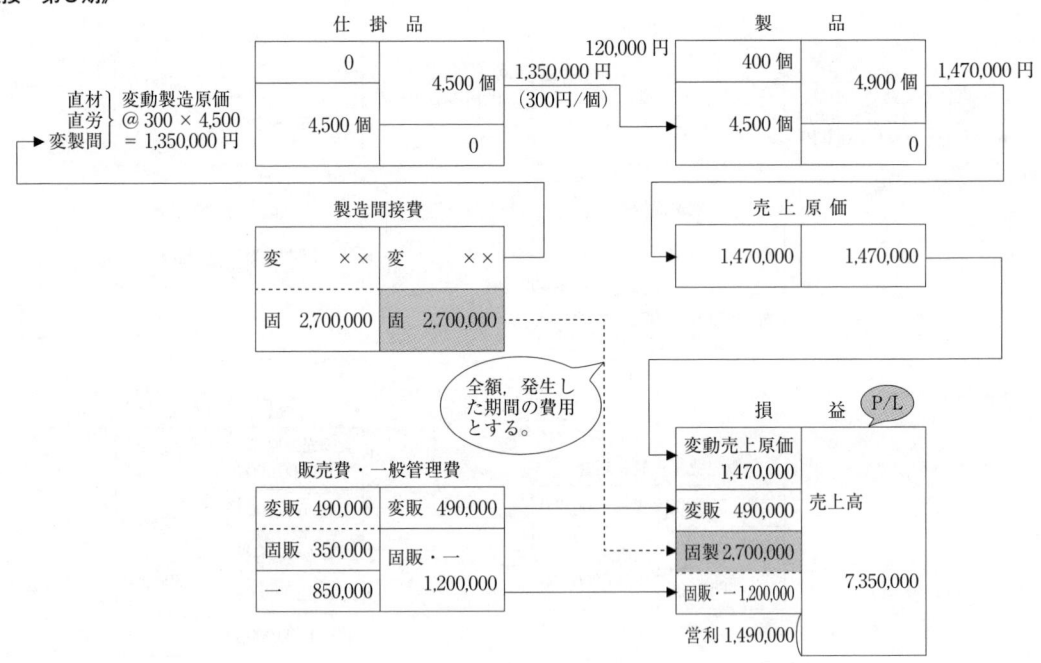

〈100〉

(1)　全部原価計算による損益計算書

月次損益計算書　　　　（単位：円）

Ⅰ　売　　　上　　　高 ……………………	(6,000,000)
Ⅱ　売　上　原　価	
1．月初製品棚卸高……	(624,000)
2．当月製品製造原価……	(2,604,000)
合　　　　計　……	(3,228,000)
3．月末製品棚卸高……	(1,085,000)
差　　　　引　……	(2,143,000)
4．原　価　差　異……	((－) 56,000) (2,087,000)
売 上 総 利 益 ……………………	(3,913,000)
Ⅲ　販売費及び一般管理費 ………………	(1,980,000)
営 業 利 益 ……………………	(1,933,000)

(2)　直接原価計算による損益計算書

月次損益計算書　　　　（単位：円）

Ⅰ　売　　　上　　　高 ……………………	(6,000,000)
Ⅱ　変　動　売　上　原　価	
1．月初製品棚卸高……	(480,000)
2．当月製品製造原価……	(2,028,000)
合　　　　計　……	(2,508,000)
3．月末製品棚卸高……	(845,000)
差　　　　引　……	(1,663,000)
4．原　価　差　異……	((＋) 20,000) (1,683,000)
変動製造マージン …………………	(4,317,000)
Ⅲ　変　動　販　売　費 …………………	(330,000)
貢 献 利 益 …………………	(3,987,000)
Ⅳ　固　　　定　　　費	
1．固 定 製 造 間 接 費……	(500,000)
2．固定販売費及び一般管理費……	(1,650,000) (2,150,000)
営 業 利 益 …………………	(1,837,000)

Ⅰ．全部原価計算による損益計算書

1．売上高

　@6,000円×1,000個＝6,000,000円

2．売上原価

　全部原価計算では，製造原価のすべてが製品原価を構成します。

　(1)　製造間接費配賦率の計算

$$配賦率：\frac{3,750,000円＋6,000,000円}{12,500個}＝@780円$$

　(2)　売上原価の計算

　①　製品原価の計算

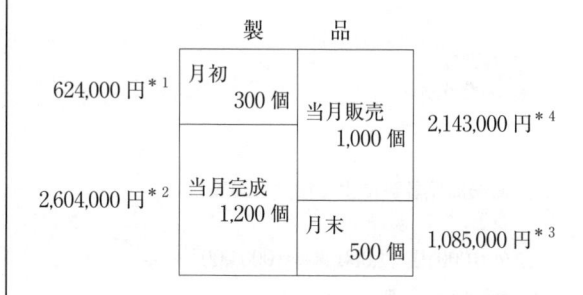

* 1　月初製品：240,000円 ＋ 150,000円
　　　　　　　　　直接材料費　　直接労務費

　　　　＋ 90,000円 ＋ 144,000円 ＝ 624,000円
　　　　　変動製造間接費　固定製造間接費

* 2　当月完成品：1,044,000円 ＋ 624,000円

　　　　　　　　＋@780円×1,200個 ＝ 2,604,000円

* 3　月末製品：$\dfrac{2,604,000円}{1,200個}$ ×500個 ＝ 1,085,000円

* 4　売上原価：624,000円 ＋ 2,604,000円

　　　　　　　　－ 1,085,000円 ＝ 2,143,000円

　②　原価差異

　　　原価差異は，製造間接費配賦差異です。

　　@780円×1,200個 －（380,000円 ＋ 500,000円）
　　　製造間接費配賦額　　　　　実際発生額

　　＝（＋）56,000円〈貸方差異〉

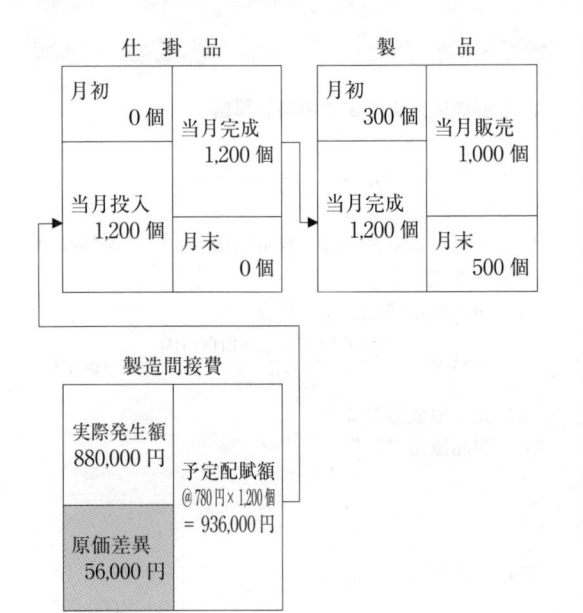

仕　掛　品

| 月初 0 個 | 当月完成 1,200 個 |
| 当月投入 1,200 個 | 月末 0 個 |

製　　品

| 月初 300 個 | 当月販売 1,000 個 |
| 当月完成 1,200 個 | 月末 500 個 |

製造間接費

| 実際発生額 880,000 円 | 予定配賦額 @780円×1,200個 = 936,000 円 |
| 原価差異 56,000 円 | |

Ⅱ. 直接原価計算による損益計算書

1. 売上高

　　@6,000 円 × 1,000 個 = 6,000,000 円

2. 変動売上原価

　　直接原価計算では，製造原価のうち変動費のみが製品原価を構成します。

（1）変動製造間接費配賦率の計算

　　　配賦率：$\dfrac{3,750,000 円}{12,500 個}$ = @300 円

（2）変動売上原価の計算

① 製品原価の計算

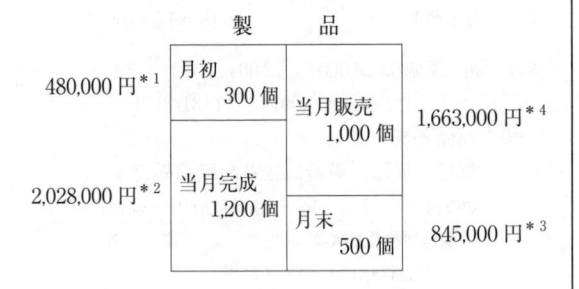

製　　品

| 480,000 円[*1] 月初 300 個 | 当月販売 1,000 個 1,663,000 円[*4] |
| 2,028,000 円[*2] 当月完成 1,200 個 | 月末 500 個 845,000 円[*3] |

*1　月初製品：$\underset{直接材料費}{240,000 円} + \underset{直接労務費}{150,000 円}$

　　　　　$+ \underset{変動製造間接費}{90,000 円} = 480,000 円$

*2　当月完成品：1,044,000 円 + 624,000 円

　　　　　$+ @300 円 × 1,200 個 = 2,028,000 円$

*3　月末製品：$\dfrac{2,028,000 円}{1,200 個} × 500 個 = 845,000 円$

*4　変動売上原価：480,000 円 + 2,028,000 円

　　　　　$- 845,000 円 = 1,663,000 円$

② 原価差異

　　原価差異は，変動製造間接費配賦差異のみです。

　　$\underset{変動製造間接費配賦額}{@300 円 × 1,200 個} - \underset{実際発生額}{380,000 円}$

　　$= (-)20,000 円〈借方差異〉$

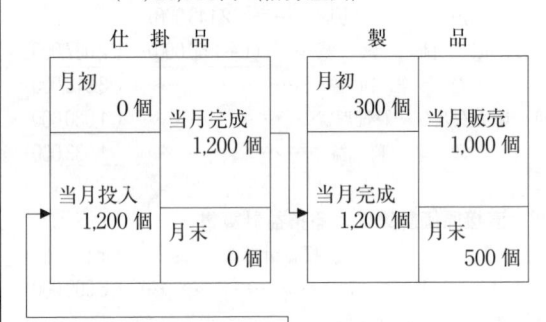

仕　掛　品

| 月初 0 個 | 当月完成 1,200 個 |
| 当月投入 1,200 個 | 月末 0 個 |

製　　品

| 月初 300 個 | 当月販売 1,000 個 |
| 当月完成 1,200 個 | 月末 500 個 |

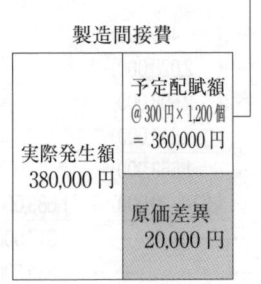

製造間接費

| 実際発生額 380,000 円 | 予定配賦額 @300円×1,200個 = 360,000 円 |
| | 原価差異 20,000 円 |

（注）直接原価計算では，製造間接費を実際配賦しているか予定配賦しているかに関わらず，固定製造間接費は当月の実際発生額500,000円を全額，当月の費用として計上します（期間原価として処理します）。

Theme 21 直接原価計算（Ⅱ）

問題21-1

〔設問1〕 売上高 4,920,000円　　販売量 4,100個

〔設問2〕 売上高 7,080,000円　　販売量 5,900個

〔設問3〕 売上高 9,840,000円　　販売量 8,200個

〔設問4〕 安全余裕率 18%

解答への道

〔設問1〕

① 貢献利益率　$\dfrac{@1,200円 - @600円}{@1,200円} = 0.5$

② 売上高　$\dfrac{2,460,000円}{0.5} = 4,920,000円$

③ 販売量　②÷@1,200円 = 4,100個

〔設問2〕

① 売上高　$\dfrac{2,460,000円 + 1,080,000円}{0.5} = 7,080,000円$

② 販売量　①÷@1,200円 = 5,900個

〔設問3〕

① 売上高　$\dfrac{2,460,000円}{0.5 - 0.25} = 9,840,000円$

② 販売量　①÷@1,200円 = 8,200個

〔設問4〕　$\dfrac{6,000,000円 - 4,920,000円}{6,000,000円} \times 100 = 18（\%）$

なお，〔設問1〕～〔設問3〕は次のような解法もあります。

直接原価計算方式の損益計算書（売上高をS円とする）

売 上 高	S
変 動 費	0.5S
貢献利益	0.5S
固 定 費	2,460,000
営業利益	0.5S − 2,460,000

〔設問1〕

営業利益 = 0

0.5S − 2,460,000円 = 0　　∴S = 4,920,000円

4,920,000円÷@1,200円 = 4,100個

〔設問2〕

営業利益 = 1,080,000円

0.5S − 2,460,000円 = 1,080,000円

0.5S = 3,540,000円　　　　　　∴S = 7,080,000円

7,080,000円÷@1,200円 = 5,900個

〔設問3〕

営業利益 = S × 0.25

0.5S − 2,460,000円 = 0.25S

0.25S = 2,460,000円　　　　　∴S = 9,840,000円

9,840,000円÷@1,200円 = 8,200個

問題21-2

〔設問1〕 売上高 3,750,000円　　販売量 7,500個

〔設問2〕 売上高 5,000,000円　　販売量 10,000個

〔設問3〕 売上高 3,000,000円　　販売量 5,000個

〔設問4〕 売上高 4,200,000円　　販売量 7,000個

解答への道

〔設問1〕

① 貢献利益率　$\dfrac{@500円 - (@150円 + @120円 + @20円 + @10円)}{@500円}$

$= 0.4$

② 売上高　$\dfrac{(@50円 - @20円) \times 10,000個 + 1,200,000円}{0.4}$

$= 3,750,000円$

③ 販売量　②÷@500円 = 7,500個

〔設問2〕

① 売上高　$\dfrac{(@50円 - @20円) \times 10,000個 + 1,200,000円 + 500,000円}{0.4}$

$= 5,000,000円$

② 販売量　①÷@500円 = 10,000個

〔設問3〕

① 貢献利益率　$\dfrac{@600 - (@150円 + @120円 + @20円 + @10円)}{@600}$

$= 0.5$

② 売上高　$\dfrac{(@50円 - @20円) \times 10,000個 + 1,200,000円}{0.5}$

$= 3,000,000円$

③ 販売量　②÷@600円 = 5,000個

〔設問4〕

① 売上高　$\dfrac{(@50円 - @20円) \times 10,000個 + 1,200,000円 + 600,000円}{0.5}$

$= 4,200,000円$

② 販売量　①÷@600円 = 7,000個

なお，次のような解法もあります。

直接原価計算方式の損益計算書（販売量をX個とする）

売　上　高		500X
変動製造原価		
材　料　費	150X	
労　務　費	120X	
製造間接費	20X	290X
変動製造マージン		210X
変動販売費		10X
貢　献　利　益		200X
固定費		
製造間接費	300,000	
販売費及び一般管理費	1,200,000	1,500,000
営　業　利　益		200X − 1,500,000

〔設問1〕

営業利益 = 0

200X − 1,500,000円 = 0 　　　　　∴ X = 7,500個

@500円 × 7,500個 = 3,750,000円

〔設問2〕

営業利益 = 500,000円

200X − 1,500,000円 = 500,000円

200X = 2,000,000円 　　　　　∴ X = 10,000個

@500円 × 10,000個 = 5,000,000円

〔設問3〕

販売単価を600円としたときの営業利益

300X − 1,500,000円 = 0 　　　　　∴ X = 5,000個

@600円 × 5,000個 = 3,000,000円

〔設問4〕

300X − 1,500,000円 = 600,000円

∴ X = 7,000個

@600円 × 7,000個 = 4,200,000円

問題21-3

①	700	②	1,050,000	③	900
④	2,500,000	⑤	500	⑥	245,000

解答への道

(1)　**A社損益分岐点売上高および販売量**

① 貢献利益率　$\dfrac{@1,500円 − @900円}{@1,500円} = 0.4$

② 売上高　$\dfrac{420,000円}{0.4} = 1,050,000円$

③ 販売量　② ÷ @1,500円 = 700個

(2)　**A社目標営業利益達成販売量**

① $\dfrac{420,000円 + 120,000円}{0.4} = 1,350,000円$

② ① ÷ @1,500円 = 900個

(3)　**B社損益分岐点売上高および販売量**

① 売上高　$\dfrac{875,000円}{0.35} = 2,500,000円$

② 販売量　① ÷ @5,000円 = 500個

(4)　**B社目標営業利益**

@5,000円 × 640個 × 0.35 − 875,000円 = 245,000円

なお，次のような解法もあります。

1. **A社の直接原価計算による損益計算書**
　（販売量をX個とする）

売　上　高	1,500X
変　動　費	900X
貢　献　利　益	600X
固　定　費	420,000
営　業　利　益	600X − 420,000

① 損益分岐点販売量：600X − 420,000円 = 0

　　　　　　　　　　　∴ X = 700個

② 損益分岐点売上高：

　　　　　　@1,500円 × 700個 = 1,050,000円

③ 目標営業利益達成売上高：

　　　　600X − 420,000円 = 120,000円

　　　　600X = 540,000円　∴ X = 900個

2. **B社の直接原価計算による損益計算書**
　（売上高をS円とする）

売　上　高	S
変　動　費	0.65S
貢　献　利　益	0.35S
固　定　費	875,000
営　業　利　益	0.35S − 875,000

④ 損益分岐点売上高：0.35S − 875,000円 = 0

　　　　　　　　　　　∴ S = 2,500,000円

⑤ 損益分岐点販売量：

　　　　2,500,000円 ÷ @5,000円 = 500個

⑥ @5,000円 × 640個 × 0.35 − 875,000円 = 245,000円

問題21-4

変動費率　| 500円 | 　　月間固定費　| 2,400,000円 |

製造間接費の予想発生額　| 4,000,000円 |

解答への道

変動費率：$\dfrac{4,350,000円 − 3,300,000円}{3,900個 − 1,800個} = @500円$

固　定　費：3,300,000円 − @500円 × 1,800個 = 2,400,000円

または，

　　　　4,350,000円 − @500円 × 3,900個 = 2,400,000円

製造間接費の予想発生額：

　　@500円 × 3,200個 + 2,400,000円 = 4,000,000円

〔設問1〕 最大の売上高 344,000 円
　　　　 最小の売上高 224,000 円
〔設問2〕 単位あたりの変動費 12 円／単位
　　　　 月間固定費 114,800 円
〔設問3〕 287,000 円
〔設問4〕 437,000 円

解答への道

〔設問1〕最大の売上高と最小の売上高

　正常操業圏の月間生産量11,200単位から17,200単位の範囲で，最大の生産・販売量と最小の生産・販売量を判断し，その生産・販売量にもとづいて売上高を計算します。

	生産・販売量	総原価	
1月	8,000単位	200,000円	
2月	11,200単位	249,200円	…最小の生産・販売量（低点）
3月	15,000単位	296,000円	
4月	17,000単位	320,000円	
5月	17,200単位	321,200円	…最大の生産・販売量（高点）
6月	16,800単位	316,000円	

最大の売上高（5月）：20円〈販売単価〉×17,200単位
　　　　　　　　　　 = 344,000円

最小の売上高（2月）：20円〈販売単価〉×11,200単位
　　　　　　　　　　 = 224,000円

〔設問2〕高低点法による原価分解

　設問1で把握した最大の生産・販売量（高点）と最小の生産・販売量（低点）をもとに，高低点法により総原価を変動費と固定費とに分解します。

$$製品1単位あたりの変動費：\frac{321,200円 - 249,200円}{17,200単位 - 11,200単位}$$
$$= 12円／単位$$

月間固定費：321,200円 − 12円／単位×17,200単位
　　　　　　　高点の総原価　　　　　高点の変動費
　　　　　　 = 114,800円
　　　　　　 または
　　　　　 249,200円 − 12円／単位×11,200単位
　　　　　　 低点の総原価　　　　　低点の変動費
　　　　　　 = 114,800円

〔設問3〕月間損益分岐点売上高

　設問2の原価分解の結果を利用し，損益分岐点における月間売上高をSとおいて直接原価計算方式による損益計算書を作成し，損益分岐点（＝営業利益が0となる点）を算定します。

損益計算書	（単位：円）
Ⅰ．売 上 高	S
Ⅱ．変 動 費	0.6* S
貢献利益	0.4 S
Ⅲ．固 定 費	114,800
営業利益	0.4 S − 114,800

　＊　変動費率：12円／単位÷20円 = 0.6
　　　　　　　　 変動費　　販売単価

上記損益計算書をもとに営業利益を0とおいて，損益分岐点における月間売上高を求めます。

　　0.4 S − 114,800円 = 0
　　　　　0.4 S = 114,800円
　　　　 ∴ S = 287,000円

〔設問4〕月間目標総資本営業利益率1％を達成する月間目標売上高

　設問3で作成した損益計算書をもとに，月間目標営業利益を総資本の1％（総資本6,000,000円×1％）とおいて月間目標売上高を算定します。

　　0.4 S − 114,800円 = 6,000,000円×1％
　　0.4 S − 114,800円 = 60,000円
　　　　　　　 0.4 S = 60,000円 + 114,800円
　　　　　　　 0.4 S = 174,800円
　　　　　　　 ∴ S = 437,000円

〔設問1〕

月次損益計算書		（単位：円）
Ⅰ　売　上　高		(100,000,000)
Ⅱ　変　動　費		
月初製品有高	(0)	
当月製品変動製造原価	(58,800,000)	
合　計	(58,800,000)	
月末製品有高	(16,800,000)	
変動売上原価		(42,000,000)
変動販売費		(8,000,000)
貢　献　利　益		(50,000,000)
Ⅲ　固　定　費		
固定製造原価		(14,000,000)
固定販売費及び一般管理費		(11,000,000)
営　業　利　益		(25,000,000)

〔設問2〕

①	10,000
②	50
③	25,000

〔**設問1**〕直接原価計算による損益計算書の作成

〈勘定連絡図〉

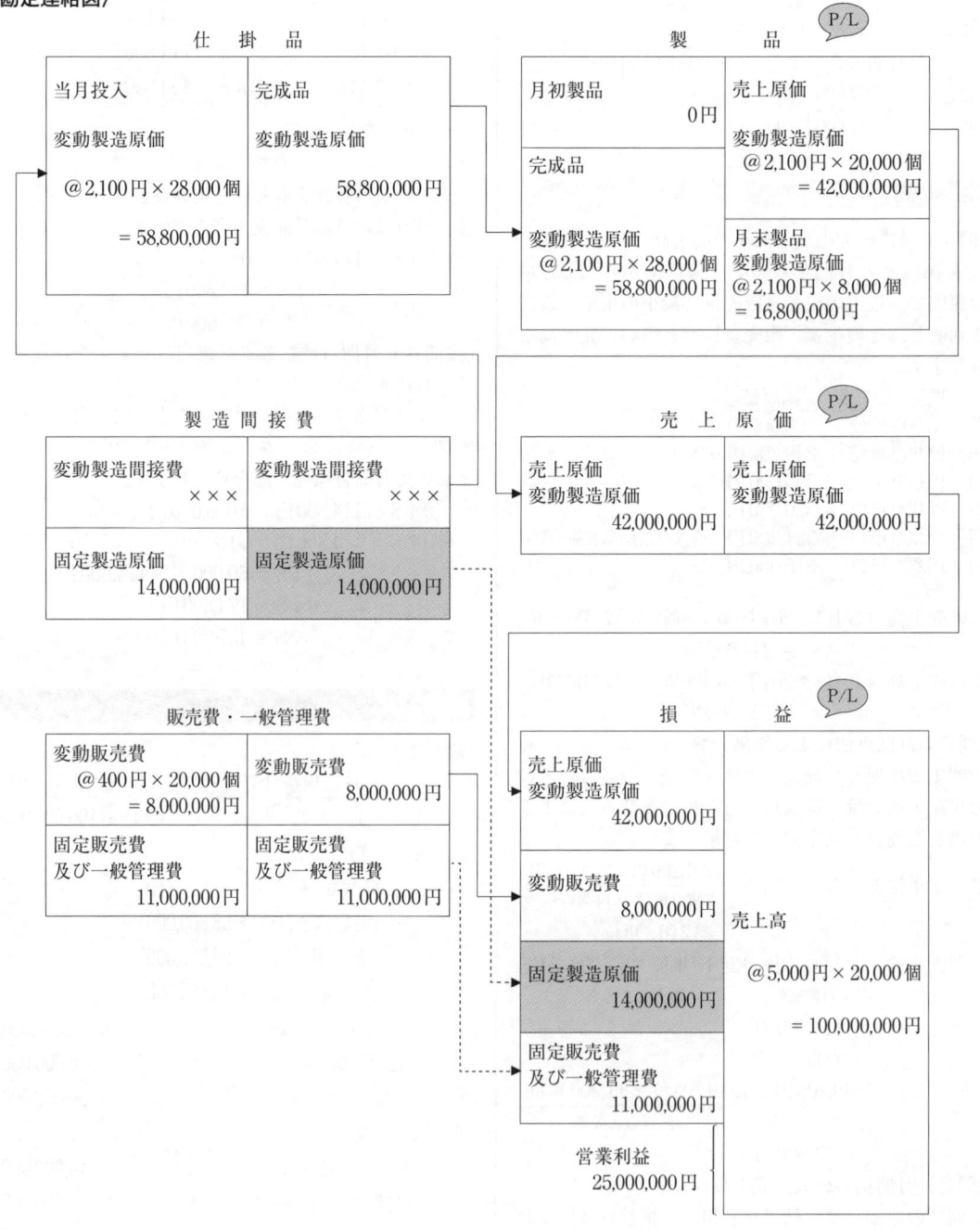

〔設問2〕CVP分析

(1) 損益分岐点における月間販売数量

損益分岐点における販売数量をＸ個として直接原価計算による損益計算書を作成し，損益分岐点（営業利益が０となる点）における販売数量を求めます。

損 益 計 算 書	（単位：円）
売　上　高	5,000 X
変　動　費	
変 動 売 上 原 価	2,100 X
変 動 販 売 費	400 X
貢　献　利　益	2,500 X
固　定　費	
固 定 製 造 原 価	14,000,000
固定販売費及び一般管理費	11,000,000
営　業　利　益	2,500 X − 25,000,000

上記，損益計算書の営業利益を０として販売数量を求めます。

$$2,500 X − 25,000,000 = 0$$
$$∴ X = 10,000 個 〈解答①〉$$

(2) 安全余裕率

安全余裕率は，予想売上高が損益分岐点からのくらい離れているかを示す比率をいい，以下の式で計算します。

安全余裕率（％）＝
$$\frac{100,000,000円〈予想売上高〉−50,000,000円〈損益分岐点売上高*〉}{100,000,000円〈予想売上高〉}$$
$$× 100 = 50（％）〈解答②〉$$

＊　＠5,000円×10,000個〈損益分岐点販売数量〉
　　＝50,000,000円

(3) 月間目標売上高営業利益率30％を達成する月間販売数量

(1)で作成した損益計算書をもとにして，「売上高×営業利益率＝営業利益」であることから営業利益を「5,000 X ×30％」として販売数量を算定します。

$$2,500 X − 25,000,000 = 5,000 X ×30％$$
$$∴ X = 25,000 個 〈解答③〉$$

問題21-7

〔設問1〕

変 動 費 率	400円
固 定 製 造 間 接 費	62,000円

〔設問2〕

損 益 分 岐 点 販 売 量	45個
目 標 利 益 達 成 販 売 量	86個
安 全 率	10％

解答への道

〔設問1〕　1時間あたりの変動製造間接費

(a)〔資料1〕から，正常操業圏は160時間（80％）から240時間（120％）であり，その範囲内における最低操業度と最高操業度を見つけます。このとき，8月の機械作業時間は150時間であることから正常なデータから除外されます。

最低……160時間，最高……220時間
220時間−160時間＝60時間

最低操業度，最高操業度のそれぞれにおける製造間接費の差を算定します。

$$150,000円 − 126,000円 = 24,000円$$
$$24,000円 ÷ 60時間 = 変動費率400円／時間$$

(b) $\underline{126,000円}$ − $\underline{400円／時間×160時間}$ = $\underline{62,000円}$
　　製造間接費　　1時間あたり変動費　　月間固定製造間接費

〔設問2〕

直 接 材 料 費	1,000円	
直 接 労 務 費	1,200円	
変 動 製 造 間 接 費	400円	
変 動 販 売 費	200円	←販売価格 5,000円
∴製品単位あたり		
貢献利益		
	2,200円	

よって，販売量をＸ個とすると

売　上　高	5,000 X
変　動　費	2,800 X
貢 献 利 益	2,200 X
固　定　費	99,000*
営 業 利 益	2,200 X − 99,000
＊　固定製造間接費	62,000（設問1より）
＋固定販管費	37,000
	99,000

(a) 損益分岐点販売量：2,200 X − 99,000 = 0
$$∴ X = 45 個$$

(b) 目標営業利益達成販売量：
$$2,200 X − 99,000 = 90,200$$
$$2,200 X = 189,200$$
$$∴ X = 86 個$$

(c) 安全率：
（5,000円×50個−5,000円×45個）
÷（5,000円×50個）
× 100 = 10％

〔設問1〕	1,000個
〔設問2〕	400,000円
〔設問3〕	1,800個
〔設問4〕	2,250個
〔設問5〕	18,000円

解答への道

〔設問1〕〔設問2〕損益分岐点の販売数量と損益分岐点の売上高

損益分岐点における販売数量を X とおいて損益計算書を作成し，損益分岐点（＝営業利益が0となる点）を算定します。

損 益 計 算 書　（単位：円）

Ⅰ. 売 上 高　　　　　　　　　　400 X

Ⅱ. 変 動 費

　　変動売上原価　　　　　　　　200 X

　　変動販売費　　　　　　　　　20 X

　　貢献利益　　　　　　　　　　180 X

Ⅲ. 固 定 費

　　固定製造原価　　　　　　　128,000

　　固定販売費・一般管理費　　　52,000

　　営業利益　　　　　 $\boxed{180 \text{ X} - 180,000}$

上記損益計算書をもとに，営業利益を0とおいて損益分岐点における販売数量を求めます。

$$180 \text{ X} - 180,000円 = 0$$
$$180 \text{ X} = 180,000円$$
$$\therefore \text{ X} = 1,000個$$

次に，上記損益計算書における売上高400 X に求めた販売数量1,000個を代入して損益分岐点における売上高を算定します。

$$400 \text{ X} = 400 \times 1,000個 = 400,000円$$

〔設問3〕目標営業利益144,000円を達成する販売数量

設問1で作成した損益計算書をもとに，営業利益を144,000円とおいて販売数量を求めます。

$$180 \text{ X} - 180,000円 = 144,000円$$
$$180 \text{ X} = 144,000円 + 180,000円$$
$$180 \text{ X} = 324,000円$$
$$\therefore \text{ X} = 1,800個$$

〔設問4〕販売価格を15%値下げした場合の販売数量

設問1および設問2において作成した損益計算書と同様に，15%値下げした販売価格340円〈＝400円×（1－0.15）〉で直接原価計算方式による損益計算書を作成します。

損 益 計 算 書　（単位：円）

Ⅰ. 売 上 高　　　　　　　　　　340 X

Ⅱ. 変 動 費

　　変動売上原価　　　　　　　　200 X

　　変動販売費　　　　　　　　　20 X

　　貢献利益　　　　　　　　　　120 X

Ⅲ. 固 定 費

　　固定製造原価　　　　　　　128,000

　　固定販売費・一般管理費　　　52,000

　　営業利益　　　　　 $\boxed{120 \text{ X} - 180,000}$

営業利益を90,000円（問題資料より当期の営業利益）とおいて，当期と同額の営業利益を達成する販売数量を求めます。

$$120 \text{ X} - 180,000円 = 90,000円$$
$$120 \text{ X} = 90,000円 + 180,000円$$
$$120 \text{ X} = 270,000円$$
$$\therefore \text{ X} = 2,250個$$

〔設問5〕当期と同額の営業利益を達成するための固定費の削減額

販売価格が340円，販売数量が2,100個であることを前提に，当期と同額の営業利益を達成するための削減すべき固定費の金額を求めます。まず，固定費をF とおき損益計算書を作成してみましょう。

損 益 計 算 書　（単位：円）

Ⅰ. 売 上 高　　　714,000←＠340円×2,100個

Ⅱ. 変 動 費

　　変動売上原価　420,000←＠200円×2,100個

　　変動販売費　　42,000←＠ 20円×2,100個

　　貢献利益　　　252,000

Ⅲ. 固 定 費　　　　　　　F

　　営業利益　　 $\boxed{252,000 - \text{F}}$

上記損益計算書の営業利益を90,000円（当期の営業利益）とおいて，当期と同額の営業利益を達成する固定費を求めます。

$$252,000円 - \text{F} = 90,000円 \qquad \therefore \text{F} = 162,000円$$

したがって，削減すべき固定費の金額は，

$$180,000円 - 162,000円 = 18,000円$$

22 本社工場会計

問題22-1

本社の仕訳

	借方科目	金 額	貸方科目	金 額
(1)	工 場 元 帳	800,000	買 掛 金	800,000
(2)	仕 訳 な し			
(3)	工 場 元 帳	470,000	未 払 賃 金	470,000
(4)	仕 訳 な し			
(5)	製 品	960,000	工 場 元 帳	960,000

工場の仕訳

	借方科目	金 額	貸方科目	金 額
(1)	材 料	800,000	本 社 元 帳	800,000
(2)	仕 掛 品	400,000	材 料	600,000
	製 造 間 接 費	200,000		
(3)	仕 掛 品	350,000	本 社 元 帳	470,000
	製 造 間 接 費	120,000		
(4)	仕 掛 品	400,000	製 造 間 接 費	400,000
(5)	本 社 元 帳	960,000	仕 掛 品	960,000

解答への道

製品勘定、未払賃金勘定は本社側に設定されていることに注意します。

問題22-2

	借方科目	金 額	貸方科目	金 額
(1)	材 料	420,000	本 社	420,000
(2)	仕 掛 品	280,000	材 料	360,000
	製 造 間 接 費	80,000		
(3)	仕 掛 品	481,000	賃 金 ・ 給 料	592,000
	製 造 間 接 費	111,000		
(4)	製 造 間 接 費	96,000	本 社	96,000
(5)	賃 金 ・ 給 料	246,000	本 社	246,000
(6)	本 社	3,250,000	仕 掛 品	3,250,000

解答への道

(1) 材料の購入
独立していないとき
（材 料）420,000 （買 掛 金）420,000
独立しているとき
本社の処理 （工 場）420,000 （買 掛 金）420,000
工場の処理 （材 料）420,000 （本 社）420,000

(2) 材料の消費
独立していないとき
（仕 掛 品）280,000 （材 料）360,000
（製 造 間 接 費）80,000
すべて工場側で記録を行うので、本社側の処理はなく、工場側の処理は工場会計が独立していないときと同じです。

(3) 賃金の消費
独立していないとき
（仕 掛 品）481,000 （賃金・給料）592,000
（製 造 間 接 費）111,000
すべて工場側で記録を行うので、本社側の処理はなく、工場側の処理は工場会計が独立していないときと同じです。

(4) 減価償却
独立していないとき
（製 造 間 接 費）96,000 （減価償却累計額）96,000
独立しているとき
本社の処理 （工 場）96,000 （減価償却累計額）96,000
工場の処理 （製造間接費）96,000 （本 社）96,000

(5) 工場従業員給与の支給
独立していないとき
（賃金・給料）246,000 （現 金 預 金）246,000
独立しているとき
本社の処理 （工 場）246,000 （現金預金）246,000
工場の処理 （賃金・給料）246,000 （本 社）246,000

(6) 製品の完成・納入
独立していないとき
（製 品）3,250,000 （仕 掛 品）3,250,000
独立しているとき
本社の処理 （製 品）3,250,000 （工 場）3,250,000
工場の処理 （本 社）3,250,000 （仕 掛 品）3,250,000

	借方科目	金　額	貸方科目	金　額
(a)	材　　　　料	40,000	本 社 元 帳	40,000
(b)	仕　掛　品	30,000	材　　　　料	30,000
(c)	給　　　　与	25,000	本 社 元 帳	25,000
(d)	仕　掛　品	30,000	給　　　　与	35,000
	製 造 間 接 費	5,000		
(e)	仕　掛　品	45,000	製 造 間 接 費	45,000
(f)	製 造 間 接 費	9,000	本 社 元 帳	9,000
(g)	製　　　　品	100,000	仕　掛　品	100,000
(h)	本 社 元 帳	100,000	製　　　　品	100,000

解答への道

(a) （材　　　料）40,000　（本 社 元 帳）40,000
　　工場は材料の受入記録は行いますが，その代金の支払いは本社が行うため，貸方科目は「本社元帳」とします。

(b) 本社工場会計とは関係なく，通常の製造活動として処理します。

(c) （給　　　与）25,000　（本 社 元 帳）25,000
　　工場は給与の支払いおよび消費の記録は行いますが，現金等の実際の支払いは本社が行うため，貸方科目は「本社元帳」とします。

(d) (b)と同様

(e) (b)と同様
　　（ただし，直接労務費30,000円×150％＝45,000円）

(f) （製 造 間 接 費）9,000　（本 社 元 帳）9,000
　　工場は減価償却費を製造間接費として処理しますが，貸方科目については本社側で記録します。

(g) (b)と同様

(h) （本 社 元 帳）100,000　（製　　　品）100,000
　　販売活動については，本社が行うため，その売上原価の計上についても本社が行いますので借方科目は「本社元帳」とします。

	借方科目	金　額	貸方科目	金　額
(1)	仕　掛　品	20,000	材　　　　料	20,000
(2)	仕　掛　品	40,000	本 社 元 帳	40,000
(3)	製 造 間 接 費	60,000	本 社 元 帳	60,000
(4)	製 造 間 接 費	103,600	本 社 元 帳	103,600
(5)	本 社 元 帳	210,000	仕　掛　品	210,000

解答への道

(1) 材料の加工を下請けなどの外注先に委託するため材料を出庫し，外注先に無償支給する場合には，外注先での加工も一連の製造過程の一部と考え，材料の消費とみなします（そのため通常の出庫票を使用します）。
　　なお，素材の消費額は直接材料費として仕掛品勘定で処理します。

(2) 外注加工賃は直接経費として仕掛品勘定で処理します。

(3) 機械・設備関係の減価償却費年間見積額のうち，当月分を間接経費として製造間接費勘定で処理します。
　　当月消費額：720,000円÷12カ月＝60,000円

(4) 福利施設負担額のうち工場負担分を間接経費として，製造間接費勘定で処理します。
　　工場負担額：$259,000円 \times \dfrac{2}{5} = 103,600円$

(5) 製品が完成したため，仕掛品勘定から本社側に設定されている製品勘定へ振り替えます。

複合問題

(1) (単位：円)

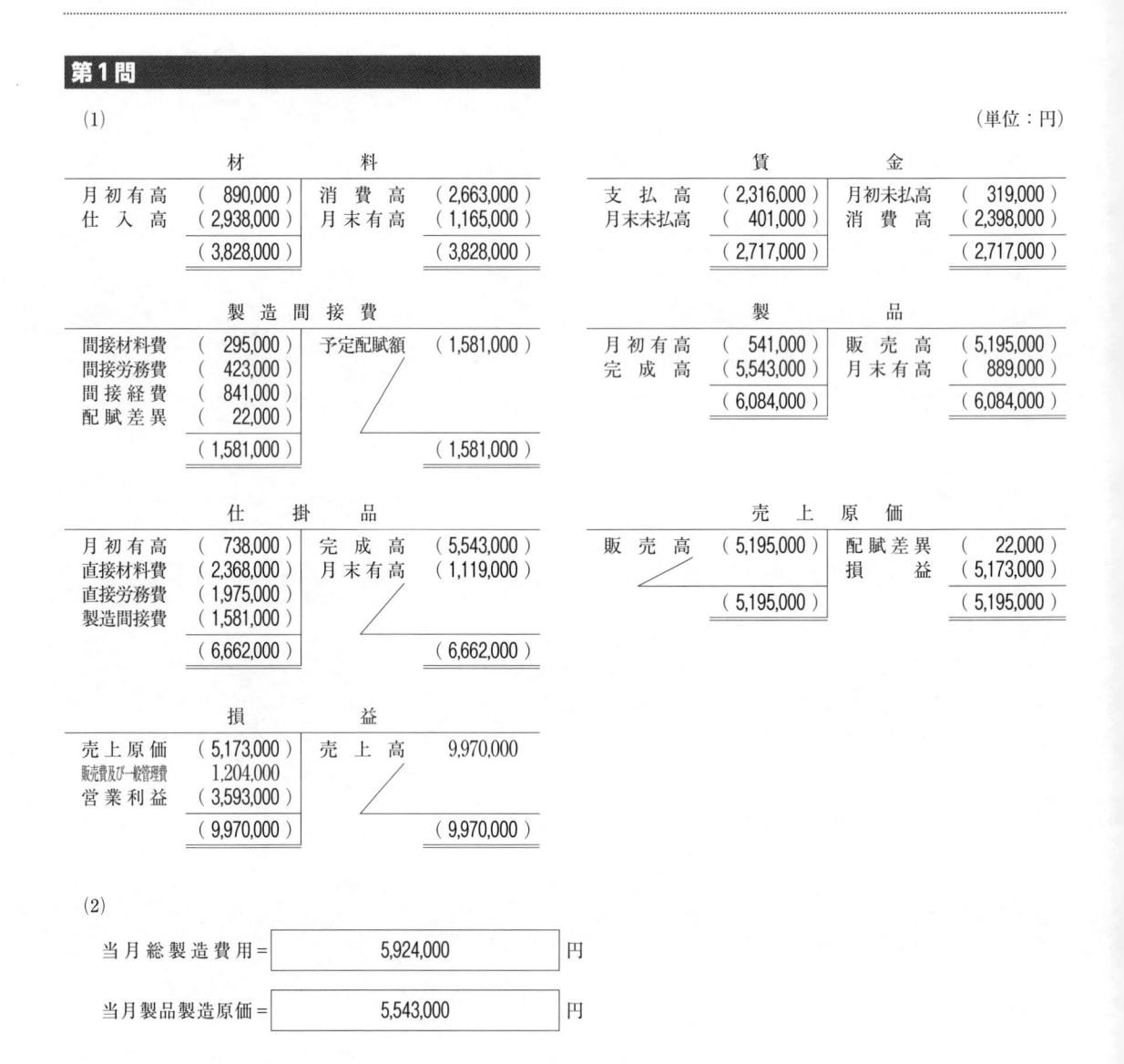

材　料

月初有高	(890,000)	消　費　高	(2,663,000)
仕　入　高	(2,938,000)	月　末　有　高	(1,165,000)
	(3,828,000)		(3,828,000)

賃　金

支　払　高	(2,316,000)	月初未払	(319,000)
月末未払高	(401,000)	消　費　高	(2,398,000)
	(2,717,000)		(2,717,000)

製　造　間　接　費

間接材料費	(295,000)	予定配賦額	(1,581,000)
間接労務費	(423,000)		
間接経費	(841,000)		
配賦差異	(22,000)		
	(1,581,000)		(1,581,000)

製　品

月初有高	(541,000)	販　売　高	(5,195,000)
完　成　高	(5,543,000)	月　末　有　高	(889,000)
	(6,084,000)		(6,084,000)

仕　掛　品

月初有高	(738,000)	完　成　高	(5,543,000)
直接材料費	(2,368,000)	月　末　有　高	(1,119,000)
直接労務費	(1,975,000)		
製造間接費	(1,581,000)		
	(6,662,000)		(6,662,000)

売　上　原　価

販　売　高	(5,195,000)	配　賦　差　異	(22,000)
		損　　益	(5,173,000)
	(5,195,000)		(5,195,000)

損　益

売上原価	(5,173,000)	売　上　高	9,970,000
販売費及び一般管理費	1,204,000		
営　業　利　益	(3,593,000)		
	(9,970,000)		(9,970,000)

(2)

当月総製造費用 =	5,924,000	円
当月製品製造原価 =	5,543,000	円

解答への道

〔勘定連絡図〕（単位：円）

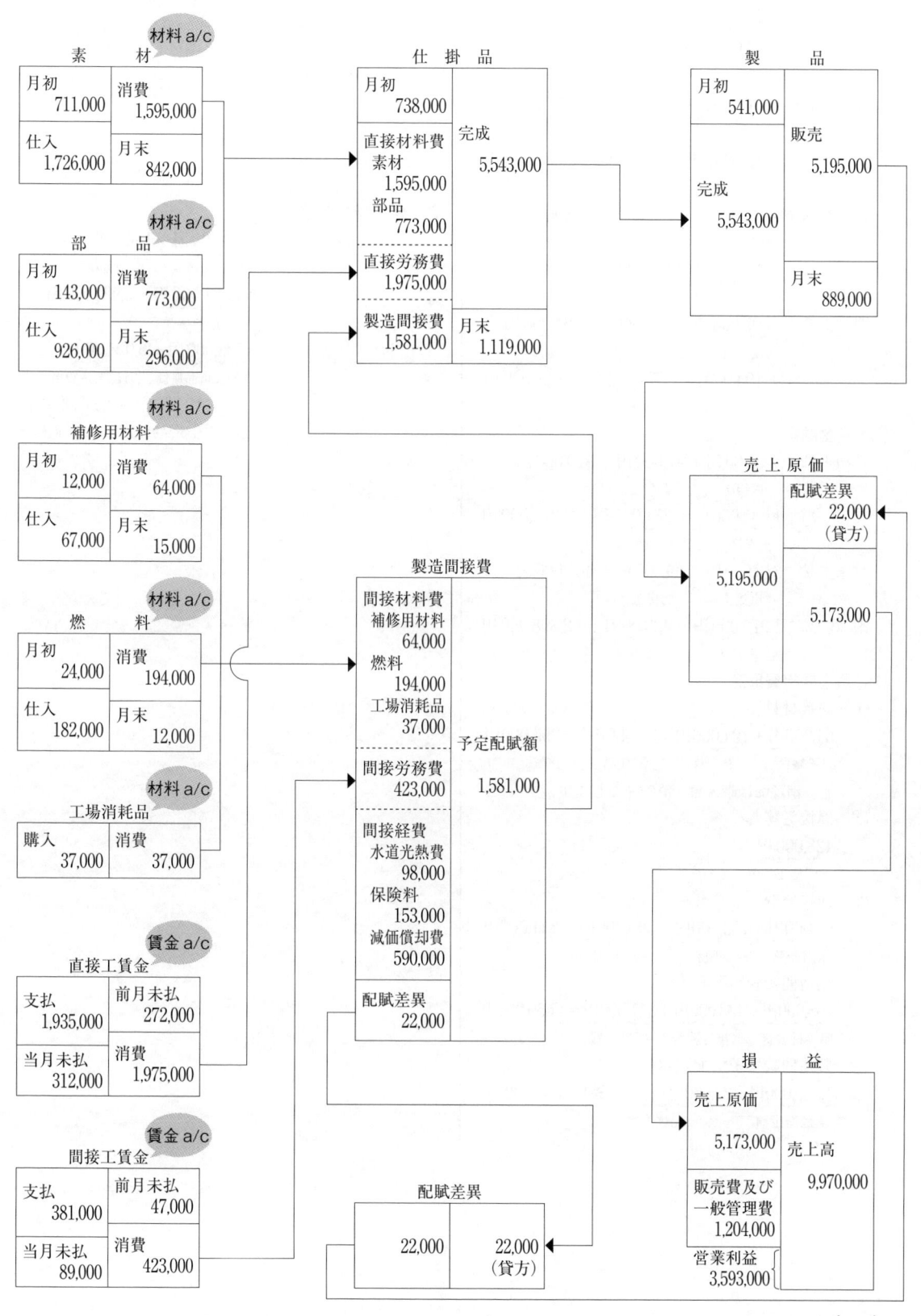

1. 総勘定元帳の記入

(1) 材料勘定

月初有高：711,000円 + 143,000円 + 12,000円
素材　　　部品　　　補修材
+ 24,000円 = 890,000円
燃料

仕 入 高：1,726,000円 + 926,000円 + 67,000円
素材　　　部品　　　補修材
+ 182,000円 + 37,000円 = 2,938,000円
燃料　　消耗品

月末有高：842,000円 + 296,000円 + 15,000円
素材　　　部品　　　補修材
+ 12,000円 = 1,165,000円
燃料

消 費 高：1,595,000円 + 773,000円 + 64,000円
素材　　　部品　　　補修材
+ 194,000円 + 37,000円 = 2,663,000円
燃料　　消耗品

(2) 賃金勘定

月初未払：272,000円 + 47,000円 = 319,000円
直接工　　間接工

支 払 高：1,935,000円 + 381,000円 = 2,316,000円
直接工　　間接工

月末未払：312,000円 + 89,000円 = 401,000円
直接工　　間接工

消 費 高：1,975,000円 + 423,000円 = 2,398,000円
直接工　　間接工

(3) 製造間接費勘定

① 間接材料費
64,000円 + 194,000円 + 37,000円* = 295,000円
補修材　　燃料　　消耗品

＊ 消耗品は購入額＝消費額とします。

② 間接労務費
423,000円
間接工

③ 間接経費
98,000円 + 153,000円 + 590,000円 = 841,000円
水道光熱　　保険料　　減価償却

④ 製造間接費実際発生額
295,000円 + 423,000円 + 841,000円 = 1,559,000円
間接材料費　間接労務費　間接経費

⑤ 製造間接費予定配賦額
1,559,000円 + 22,000円(貸方差異) = 1,581,000円
実際発生額　　　　配賦差異

(4) 仕掛品勘定

① 直接材料費
1,595,000円 + 773,000円 = 2,368,000円
素材　　　部品

② 直接労務費
1,975,000円
直接工

③ 製造間接費
1,581,000円
予定配賦額

2. 各金額の算定

当月総製造費用：2,368,000円 + 1,975,000円
直接材料費　　直接労務費
+ 1,581,000円 = 5,924,000円
製造間接費

当月製品製造原価：738,000円 + 5,924,000円
月初仕掛品原価 当月総製造費用
− 1,119,000円 = 5,543,000円
月末仕掛品原価　完成品原価

本問の資料をもとに，財務諸表を作成してみましょう。

製 造 原 価 報 告 書

（単位：円）

I	直 接 材 料 費			
	1 月 初 棚 卸 高	（　　　　　）		
	2 当 月 仕 入 高	（　　　　　）		
	合 計	（　　　　　）		
	3 月 末 棚 卸 高	（　　　　　）	（　　　　　）	
II	直 接 労 務 費		（　　　　　）	
III	製 造 間 接 費			
	1 間 接 材 料 費	（　　　　　）		
	2 間 接 労 務 費	（　　　　　）		
	3 水 道 光 熱 費	（　　　　　）		
	4 保 険 料	（　　　　　）		
	5 減 価 償 却 費	（　　　　　）		
	合 計	（　　　　　）		
	製 造 間 接 費 配 賦 差 異	（　　　　　）	（　　　　　）	
	当 月 総 製 造 費 用		（　　　　　）	
	月 初 仕 掛 品 原 価		（　　　　　）	
	合 計		（　　　　　）	
	月 末 仕 掛 品 原 価		（　　　　　）	
	（　　　　　）		（　　　　　）	

損 益 計 算 書

（単位：円）

I	売 上 高		9,970,000
II	売 上 原 価		
	1 月 初 製 品 有 高	（　　　　　）	
	2 （　　　　　）	（　　　　　）	
	合 計	（　　　　　）	
	3 月 末 製 品 有 高	（　　　　　）	
	差 引	（　　　　　）	
	4 原 価 差 異	（　　　　　）	（　　　　　）
	売 上 総 利 益		（　　　　　）
III	販 売 費 及 び 一 般 管 理 費		1,204,000
	営 業 利 益		（　　　　　）

（以下省略）

【解 答】

本問の資料をもとに，財務諸表を作成すると次のようになります。

製 造 原 価 報 告 書

（単位：円）

I 直 接 材 料 費				
1 月 初 棚 卸 高	（	854,000 ）		
2 当 月 仕 入 高	（	2,652,000 ）		
合 計	（	3,506,000 ）		
3 月 末 棚 卸 高	（	1,138,000 ）	（	2,368,000 ）
II 直 接 労 務 費			（	1,975,000 ）
III 製 造 間 接 費				
1 間 接 材 料 費	（	295,000 ）		
2 間 接 労 務 費	（	423,000 ）		
3 水 道 光 熱 費	（	98,000 ）		
4 保 険 料	（	153,000 ）		
5 減 価 償 却 費	（	590,000 ）		
合 計	（	1,559,000 ）		
製 造 間 接 費 配 賦 差 異	（	22,000 ）	（	1,581,000 ）
当 月 総 製 造 費 用			（	5,924,000 ）
月 初 仕 掛 品 原 価			（	738,000 ）
合 計			（	6,662,000 ）
月 末 仕 掛 品 原 価			（	1,119,000 ）
（ 当 月 製 品 製 造 原 価 ）			（	5,543,000 ）

損 益 計 算 書

（単位：円）

I 売 上 高				9,970,000
II 売 上 原 価				
1 月 初 製 品 有 高	（	541,000 ）		
2 （ 当 月 製 品 製 造 原 価 ）	（	5,543,000 ）		
合 計	（	6,084,000 ）		
3 月 末 製 品 有 高	（	889,000 ）		
差 引	（	5,195,000 ）		
4 原 価 差 異	（	22,000 ）	（	5,173,000 ）
売 上 総 利 益			（	4,797,000 ）
III 販 売 費 及 び 一 般 管 理 費				1,204,000
営 業 利 益			（	3,593,000 ）

（以下省略）

総 合 原 価 計 算 表 　　　（単位：円）

	A 材 料 費	B 材 料 費	C 材 料 費	加 工 費	合 計
月 初 仕 掛 品 原 価	55,500	0	0	11,700	67,200
当 月 製 造 費 用	513,000	252,000	19,000	368,000	1,152,000
合 計	568,500	252,000	19,000	379,700	1,219,200
月 末 仕 掛 品 原 価	108,000	48,000	0	40,000	196,000
完 成 品 総 合 原 価	460,500	204,000	19,000	339,700	1,023,200

解答への道

(1)　A材料費の計算

　A材料は工程の始点で投入されているため，単純に生産量の割合で原価を按分します。

仕掛品 − A材料費

	月　初　100台	完 成 品
55,500 円 =		
	当月投入　950台	850台
513,000 円 =		
		月　末　200台

〈月末仕掛品原価〉

$$\frac{513,000円}{(850台-100台)+200台} \times 200台 = 108,000円$$

　※　分母は当月投入950台でもよい。

〈完成品原価〉

　55,500円 + 513,000円 − 108,000円 = 460,500円

(2)　B材料費の計算

　B材料は工程の進捗度0.4の地点で投入されているため，0.4の地点を通過していれば（B材料が投入されていれば）進捗度〈原価の負担割合〉は1，通過していなければ（B材料が投入されていなければ）進捗度は0になります。

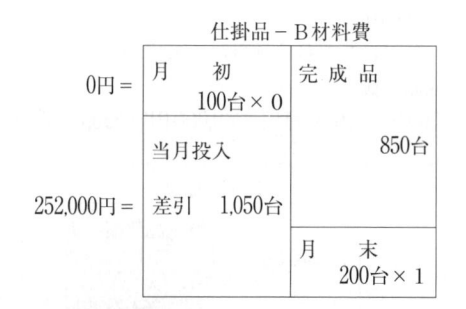

仕掛品 − B材料費

	月　初　100台 × 0	完 成 品
0円 =		
	当月投入	850台
252,000円 =	差引　1,050台	
		月　末　200台 × 1

〈月末仕掛品原価〉

$$\frac{252,000円}{850台+200台 \times 1} \times 200台 \times 1 = 48,000円$$

　※　分母は当月投入1,050台でもよい。

〈完成品原価〉

　252,000円 − 48,000円 = 204,000円

(3)　C材料費の計算

　C材料は工程の終点で投入されているため，当月製造費用19,000円がそのまま完成品原価となります。

(4)　加工費の計算

① 　加工費予定配賦率の算定

　予定配賦率：4,560,000円 ÷ 22,800時間

　　　　　　＝ 200円/時間

② 　加工費予定配賦額の計算

　予定配賦額：200円/時間 × 1,840時間

　　　　　　＝ 368,000円

③ 　月末仕掛品原価および完成品原価の計算

　加工費は，完成品換算量の割合で原価を按分します。なお，加工費を予定配賦していますので当月製造費用は予定配賦額で計算することに注意してください。実際発生額372,600円は本問ではダミーの資料になります。

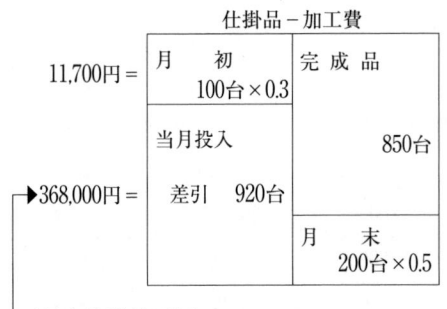

仕掛品－加工費

11,700円 =	月　初 100台×0.3	完 成 品
	当月投入	850台
→368,000円 =	差引　920台	
		月　末 200台×0.5

〈月末仕掛品原価〉

$$\frac{368,000円}{(850台 - 100台 \times 0.3) + 200台 \times 0.5} \times 200台 \times 0.5$$

$$= 40,000円$$

※　分母は当月投入920台でもよい。

〈完成品原価〉

$$11,700円 + 368,000円 - 40,000円 = 339,700円$$

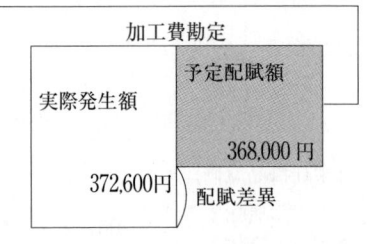

加工費勘定

実際発生額	予定配賦額
	368,000 円
372,600円	配賦差異

(5)　**合　計**

月末仕掛品原価 = $\underset{\text{A材料費}}{108,000円} + \underset{\text{B材料費}}{48,000円} + \underset{\text{C材料費}}{0円}$

$+ \underset{\text{加工費}}{40,000円} = 196,000円$

完成品総合原価 = $\underset{\text{A材料費}}{460,500円} + \underset{\text{B材料費}}{204,000円} + \underset{\text{C材料費}}{19,000円}$

$+ \underset{\text{加工費}}{339,700円} = 1,023,200円$

仕			訳	
借方科目	金 額	貸方科目		金 額
(1) 仕 掛 品	2,000,000	材	料	2,250,000
製 造 間 接 費	250,000			
(2) 原 価 差 異	45,000	材	料	45,000
(3) 製 造 間 接 費	25,500	材	料	25,500
(4) 製 造 間 接 費	506,000	材	料	506,000
(5) 仕 掛 品	4,800,000	賃	金	5,400,000
製 造 間 接 費	600,000			
(6) 原 価 差 異	100,000	賃	金	100,000
(7) 製 造 間 接 費	605,000	賃	金	605,000
(8) 仕 掛 品	3,200,000	製 造 間 接 費		3,200,000
(9) 原 価 差 異	440,000	製 造 間 接 費		440,000
(10) 製 造 間 接 費	140,000	原 価 差 異		140,000

解答への道

1．材料費の計算

(1) **主要材料**

① 予定消費額の計算

直接材料費：@2,500円 × 800kg

直接材料分

= 2,000,000円

間接材料費：@2,500円 × 100kg

間接材料分

= 250,000円

} 2,250,000円

② 実際消費額の計算（平均法）

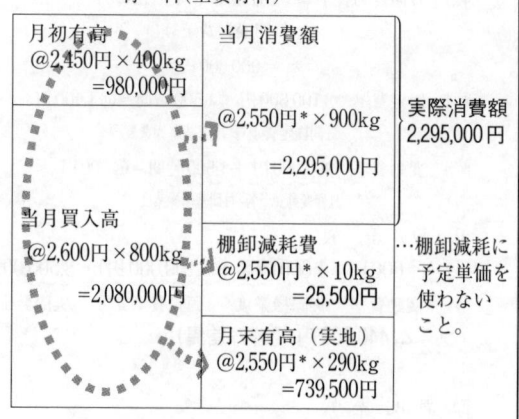

　材　料（主要材料）

月初有高 @2,450円 × 400kg = 980,000円	当月消費額 @2,550円* × 900kg = 2,295,000円
当月買入高 @2,600円 × 800kg = 2,080,000円	棚卸減耗費 @2,550円* × 10kg = 25,500円
	月末有高（実地）@2,550円* × 290kg = 739,500円

実際消費額 2,295,000円

…棚卸減耗に予定単価を使わないこと。

$$* \quad 平均単価：\frac{980,000円 + 2,080,000円}{400kg + 800kg} = @2,550円$$

③ 材料消費価格差異の計算

$$\underset{予定消費額}{2,250,000円} - \underset{実際消費額}{2,295,000円}$$

= △45,000円（借方差異）

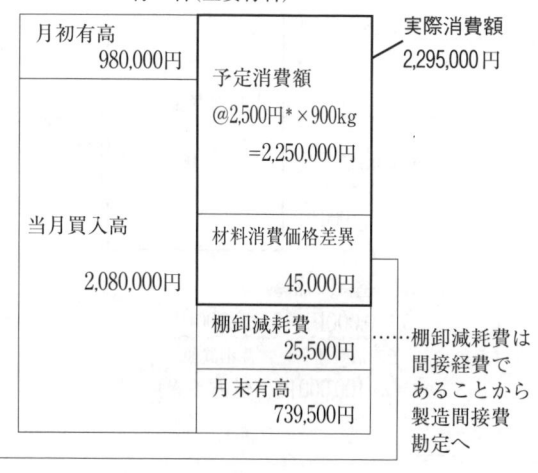

　材　料（主要材料）

月初有高 980,000円	予定消費額 @2,500円* × 900kg = 2,250,000円
当月買入高 2,080,000円	材料消費価格差異 45,000円
	棚卸減耗費 25,500円
	月末有高 739,500円

実際消費額 2,295,000円

……棚卸減耗費は間接経費であることから製造間接費勘定へ

　原　価　差　異

45,000円（借方）

(2) **補助材料**

　材　料（補助材料）

月初有高 335,000円	当月消費額 （差 引） 506,000円
当月買入高 434,000円	月末有高 263,000円

補助材料費は間接材料費であることから消費額は製造間接費勘定へ

2．労務費の計算

(1) **直接工**

① 予定消費額の計算

直接労務費：@3,000円 × 1,600時間

直接作業時間分

= 4,800,000円

間接労務費：@3,000円 × 200時間

間接作業時間分

= 600,000円

} 5,400,000円

左段

② 実際消費額の計算

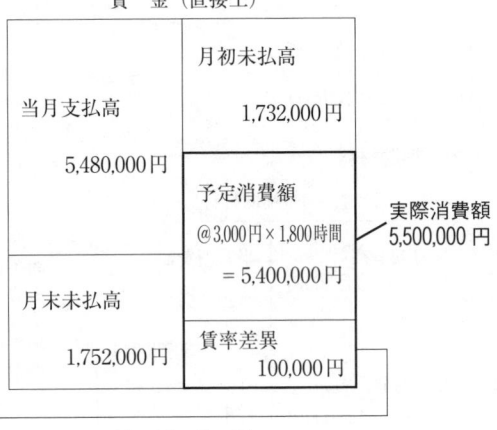

	月初未払高
当月支払高	1,732,000円
5,480,000円	当月消費額
月末未払高	5,500,000円 ← 実際消費額 5,500,000円
1,752,000円	

③ 賃率差異の計算

$$\underbrace{5,400,000円}_{予定消費額} - \underbrace{5,500,000円}_{実際消費額}$$

$$= △100,000円 \;(借方差異)$$

賃　金（直接工）

	月初未払高
当月支払高	1,732,000円
5,480,000円	予定消費額 @3,000円×1,800時間 = 5,400,000円 ← 実際消費額 5,500,000円
月末未払高	賃率差異
1,752,000円	100,000円

原　価　差　異

100,000円（借方）

(2)　間接工

賃　金（間接工）

	月初未払高
当月支払高	214,000円
625,000円	当月消費額（差　引）
月末未払高	605,000円 → 間接労務費は製造間接費勘定へ
194,000円	

3. 製造間接費の計算

① 予定配賦率の算定

$$\frac{年間製造間接費予算\;36,000,000円}{年間正常直接作業時間\;18,000時間} = @2,000円$$

右段

② 予定配賦額の計算

　　製造間接費は直接作業時間を配賦基準に予定配賦しているため，実際操業度1,600時間は直接工の実際直接作業時間を使用して計算します。

　　@2,000円×1,600時間 = 3,200,000円

③ 製造間接費配賦差異の計上および公式法変動予算にもとづく製造間接費の差異分析

　　本問では，製造間接費配賦差異を原因別に分析する必要があるため，公式法変動予算にもとづく差異分析を行います。

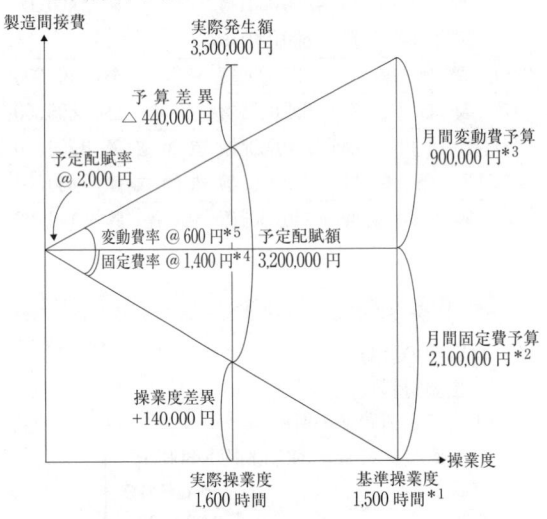

*1　月間基準操業度：$\underbrace{18,000時間}_{年間基準操業度} ÷ 12カ月 = 1,500時間$

*2　月間固定費予算：$\underbrace{25,200,000円}_{年間固定費予算} ÷ 12カ月$
　　　　$= 2,100,000円$

*3　月間変動費予算：$\underbrace{10,800,000円}_{年間変動費予算} ÷ 12カ月$
　　　　$= 900,000円$

*4　固定費率：$\underbrace{2,100,000円}_{月間固定費予算} ÷ \underbrace{1,500時間}_{月間基準操業度} = @1,400円$

*5　変動費率：$\underbrace{900,000円}_{月間変動費予算} ÷ \underbrace{1,500時間}_{月間基準操業度} = @600円$

予　算　差　異

$$(\underbrace{@600円}_{変動費率}×\underbrace{1,600時間}_{実際操業度} + \underbrace{2,100,000円}_{固定費予算}) - \underbrace{3,500,000円}_{実際発生額}$$

$$= △440,000円 \;(借方差異)$$

操　業　度　差　異

$$\underbrace{@1,400円}_{固定費率}×(\underbrace{1,600時間}_{実際操業度} - \underbrace{1,500時間}_{基準操業度})$$

$$= +140,000円 \;(貸方差異)$$

（参　考）

固定予算にもとづく製造間接費の差異分析

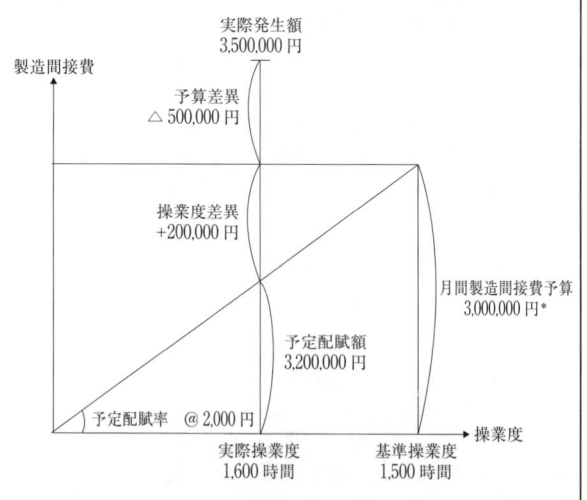

＊　月間製造間接費予算：36,000,000円 ÷ 12カ月
　　　　　年間製造間接費予算
　　　　　　＝ 3,000,000円

予　算　差　異
　3,000,000円 － 3,500,000円 ＝ △500,000円（借方差異）
　製造間接費予算　実際発生額

操　業　度　差　異
　@2,000円 ×（1,600時間 － 1,500時間）
　予定配賦率　　実際操業度　基準操業度
　＝ ＋200,000円（貸方差異）

第4問

	仕		訳	
	借方科目	金　額	貸方科目	金　額
1	材　　　　料	2,000,000	本　社　元　帳	2,000,000
2	仕　掛　品	1,500,000	材　　　　料	1,578,000
	製造間接費	78,000		
3	仕　掛　品	1,188,000	賃金・給料	1,210,000
	製造間接費	22,000		
4	仕　掛　品	3,088,800	製造間接費	3,088,800
5	本　社　元　帳	5,230,800	仕　掛　品	5,230,800

解答への道

本社工場会計の問題では，工場側で使用できる勘定科目に留意して，勘定連絡図から仕訳を考えていきます。

なお，工場側に設定されていない勘定科目については，本社と工場間の取引と考え，本社に対する債権・債務を本社元帳勘定で処理します。

1．材料の購入

材料の購入原価は，購入代価に付随費用（材料副費）を加算して求めます。

購入代価：@197円 × 10,000kg ＝ 1,970,000円
付随費用： 30,000円
購入原価： 2,000,000円

この結果をもとに，材料購入時の仕訳を行います。

本　社　元　帳		
	材　　料　2,000,000	

材	料	
本　社　元　帳　2,000,000		

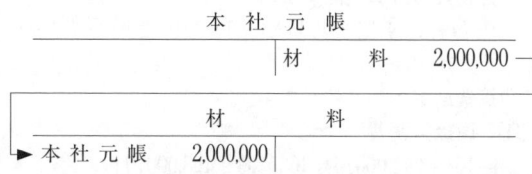

（材　　　料）2,000,000　（本　社　元　帳）2,000,000

本社と工場が独立していない場合には，貸方科目を買掛金勘定や現金勘定などで処理しますが，本社と工場が独立している場合において，工場側にその勘定科目が設定されていないときは，本社と工場間の取引と考え，本社に対する債権・債務を本社元帳勘定で処理します。

2．材料の消費（材料費の計算）

材料費は実際払出価格を用いて計算し，直接材料費は仕掛品勘定へ，間接材料費は製造間接費勘定へ振り替えます。

1kgあたりの帳簿価額（実際払出価格）：
2,000,000円 ÷ 10,000kg ＝ @200円

(1)　直接材料費

No.101：@200円 × 2,625kg ＝ 525,000円 ⎫
No.102：@200円 × 3,750kg ＝ 750,000円 ⎬ 1,500,000円
No.103：@200円 × 1,125kg ＝ 225,000円 ⎭

(2)　間接材料費

@200円 × 390kg ＝ 78,000円

この結果をもとに，材料消費時の仕訳を行います。

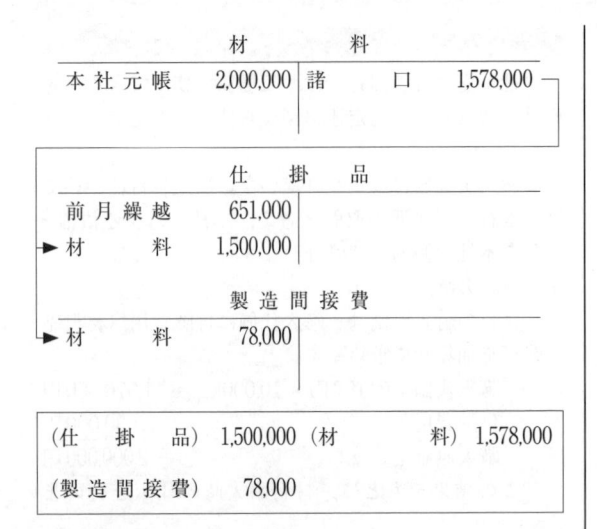

材　料

| 本社元帳 | 2,000,000 | 諸　　口 | 1,578,000 |

仕　掛　品

| 前月繰越 | 651,000 | | |
| ▶ 材　料 | 1,500,000 | | |

製造間接費

| ▶ 材　料 | 78,000 | | |

| （仕　掛　品） | 1,500,000 | （材　　料） | 1,578,000 |
| （製造間接費） | 78,000 | | |

3．労務費の計算（直接工）

　労務費は予定平均賃率@1,000円を用いて計算し，直接労務費は仕掛品勘定へ，間接労務費は製造間接費勘定へ振り替えます。

(1)　直接労務費

No.101：@1,000円×468時間＝468,000円

No.102：@1,000円×450時間＝450,000円 ⎱ 1,188,000円

No.103：@1,000円×270時間＝270,000円

(2)　間接労務費

@1,000円×（20時間＋2時間）＝22,000円

　この結果をもとに，賃金・給料消費時の仕訳を行います。

賃　金・給　料

| | | 諸　　口 | 1,210,000 |

仕　掛　品

前月繰越	651,000		
材　料	1,500,000		
▶ 賃金・給料	1,188,000		

製造間接費

| 材　料 | 78,000 | | |
| ▶ 賃金・給料 | 22,000 | | |

| （仕　掛　品） | 1,188,000 | （賃金・給料） | 1,210,000 |
| （製造間接費） | 22,000 | | |

4．製造間接費の予定配賦

　製造間接費は予定配賦率を用いて計算します。

(1)　予定配賦率の算定

$$\text{予定配賦率：} \frac{37,440,000\text{円}}{14,400\text{時間}} = @\,2,600\text{円}$$

(2)　製造指図書別の予定配賦額

No.101：@2,600円×468時間＝1,216,800円

No.102：@2,600円×450時間＝1,170,000円 ⎱ 3,088,800円

No.103：@2,600円×270時間＝　702,000円

　この結果をもとに，予定配賦の仕訳を行います。

製造間接費

| 材　料 | 78,000 | 仕　掛　品 | 3,088,800 |
| 賃金・給料 | 22,000 | | |

仕　掛　品

前月繰越	651,000		
材　料	1,500,000		
賃金・給料	1,188,000		
▶ 製造間接費	3,088,800		

| （仕　掛　品） | 3,088,800 | （製造間接費） | 3,088,800 |

5. 完成品原価の振り替え

原価計算表（総括表）

	No.101	No.102	No.103	合　　計
月初仕掛品	651,000円	——	——	651,000円
直接材料費	525,000円	750,000円	225,000円	1,500,000円
直接労務費	468,000円	450,000円	270,000円	1,188,000円
製造間接費	1,216,800円	1,170,000円	702,000円	3,088,800円
合　　計	2,860,800円	2,370,000円	1,197,000円	6,427,800円
備　　考	完　成	完　成	仕掛中	——

仕掛品勘定から本社元帳勘定

への振替額 5,230,800円

　この結果をもとに，完成品原価の振替仕訳を行います。

仕　掛　品

前月繰越	651,000	本社元帳	5,230,800
材　料	1,500,000	次月繰越	1,197,000
賃金・給料	1,188,000		
製造間接費	3,088,800		

本　社　元　帳

仕掛品	5,230,800	材　料	2,000,000

（本　社　元　帳）5,230,800（仕　掛　品）5,230,800

　本社と工場が独立していない場合には，借方科目を製品勘定などで処理しますが，本社と工場が独立している場合において，工場側にその勘定科目が設定されていないときは，本社と工場間の取引と考え，本社に対する債権・債務を本社元帳勘定で処理します。

(1)

第1工程月末仕掛品原価＝ [145,000] 円

第1工程完了品総合原価＝ [525,000] 円

第2工程月末仕掛品原価＝ [205,000] 円

第2工程完成品総合原価＝ [720,000] 円

製品Xの完成品単位原価＝ [600] 円/個

製品Yの完成品単位原価＝ [300] 円/個

(2)

	仕 掛 品		（単位：円）
月 初 有 高	367,000	X 製 品	(480,000)
原 料 費	315,000	Y 製 品	(240,000)
加 工 費	(388,000)	月 末 有 高	(350,000)
	(1,070,000)		(1,070,000)

解答への道

1．第1工程の計算（平均法）

① 原料費

第1工程仕掛品－原料費

〈月末仕掛品原価〉

$$\frac{85,000円 + 315,000円}{1,500個 + 500個} \times 500個 = 100,000円$$

〈完了品総合原価〉

85,000円＋315,000円－100,000円＝300,000円

② 加工費

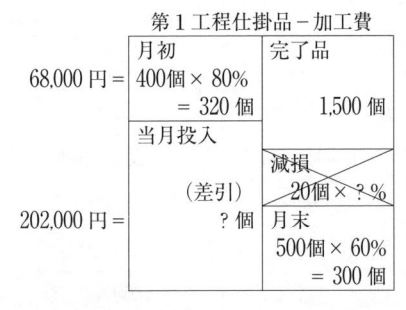

第1工程仕掛品－加工費

〈月末仕掛品原価〉

$$\frac{68,000円 + 202,000円}{1,500個 + 300個} \times 300個 = 45,000円$$

〈完了品総合原価〉

68,000円＋202,000円－45,000円＝225,000円

③ 合 計

第1工程月末仕掛品原価：

100,000円＋45,000円＝145,000円

第1工程完了品総合原価：

300,000円＋225,000円＝525,000円

2．第2工程の計算（先入先出法）

① 前工程費

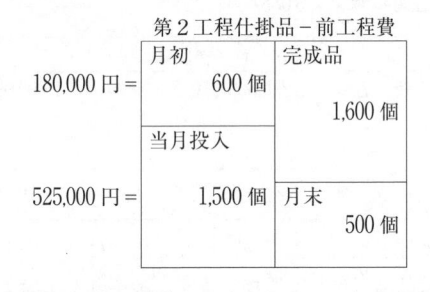

第2工程仕掛品－前工程費

〈月末仕掛品原価〉

$$\frac{525,000円}{1,600個 - 600個 + 500個} \times 500個 = 175,000円$$

〈完成品総合原価〉

180,000円＋525,000円－175,000円＝530,000円

② 加工費

第2工程仕掛品－加工費

34,000 円 =	月初 600個 × 50% = 300 個	完成品 1,600 個
186,000 円 =	当月投入 （差引） 1,550 個	月末 500個 × 50% = 250 個

〈月末仕掛品原価〉

$$\frac{186,000円}{1,600個 - 300個 + 250個} \times 250個 = 30,000円$$

〈完成品総合原価〉

34,000円 + 186,000円 - 30,000円 = 190,000円

③ 合 計

第2工程月末仕掛品原価：

175,000円 + 30,000円 = 205,000円

第2工程完成品総合原価：

530,000円 + 190,000円 = 720,000円

3．等級製品ごとの完成品総合原価および完成品単位原価の算定

等級製品	生産量		等価係数		積　数	完成品原価	単位原価
X 製品	800 個	×	1	=	800	480,000 円	600円/個
Y 製品	800 個	×	0.5	=	400	240,000 円	300円/個
					1,200	720,000 円	

① 各等級製品への完成品総合原価の按分

X製品： $\dfrac{720,000 円}{1,200} \times 800 = 480,000 円$

Y製品： 〃 × 400 = 240,000 円

② 各等級製品の完成品単位原価

単位原価の計算は完成品総合原価を生産量で割って計算します。積数で割らないように注意してください。

X製品：480,000円 ÷ 800個 = 600 円/個

Y製品：240,000円 ÷ 800個 = 300 円/個

4．仕掛品勘定の記入

仕掛品勘定が工程別に設定されていないことから，勘定記入上は，工程別の計算結果を合算して解答することに注意してください。

① 当月加工費

$\underset{第1工程}{202,000円} + \underset{第2工程}{186,000円} = 388,000円$

② 製品X（完成品原価）

480,000円

③ 製品Y（完成品原価）

240,000円

④ 月末仕掛品原価

$\underset{第1工程}{145,000円} + \underset{第2工程}{205,000円} = 350,000円$

第6問

①	②	③	④	ⓐ
14,100	25,623,000	25,830,000	207,000	借方
⑤	ⓑ	⑥	ⓒ	⑦
363,000	貸方	120,000	借方	274,000
ⓓ	⑧	ⓔ	⑨	ⓕ
借方	10,000	貸方	265,000	貸方
⑩	ⓖ	⑪	ⓗ	⑫
17,000	貸方	468,000	借方	操業度

1．標準原価カードの作成

	（標準価格）	（標準消費量）	
直接材料費	600 円／kg	10kg	6,000 円
	（標準賃率）	（標準直接作業時間）	
直接労務費	1,000 円／時間	3 時間	3,000 円
	（標準配賦率）	（標準直接作業時間）	
製造間接費	1,700 円／時間*1	3 時間*2	5,100 円
製品Ａ1個あたりの標準製造原価			14,100 円

*1 $\underset{\substack{製造間接費\\年間予算}}{\underline{122,400,000\ 円}} \div \underset{\substack{年間正常\\直接作業時間}}{\underline{72,000\ 時間}} = 1,700\ 円／時間$

*2 製造間接費は直接作業時間を基準に標準配賦しているため，配賦基準には，直接工の「直接作業時間」（直接労務費の計算と同じもの）を用いて計算します。

2．生産データの整理

仕掛品－直接材料費

月初	完成品
300 個	
	1,900 個
当月投入	月末
（差引） 1,800 個	200 個

仕掛品－加工費（直接労務費・製造間接費）

月初	完成品
300 個 × 1/2 = 150 個	
	1,900 個
当月投入	月末
（差引） 1,830 個	200 個 × 2/5 = 80 個

　仕掛品－直接材料費はすべて始点投入されているため数量で計算し，仕掛品－加工費（直接労務費・製造間接費）は数量に加工進捗度を乗じた完成品換算数量で計算します。

3．当月投入に対する標準原価と実際原価

　標準原価計算では，「当月の生産実績（当月投入）」に対する標準原価と実際原価を比較することで，原価差異を把握します。

(1) 標準原価の計算

直接材料費：
6,000 円／個 × 1,800 個
　　　　＝ 10,800,000 円

直接労務費：
3,000 円／個 × 1,830 個
　　　　＝ 5,490,000 円

製造間接費：
5,100 円／個 × 1,830 個
　　　　＝ 9,333,000 円

$\left.\right\}$ 25,623,000 円

(2) 実際原価の計算

直接材料費：10,557,000 円
直接労務費： 5,754,000 円
製造間接費： 9,519,000 円
$\left.\right\}$ 25,830,000 円

(3) 標準原価差異の把握

$\underset{標準原価}{25,623,000\ 円} - \underset{実際原価}{25,830,000\ 円} = (-)207,000\ 円〔借方〕$

4．原価差異の分析

(1) 直接材料費の計算

投入数量1,800個 × $\underset{\substack{1個あたりの\\標準消費量}}{10\text{kg}}$ = $\underset{標準消費量}{18,000\text{kg}}$

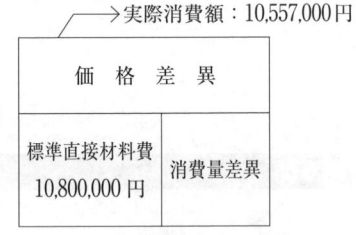

実際単価（注）

→実際消費額：10,557,000 円

価格差異	
標準直接材料費 10,800,000 円	消費量差異

標準単価 600 円/kg

標準消費量　実際消費量
18,000kg 　 18,200kg

直接材料費差異：
10,800,000 円 － 10,557,000 円
　　　　　　　＝ (＋)243,000 円〔貸方〕

価格差異：
(600 円/kg × 18,200kg) － 10,557,000 円
　　　　　　　＝ (＋)363,000 円〔貸方〕

（注）実際単価が割り切れない場合は，分析図の面積の差し引きで計算します。

消費量差異：
600 円/kg × (18,000kg － 18,200kg)
　　　　　　　＝ (－)120,000 円〔借方〕

なお，価格差異は直接材料費差異の総額から，消費量差異を差し引いて計算することもできます。

$$(+)243,000円〔貸方〕-(-)120,000円〔借方〕$$
$$=(+)363,000円〔貸方〕$$

(2) 直接労務費の計算

$$加工量1,830個×\underline{3時間}=\underline{5,490時間}$$
1個あたりの標準直接作業時間　　標準直接作業時間

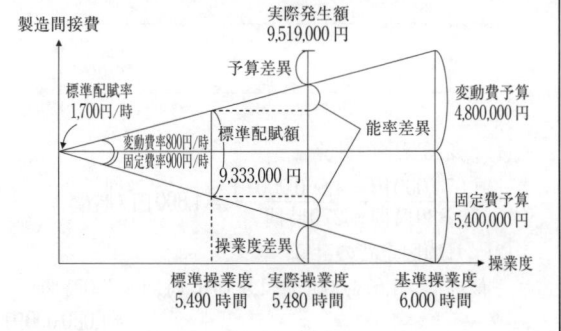

実際賃率1,050円/時

→実際消費額：5,754,000円

賃　率　差　異

標準賃率1,000円/時

| 標準直接労務費 5,490,000円 | 時間差異 |

標準直接作業時間　実際直接作業時間
5,490時間　　　　5,480時間

直接労務費差異：5,490,000円 - 5,754,000円
$$=(-)264,000円〔借方〕$$

賃　率　差　異：(1,000円/時 - 1,050円/時)
$$×5,480時間=(-)274,000円〔借方〕$$

時　間　差　異：1,000円/時×(5,490時間
$$-5,480時間)=(+)10,000円〔貸方〕$$

(3) 製造間接費の計算（公式法変動予算）

製造間接費

実際発生額
9,519,000円

予算差異

標準配賦率
1,700円/時

変動費率800円/時
固定費率900円/時

標準配賦額
9,333,000円

能率差異

変動費予算
4,800,000円

固定費予算
5,400,000円

操業度差異

操業度

標準操業度　実際操業度　基準操業度
5,490時間　　5,480時間　　6,000時間

基準操業度：72,000時間÷12カ月
年間正常直接作業時間
$$=6,000時間$$

月次製造間接費予算：122,400,000円÷12カ月
年間予算
$$=10,200,000円$$

月次変動費予算：57,600,000円÷12カ月
$$=4,800,000円$$

月次固定費予算：64,800,000円÷12カ月
$$=5,400,000円$$

標準配賦率：10,200,000円÷6,000時間
月次予算　　　月間基準操業度
$$=1,700円/時$$

変動費率：4,800,000円÷6,000時間
月次予算　　月間基準操業度
$$=800円/時$$

固定費率：5,400,000円÷6,000時間
月次予算　　月間基準操業度
$$=900円/時$$

製造間接費差異
9,333,000円 - 9,519,000円
$$=(-)186,000円〔借方〕$$

予　算　差　異
(800円/時×5,480時間 + 5,400,000円)
変動費率　実際操業度　　固定費予算
$$-9,519,000円=(+)265,000円〔貸方〕$$
実際発生額

能　率　差　異
1,700円/時×(5,490時間 - 5,480時間)
標準配賦率　　標準操業度　実際操業度
$$=(+)17,000円〔貸方〕$$

操　業　度　差　異
900円/時×(5,480時間 - 6,000時間)
固定費率　　実際操業度　基準操業度
$$=(-)468,000円〔借方〕$$

なお，標準操業度，実際操業度は，「直接労務費の計算」の標準直接作業時間，実際直接作業時間を使用します。

問1

	製　造　間　接　費		（単位：円）
実 際 発 生 額	（ 1,530,000 ）	予 定 配 賦 額	（ 1,512,000 ）
予 算 差 異	（ 90,000 ）	操 業 度 差 異	（ 108,000 ）
	（ 1,620,000 ）		（ 1,620,000 ）

問2

変 動 費 率：　| 1,800 |　円／時間

月 間 固 定 費：　| 1,080,000 |　円

問3

予 算 差 異：　| 54,000 |　円 （ 借方, 貸方 ）

操 業 度 差 異：　| 72,000 |　円 （ 借方, ~~貸方~~ ）

(注)借方, 貸方のうち不要なものを二重線で消すこと。

解答への道

問1　製造間接費勘定の記入

(1) 予定配賦率の算定

$$\frac{月間製造間接費予算1,620,000円}{月間正常直接作業時間300時間}$$

$$=5,400円／時間$$

(2) 予定配賦額の計算

$$\underset{予定配賦率}{5,400円／時間} \times \underset{実際直接作業時間}{280時間} = 1,512,000円$$

(3) 実際発生額の集計

1,530,000円

(4) 製造間接費配賦差異の把握

$$\underset{予定配賦額}{1,512,000円} - \underset{実際発生額}{1,530,000円}$$

$$=\triangle 18,000円 （借方差異）$$

(5) 固定予算による製造間接費配賦差異の分析

ここでは，製造間接費予算が変動費と固定費に分かれていないため，「固定予算」によって予算差異と操業度差異に分析します。

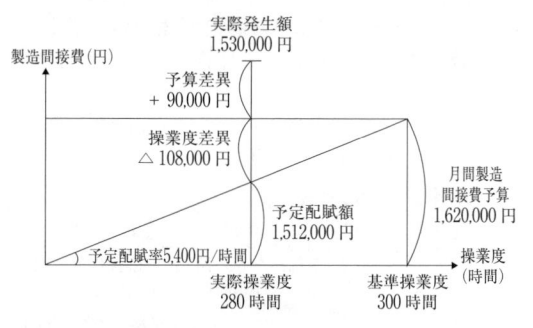

予 算 差 異：

$$\underset{製造間接費予算}{1,620,000円} - \underset{実際発生額}{1,530,000円}$$

$$=＋90,000円 （貸方差異）$$

操 業 度 差 異：

$$\underset{予定配賦率}{@5,400円} \times （\underset{実際操業度}{280時間} - \underset{基準操業度}{300時間}）$$

$$=\triangle 108,000円 （借方差異）$$

問2　高低点法による原価の固変分解

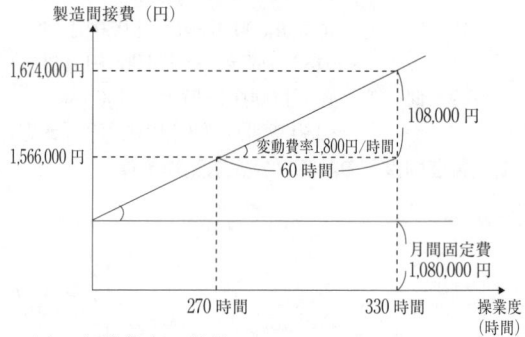

(1) 変動費率の計算

$$\frac{1,674,000円 - 1,566,000円}{330時間 - 270時間} = 1,800円／時間$$

(2) 月間固定費の計算

最高値：1,674,000円 - 1,800円／時間 × 330時間

$$=1,080,000円$$

最低値：1,566,000円 - 1,800円／時間 × 270時間

$$=1,080,000円$$

問3　公式法変動予算による差異分析

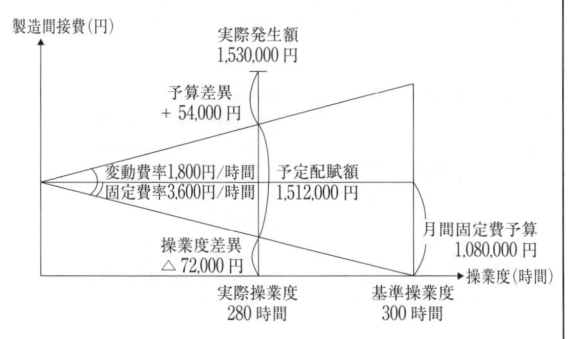

予算差異：

$$\underbrace{(@1,800円\times280時間+1,080,000円〈月間固定費予算〉)}_{予算許容額}$$

$$\underbrace{-1,530,000円}_{実際発生額} = +54,000円 （貸方差異）$$

操業度差異：

$$\underbrace{@3,600円}_{固定費率}\times(\underbrace{280時間}_{実際操業度}-\underbrace{300時間}_{基準操業度})$$

$$= \triangle72,000円 （借方差異）$$

第8問

問1

月 次 損 益 計 算 書	（単位：円）
Ⅰ 売　　上　　高	（ 5,400,000 ）
Ⅱ 売　上　原　価	（ 2,394,000 ）
売 上 総 利 益	（ 3,006,000 ）
Ⅲ 販売費・一般管理費	（ 1,322,000 ）
営 業 利 益	（ 1,684,000 ）

問2

月 次 損 益 計 算 書		（単位：円）
Ⅰ 売　　上　　高		（ 5,400,000 ）
Ⅱ 変　　動　　費		
変 動 売 上 原 価	（ 1,578,000 ）	
変 動 販 売 費	（ 222,000 ）	（ 1,800,000 ）
貢 献 利 益		（ 3,600,000 ）
Ⅲ 固　　定　　費		
固 定 製 造 原 価	（ 900,000 ）	
固定販売費・一般管理費	（ 1,100,000 ）	（ 2,000,000 ）
営 業 利 益		（ 1,600,000 ）

問3

全部原価計算と直接原価計算の営業利益の違いは，期末棚卸資産に含まれる（　**固定製造間接費**　）の分である。

問4

84,000	円

解答への道

1．製造間接費の予定配賦率

製造間接費を製品生産量を基準に予定配賦しているため，次のように予定配賦率を計算します。

(1)　変動費の予定配賦率

$$\frac{年間製造間接費変動費予算　8,568,000円}{年間予定生産量　25,200個}$$

$$= @340円$$

(2)　固定費の予定配賦率

$$\frac{年間製造間接費固定費予算　10,584,000円}{年間予定生産量　25,200個}$$

$$= @420円$$

2．全部原価計算の勘定連絡図【問1】

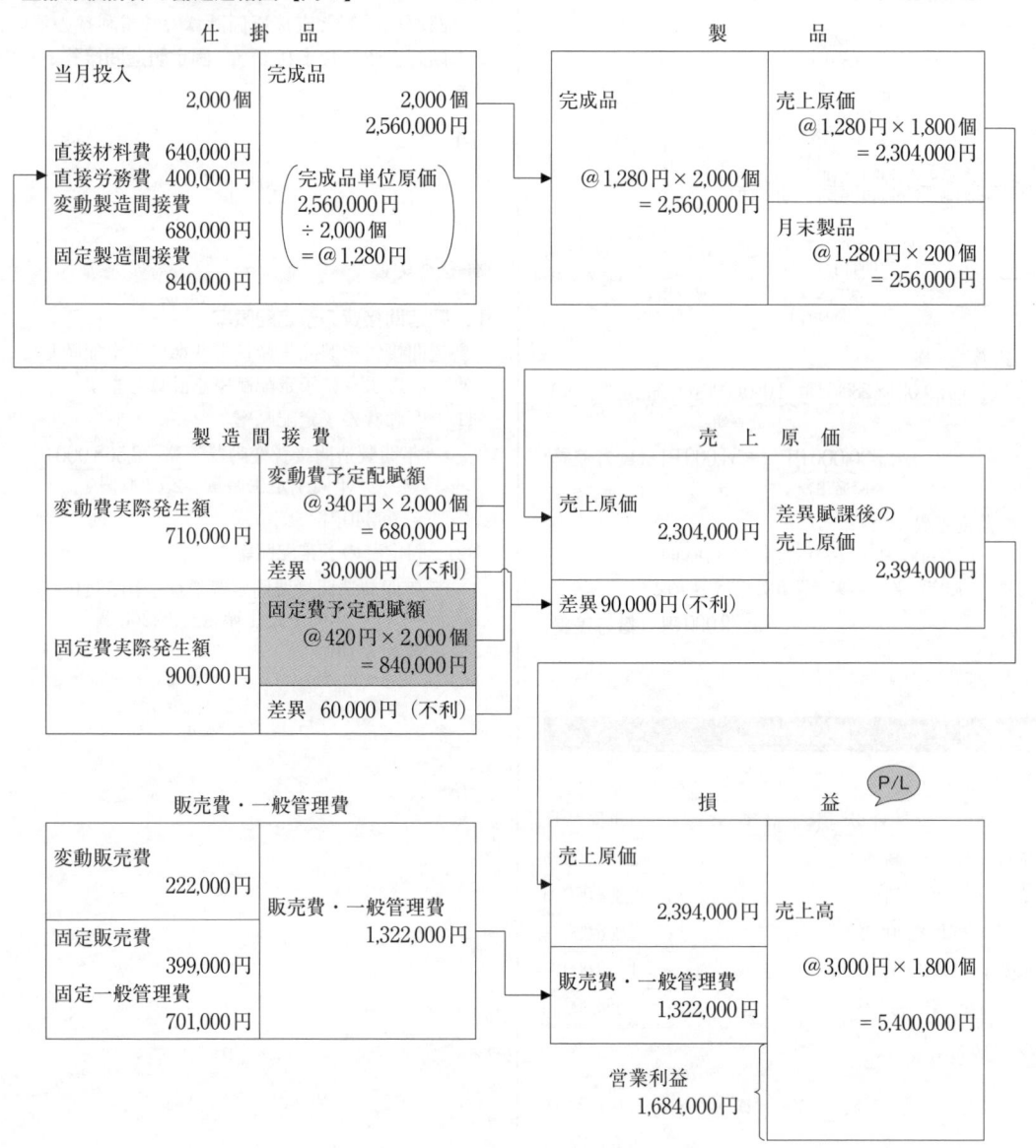

3．直接原価計算の勘定連絡図【問2】

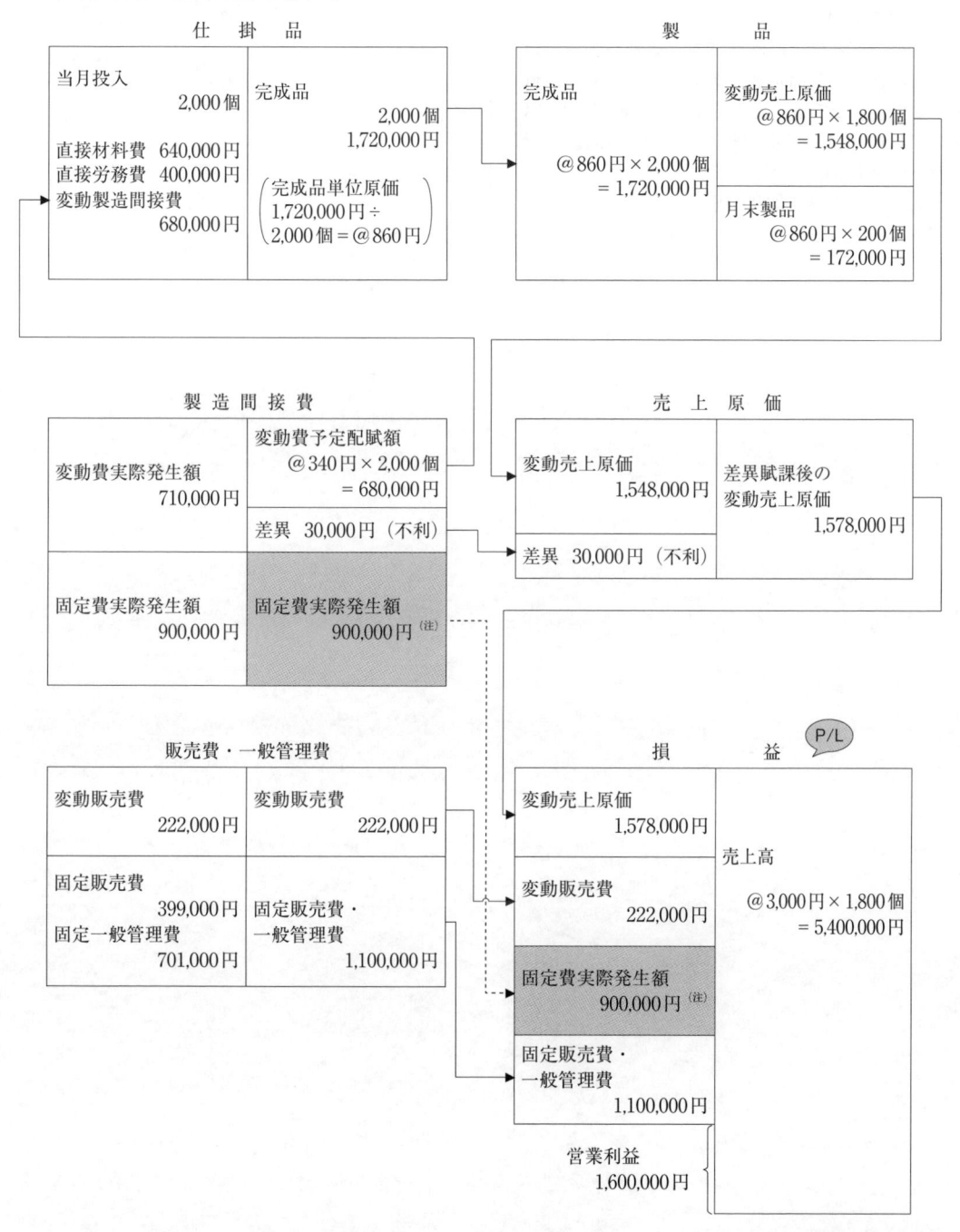

（注）直接原価計算では，製造間接費を実際配賦するか予定配賦するかにかかわらず，固定製造間接費は製品原価とはせずに，期間原価とするため，当月の固定費実際発生額900,000円がそのまま当期の費用となることに注意してください。

4．期末棚卸資産（製品）に含まれる固定製造間接費

【問3および問4】

全部原価計算と直接原価計算の営業利益の違いは，棚卸資産に含まれる固定製造間接費（固定製造原価）にあります。ここでは，製造間接費を予定配賦していますので，固定費の予定配賦率に期末棚卸資産（製品）の在庫量を掛けて計算します。

$$@\underline{420}円×200個＝84,000円$$

固定費予定配賦率